CEWRI CAMPAU CYMRU

gol. Alun Wyn Bevan

Argraffiad cyntaf—2000

ISBN 1 85902 821 7

ⓗ Y cyfranwyr unigol

Dymuna'r cyhoeddwyr gydnabod cymorth
Adrannau Cyngor Llyfrau Cymru.

Argraffwyd gan
Wasg Gomer, Llandysul, Ceredigion

Er cof am
John Aubrey Morgan
(Llanelli ac Abergele)
– gwir bencampwr.

Diolchiadau

I'r holl gyfranwyr am rannu'u hatgofion.

I'r canlynol am eu cymorth ynglŷn â'r lluniau: *Western Mail*; *South Wales Evening Post*; *South Wales Argus*; *Wigan Observer*; *The Times*; North Wales Newspapers; *Barn*; *Golwg*; Gwasg Prifysgol Cymru; Seat (UK); Cyngor Chwaraeon Cymru; Llyfrgell Genedlaethol Cymru, Aberystwyth; Llyfrgell Ganolog Caerdydd; Amgueddfa Rhwyfo Henley; Llyfrgell Casnewydd; 'PA' News Photo Library; Ffoto Fiction; John Harris; Gwydion Roberts; Mrs Audrey Woodroffe; Mark Lewis; Stewart Williams; Cathy Duncan; Paul Keenor; Diana Cook; Photo Gallery Wales; Steve Benbow; Jamie Battrick; Gwenda Lloyd Wallace; Mark Shearman a John Hinton.

I'r canlynol am eu cymorth parod: Stephen Morgan; Bethan Stephens; Mair Roberts; Gwyneth Davies; Randall Isaac; Sara Robinson; Patricia Lloyd; Eilian Jones; Carys Wyn; Angharad Jenkins; Donna Grey; Mark Thomas; Sharon Griffiths.

I gyfeillion caredig Gwasg Gomer am eu cyfarwyddyd a graen arferol eu gwaith.

Cyflwynir unrhyw elw o werthiant y llyfr i'r Gymdeithas dros Anabledd Meddyliol.

Rhagair

John Hardy ar y Cae Ras a'r newyddion syfrdanol i gefnogwyr Cymru yw mai tîm Mike Smith sydd ar y blaen o ddwy gôl i ddim yn erbyn yr Eidal yn Rownd Rhagbrofol Cwpan y Byd. A'r ddwy gôl i Bryn Terfel, y bachgen ifanc o glwb Manchester United a chyn-ddisgybl yn Ysgol Dyffryn Nantlle. Fe ddaeth y gôl gyntaf ar ôl chwarter awr, foli anarbedadwy o bum llath ar hugain a hedfanodd mewn i gornel y rhwyd. Ac yna'r ail gôl ar ôl pedwar munud ar hugain. Y croesiad o'r chwith yn gywrain, a Terfel yn codi'n urddasol i'r entrychion ac yn penio'r bêl yn ddiseremoni heibio i law chwith Dino Zoff.

Mae'n debyg fod nifer o bobl ifanc Cymru sy'n ymddiddori ym myd cerddoriaeth a'r theatr yn breuddwydio am ddyfodol ym myd y celfyddydau. Y nod yw dilyn cwrs yn y Guildhall, yr Academi Gerdd neu RADA er mwyn cyrraedd y brig a swyno cynulleidfaoedd. I rai Hollywood, Broadway neu'r West End sy'n apelio; eraill am droedio llwyfannau'r MET yn Efrog Newydd neu'r Tŷ Opera Brenhinol yn Covent Garden.

Er fy mod wedi llwyddo i wireddu rhai gobeithion personol, rhaid cyfaddef nad cyfrif defaid ro'n i pan own i'n methu cysgu liw nos na dychmygu perfformio yn La Scala ym Milan. Y freuddwyd yr adeg honno oedd cynrychioli United a Chymru. Yn archifdy'r cof mae sawl ril o ffilm yn cofnodi fy mherfformiadau dychmygol. Yn aml fe ddawnsiai'r dychymyg ar noson cyn gêm rygbi ryngwladol yng Nghaerdydd, mewn gwely cynnes a chlyd . . . 'derbyniais y bêl ar yr asgell. Dyma ochrgamu'n wyrthiol heibio i ddau neu dri o'r gwrthwynebwyr mewn crysau gwynion. Gwibiais fel mellten am y llinell gais.'

Ac yn ystod y Mabolgampau Olympaidd, y gobaith oedd brasgamu lawr y trac a chyrraedd y llinell ryw drwch fest o flaen yr Americanwyr. Roedd Wimbledon hefyd yn rhan o'r freuddwyd . . . ergyd flaenllaw, ergyd wrthlaw, foli a John McEnroe druan yn ildio i Gymro o Wynedd. Heb sôn am gant cyn cinio ar faes Thomas Lord a Garner, Marshall a Holding yn cymeradwyo. Mae'r atgofion yn hir a phleserus.

Nid felly y bu, gwaetha'r modd, ond mae'r diddordeb yn cynyddu o flwyddyn i flwyddyn. Mae gen i barch ac edmygedd aruthrol at gewri byd y campau ac mae yna griw sylweddol yng Nghymru wedi creu cyffro a chyrraedd yr uchelfannau mewn ystod eang o gampau yn ystod yr ugeinfed ganrif. Rhaid cyfaddef fy mod yn wir edrych ymlaen at bori drwy'r tudalennau a dysgu mwy am sêr y gorffennol. Yn sicr, bydd y casgliad yn ysgogi trafodaeth feddylgar a nifer fawr yn cwyno nad yw hwn a hwn neu hon a hon wedi'u cynnwys. Gwir reswm felly am gyfrol arall!

Dymuniadau gorau—Bryn Terfel.

Rhagymadrodd

Help! Rwy'n gwbl ymwybodol y bydd rhai ohonoch chi'n trefnu ambell brotest ac yn llythyru â'r *Western Mail*, yr *Argus*, yr *Echo*, y *Daily* a'r *Evening Post* o ganlyniad i'r gyfrol hon. A'r rheswm? Wel, gobeithio y byddwch yn pori drwy'r tudalennau ac yn sylwi fod yna hoelion wyth heb eu cynnwys, wedi eu hesgeuluso'n llwyr. Rwyf eisoes yn clywed y gri, 'Anfaddeuol'. Sut allai'r golygydd anwybyddu codwyr pwysau o fri, seiclwyr, athletwyr, chwaraewyr snwcer?

Ystyriwyd cannoedd, rhestrwyd ychydig dros gant ac mae nifer y rhai na chafodd mo'u cynnwys yn faith. Sut aethpwyd ati? Beth oedd y meini prawf? A wnaethpwyd cyfiawnder â phob camp unigol?

Yn ystod bore oes ym Mrynaman, roedd y cryts a dreuliai gyfartaledd sylweddol o'u plentyndod ar gae criced y pentref yn rhyfeddu at faint winwns (nionod i chi'r Gogleddwyr!) Mr Gwyn Howells, gŵr Mrs Howells, perchen y siop tships orau yn Hemisffer y Gogledd. Roedd gardd Mr Howells yn cyffwrdd â'r darn tir sanctaidd (a fyddai'n gyfuniad o Wembley, Lord's a Pharc yr Arfau) ac yn ffinio â'r lôn a arweiniai i'r cae. Er nad oedd llawer o ddiddordeb gan y mwyafrif ohonom yn nirgelwch yr ardd (a Charlie Dimmocks yn bethau prin yn y chwedegau) roedd rhaid gwerthfawrogi maint, gwead a gwneuthuriad ei winwns. Enillai'r garddwr gweithgar dystysgrifau cyson mewn Sioeau Amaethyddol hyd a lled y Gorllewin ond, o bryd i'w gilydd, roedd e'n dychwelyd i'w gartref â'i ben yn ei blu gan fod y beirniaid wedi ffafrio winwnsyn rhywun arall.

A dyna'r rheswm nad oes llun a disgrifiad o'ch ffefrynnau chi rhwng cloriau'r gyfrol hon. Y fi, fel mae'n digwydd y tro hwn, yw'r beirniad ac roedd yn rhaid, ymhen hir a hwyr, gau pen y mwdwl. Ym myd y bêl hirgron, penderfynais mai da o beth fyddai ochri gyda'r rheiny a wir ddisgleiriodd yng nghrys y Llewod Prydeinig. Hoffwn fod wedi ychwanegu eraill sy'n wir gewri: Brian a Malcolm Price, Delme Thomas, Dewi Bebb, Terry Price, Ray Gravel, Maurice Richards, Ivor Jones. Hoffwn fod wedi sôn am un o'r canolwyr gorau a welais erioed sef Cyril Davies. Ond, o ganlyniad i anafiadau, byr oedd ei dymor yn y tîm cenedlaethol.

Mae yna gricedwyr sy'n absennol: JC Clay, Maurice Turnbull, Willie Jones, Dai ac Emrys Davies, Jim McConnon, Eifion Jones yn ogystal â phêl-droedwyr megis Bob John, Terry Yorath, Wally Barnes, Ron Burgess, John Mahoney, Dean Saunders, Mike England. A sut yn y byd y gellir cyfiawnhau cynnwys rhai a ddaeth o drwch blewyn i lwyddo ac anwybyddu sawl pencampwr? Beth am Tom Richards, Berwyn a Ron Jones, Robert Morgan,

Leigh Jones, Kay Morley, Terry Sullivan, Steve Barry, Gwyn Nicholls, Dickie Owen, Jack Peterson, Tony Simmons, Nicky Piper, Robert Dickey, Johnny Owen, Alun Evans ac eraill? A beth am sêr ifanc y presennol? Does yna ddim cyfeiriad at Joe Calzaghe, Richie Burnett na Steve Robinson.

Ond, er gwaethaf eich protestiadau, bu'n rhaid i'r fwyell ddisgyn a'r bwriad, os ceir cydweithrediad y cyhoeddwyr, yw paratoi ail gyfrol er mwyn cadw'r ddysgl yn wastad. Cyfrol yn esgor ar ail gyfrol, dyna'r freuddwyd. Teimlaf braidd yn anghyffyrddus ynglŷn â'r rhestr orffenedig; os oes yna awgrymiadau pellach, yna cysylltwch â mi ar fyrder.

O'r holl gyfranwyr, a mawr yw fy niolch iddynt am eu cydweithrediad parod, hoffwn fod wedi gwahodd un arall, un a fyddai wedi ychwanegu dimensiwn arall at y cyfanwaith. Roedd cryn ddisgwyl am ddydd Gwener yn ein cartref ni ym Mrynaman yn ystod y saithdegau a dechrau'r wythdegau. Cyffro, tua hanner awr wedi saith, pan fyddai'r *Guardian* yn cyrraedd. A thros y bwrdd brecwast, cyfle i ddarllen erthygl wythnosol Carwyn James; erthygl a fyddai'n crisialu'n berffaith bob dim yn y byd rygbi; rhyw chwe chant o eiriau fel arfer ond tybiwn ei fod wedi bod wrthi am oriau, os nad diwrnodau, yn dehongli, dadansoddi a dyfalu cyn dodi pìn ar bapur.

Rwy'n ddiolchgar i John Evans, o Adran Chwaraeon BBC Cymru, am gytuno i lunio llith fer ar y meistr. Mae'r golled yn fawr.

Carwyn

Ei gwrdd am y tro cyntaf yn ystod Ionawr 1958. Ein hathro Cymraeg, John Roderick Rees, nad oedd yn brifardd ar y pryd, yn digwydd clywed ein bod ar ein ffordd i Gaerdydd i wylio Cymru yn erbyn Awstralia. 'Os gwelwch chi Carwyn,' meddai'n gellweirus, 'cofiwch fi ato fe. Ro'n ni gyda'n gilydd yn nosbarth TH Parry-Williams yn y Brifysgol.'

Os? Mynnu ei weld! Ninnau'n aros ei gyrhaeddiad ddwyawr cyn iddo gamu'n osgeiddig, swil i gyfeiriad y gwesty. Yna haerllugrwydd y cryts ifainc yn mynnu llofnod, cyfleu'r cyfarchaid a hawlio bellach ein bod yn *perthyn*. Ac yntau'n cynrychioli ei wlad am y tro cyntaf o fewn dwy awr, arhosodd a siaradodd gyda *NI*! Roedd e ar gael i bawb amser hynny hyd yn oed!

Degawd a mwy yn ddiweddarach treulio oriau lawer yn ei gwmni. Ei yrru, yn hwyr rhan amlaf, i'r gêmau. Ceidwaid y giatiau'n crochlefain: 'Do's dim hawl 'da chi i ddod ffor' hyn!' Yna, o'i weld, sylweddoli! 'Carwyn.' A'r floedd. 'Symudwch, bawb, ma' Carwyn 'ma.' Dim ond 'i enw bedydd.

Rhannu swyddfa fechan gydag un gadair freichiau esmwyth ynddi gyda'r lledr carpiog ar honno'n llawn tyllau mân olion ei sigaréts. Yntau'n hepian cysgu ar ôl cyfnod cael nosau anghysurus yn sgil yr aflwydd erchyll i'w gnawd. Mawrion a bychain y byd ar y ffôn yn ddidrugaredd gyda phob un yn derbyn yr un cwrteisi a sylw.

Rhannu sylwebaeth gydag e a Chymru'n ennill pedair coron driphlyg o'r bron. 'Wrth droed Gamaliel!' Rhannu'r ford snwcer weithiau, yr unig dro y teimlwn yr un maint ag e. Cyfnewid y ddefod arferol gyda mi yn codi ei liwiau ef ac yntau'n dychwelyd y gymwynas.

Unwaith, rhannu sylwebaeth snwcer gydag e ac yn y nos, *entourage* swnllyd Steve Davis, yng nghyfnod ei anterth, yn ein herio ar y bwrdd pŵl. Ni thalon ni'r un ddime goch am ein gwesty'r noson honno gan i'r 'meistr' brofi'n dactegwr peryglus gan adael y gorchwyl hawdd o suddo i mi a hynny mewn deunaw ffrâm o'r bron.

Cornel y stryd yng Nghaerdydd ac yntau ar frys i ddychwelyd i'r Eidal. 'Gwna ffafr â mi?' 'Wrth gwrs.' 'Cwata hwn,' gan ymestyn amlen frown drwchus. Treulio noson anesmwyth wrth grwydro'r brifddinas gyda digon o arian yn fy mhoced i brynu tŷ cyffyrddus ar y pryd!

Ei weld am y tro olaf ym 1983, a minnau newydd orffen cyfieithu darn o sgript iddo. Anwybyddodd fy nghyfraniad. 'Bydd e'n iawn,' gan gofleidio fy nghrwt yn ei fynwes. Edrychodd i fyw fy llygaid. 'Rwy'n mynd i Amsterdam am hoe.'

Minnau'n dychwelyd adre. 'Welwn ni mo Carwyn eto!' Cymaint o fraint oedd wedi cael lled-adnabod athrylith.

John Evans

JAMES ALFORD

Ym Mabolgampau'r Gymanwlad yn Sydney, Awstralia, ym mis Chwefror 1938 y daeth James William Llywelyn Alford i'r brig ym myd athletau. Llwyddodd y Cymro ifanc hwn i dorri record y ras filltir drwy redeg y pellter o fewn amser o 4 munud 11.6 eiliad, amser eithriadol o gyflym yr adeg honno. Dim ond chwe rhedwr arall yn y byd oedd wedi llwyddo i redeg y ras filltir mewn amser cyflymach, sef Glen Cunningham (UDA) oedd yn meddu ar record y byd (4 munud 6.8 eiliad), Jack Lovelock (Seland Newydd), WR Bonthron (UDA), Jules Ladoumegue (Ffrainc), Paavo Nurmi (Ffindir), a Sydney Wooderson (Lloegr).

Roedd Alford yn rhedwr llyfn a gosgeiddig, a'i arddull yn un ddisgybledig. Plygai ei gorff ymlaen o'i figyrnau, symudai ei freichiau'n rhythmig a phwrpasol, daliai ei ddwylo'n llac, a chodai ei bengliniau'n uchel wrth symud ei goesau pwerus. Disgwylid iddo ragoriaethu yn y ras hanner milltir, ond, yn annisgwyl, pedwerydd oedd ei safle ar y llinell derfyn am nad oedd wedi rhedeg gystal ag arfer ac am ei fod wedi'i rwystro ychydig pan syrthiodd rhedwr arall o'i flaen. Yn sgil y siom o golli'r ras honno, rhoddodd Alford ei fryd ar ennill y ras filltir.

Bu'n ras gyffrous a chyflym a phob un o'r wyth rhedwr o fewn trwch blewyn i'w gilydd. Ar y cychwyn, Backhouse (Awstralia) oedd ar y blaen, yna Graham (yr Alban), Clarke (Canada), Allen (Seland Newydd), Eeles (Lloegr), Pullar (Seland Newydd), Alford (Cymru) yn seithfed a Boot (Seland Newydd) yn olaf. Erbyn cyrraedd y marc tri chwarter milltir roedd y Cymro gyda'r ceffylau blaen yn y ras.

Roedd y gystadleuaeth rhwng y pedwar rhedwr cyntaf sef Clarke, Boot, Alford a Backhouse a phawb yn cadw llygad barcud ar ei gilydd. Yna, tua deucan llath o'r llinell derfyn, ceisiodd Backhouse basio Alford, ond heriwyd ef gan y Cymro, a saethodd hwnnw heibio Clarke a Boot fel milgi mas o drap. Roedd y dyrfa erbyn hyn yn gweiddi nerth esgyrn eu pennau, a phob copa walltog ar flaenau'i draed, gymaint oedd cyffro'r ras. Roedd yr awyrgylch yno'n drydanol!

Yna, rhyw ganllath o'r llinyn, ceisiodd Backhouse oddiweddyd Alford, ac am gyfnod byr bu'r ddau'n cydredeg ysgwydd wrth ysgwydd, gam wrth gam. Dim ond deg llath ar hugain oedd i fynd pan ddechreuodd Backhouse wanhau ychydig. Gwelodd Alford ei gyfle, a defnyddiodd pob gronyn o egni a oedd ganddo ar ôl yn ei gorff i dynnu 'mlaen, a hynny fesul modfedd. Roedd e'n

James Alford (ail o'r chwith) yn y rheng ôl.

benderfynol o ennill y dydd, ac yn wir, y Cymro oedd y cyntaf i dorri'r llinyn. Pedair llath yn unig oedd rhyngddo a Backhouse ar ddiwedd y ras.

Fe ddisgrifiwyd Alford fel 'Y Corwynt Cymreig' yn un o bapurau newyddion Awstralia wedi'r ras, a syfrdanwyd athletwyr ar draws y byd gan ei gamp aruthrol. Ni lwyddwyd i guro'i record tan 1949, ac yn sicr gellid ei gyfrif fel un o redwyr cyflymaf y byd dros hyd filltir yn y cyfnod hwnnw.

Eirian Lloyd Walters

IVOR ALLCHURCH

Fe'i gwelais yn chwarae droeon, dros Abertawe a Chymru a Chaerdydd.
Welais i mohono yn lliwiau Newcastle. Sgoriodd yn ei gêm gyntaf ar Barc St
James yn Hydref 1958, a hynny wedi bron i ddeng mlynedd o sgorio cyson ar
y Vetch. Chwaraeodd gyntaf i Abertawe ar Barc Ninian yn erbyn Caerdydd ar
drothwy Nadolig 1949, yn ôl David Farmer yn ei lyfr *Swansea City 1912-
1982,* ac i Barc Ninian y dychwelodd o Newcastle ym 1962 cyn troi'n ôl am y

Vetch ym 1965. Yno y gorffennodd ei yrfa yng Nghynghrair Lloegr. 694 gêm a 247 gôl. Daeth dyddiau chwarae'r llanc penfelyn a ddatblygodd yn un o wir foneddigion y gêm i ben ar gaeau Caerwrangon, Hwlffordd a Phontardawe ac yntau erbyn hynny yn 46 oed.

Enillodd ei gap cyntaf dros Gymru ym 1950 gan ychwanegu 67 arall ato. Ef oedd un o sêr disgleiriaf rowndiau terfynol Cwpan y Byd yn Sweden ym 1958 a'i foli o ddeugain llath yn erbyn Hwngari oedd un o goliau gorau'r gystadleuaeth.

Ond nid ei goliau na'i gapiau a gofiaf i'n bennaf, ond ei sanau. Ysgrifennais ato yn fy arddegau cynnar o Lanbryn-mair yn esbonio na allwn deithio'n aml cyn belled ag Abertawe ond yr hoffwn wisgo lliwiau fy hoff glwb. Amgaeais *bostal order* gwerth saith a chwech o'r hen arian i brynu pâr o sanau. Ddyddiau yn ddiweddarach daeth pecyn bychan drwy'r post. O'i agor fe welais bâr o sanau du â thopiau gwyn a chyda hwy nodyn gan Ivor Allchurch yn ymddiheuro mai ail-law oedd y sanau – hen bâr o'i eiddo fo. Yr oedd y *postal order* yn nhroed un o'r sanau.

Fe'u gwisgais am flynyddoedd, nes bod mwy o dwll nag o hosan yn weddill. Ond doedd dawn fy arwr ddim yn fy nhraed i, na'm sanau.

R. Alun Evans

W J BANCROFT

Roedd WJ Bancroft yn chwaraewr beiddgar a chlyfar – chwaraewr yn chwarae'r gêm â'i ben yn ogystal â'i gorff – ac roedd yn rhedwr ac yn giciwr ardderchog. Yn gefnwr o fri a chwaraeodd yn y safle hwnnw 33 o weithiau dros Gymru, ac yn gapten ar ei wlad ddeuddeg o weithiau, ef oedd y Cymro cyntaf i fod mewn tîm a enillodd y goron driphlyg ddwywaith. Bancroft hefyd oedd un o'r chwaraewyr cyntaf i achosi i rywbeth fel gwladgarwch, neu falchder cenedlaethol, gael ei gysylltu â'r gêm hudolus a hawlir yn gêm genedlaethol gennym bellach, ac am hynny, os nad am ddim arall, mae'n addas cofio amdano.

Yn ei gerdd 'Rygbi' awgrymodd Gwenallt nad oedd bod yn Gymry yn golygu llawer i bobl Cwm Tawe ei blentyndod; dim ond lle i weithwyr fyw oedd yr Alltwen, lle iddynt grafu bywoliaeth er mwyn cynnal teulu. Ond un diwrnod sylweddolodd llafurwyr y pyllau glo a'r melinau dur eu bod yn rhan o rywbeth mwy, eu bod yn perthyn i genedl, a'r diwrnod hwnnw oedd diwrnod y gêm rygbi fawr rhwng Cymru a'r gwrthwynebwyr o Loegr:

> Breuddwydiem drwy'r wythnos am ŵyl y Crysau Coch,
> A dyfod yn Sant Helen wyneb-yn-wyneb â'r Sais,
> A gwallgofi pan giciai Bancroft ei gôl Gymreig…

Gêm i'r dosbarth canol Seisnig oedd rygbi yng Nghymru, fel yn Lloegr, cyn dyddiau Billy Bancroft. I'r mwyafrif yn Oes Victoria, oes a gredai mai 'gorau Cymro, Cymro oddi cartref', nid oedd y syniad o genedl a gwlad yn golygu rhyw lawer y tu hwnt i gyd-destun Prydain Fawr. Heddiw rydym yn gyfarwydd â chysylltu chwarae'r gêm â gwladgarwch ac arwyddion allanol amlwg o berthyn i genedl; nid diwrnod gêm fyddai hi heb y coch, gwyn a gwyrdd, baneri'r ddraig goch, a'r wynebau wedi eu peintio ag arwyddion allanol ein tras. Ni allai Billy Bancroft fyth fod wedi ei rag-weld, ond efallai mai ef a ddechreuodd hynny i gyd.

Ioan Matthews

5

GERALD BATTRICK

Distawrwydd llethol . . . y bêl felen yn codi'n syth i'r awyr . . . curiad y galon yn cyflymu . . . y gwaed yn corddi . . . y pen yn troi fel chwyrligwgan . . . y bêl yn disgyn yn raddol ac yna'n cael ei gyrru'n nerthol o wyneb y raced. I'r chwaraewr tennis mae'r eiliadau hyn yn gwbl dyngedfennol . . . gan fod y gallu i serfio'n gyflym ac yn gywrain yn allweddol i ddyfodol y chwaraewr tennis. I bob pwrpas mae canlyniad yr ornest yn dibynnu'n llwyr ar allu'r unigolyn i berffeithio'r weithred. Petai pili-pala yn dawnsio yn y bol . . . petai ias oer yn treiddio i fêr yr esgyrn ac yn ymyrryd ar y gallu i ganolbwyntio, yna mae'r cwbl ar ben.

Pan oedd ffrindiau'r ysgol gynradd yn torheulo ar draethau melyn Porthcawl a Southerndown, treulio amser ar gyrtiau tennis Morgannwg Ganol oedd y Morganiaid a hynny am reswm go amlwg. Roedd fy rhieni ynghlwm wrth Glwb Tennis Pen-y-bont; fy nhad yn chwaraewr brwdfrydig ac yn torchi llewys o gwmpas y lle gan gynnwys rhoi gofal manwl a chariadus i'r cyrtiau. A bod yn onest gellid cymharu lawntiau Clwb Tennis Pen-y-bont â chyrtiau ysblennydd Wimbledon! Cymaint oedd brwdfrydedd a dyfalbarhad fy nhad fel y'i gwelid o bryd i'w gilydd yn penlinio'n dyner ar y gwair a chwyddwydr yn ei law yn edrych am chwyn!

Ac yno y gwelais Gerald Battrick am y tro cyntaf . . . roedd hi'n amhosibl ei anwybyddu. Nid y ffaith ei fod e'n ŵr cydnerth a golygus oedd yn gyfrifol am yr obsesiwn, ond ei allu anhygoel ar y cwrt. Chwaraewyr amatur oedd aelodau tîm tennis Pen-y-bont; chwaraewyr digon deche oedd wedi llwyddo i gyrraedd safon go uchel ar y cwrt ac yn medru cyflawni pob un ergyd yn y llyfr hyfforddi ag awdurdod a steil. Ond, roedd bod yno a gweld Gerald Battrick yn ymarfer yn brofiad i'w drysori . . . gellid bod yn berffaith hapus â'r Ford Cortinas arferol ond yna'n achlysurol roedd modd sylwi a syllu ar y Porsche yn dangos ei ddannedd!

Yn ôl Dad, dos sylweddol o allu naturiol oedd yn gyfrifol am ei berfformiadau. Ond roedd rhaid cydnabod ei benderfyniad, yr agwedd di-droi'n-ôl, a phan oedd pethau'n mynd o chwith roedd yna ryw elfen o 'dyfal donc a dyrr y garreg' yn ei bersonoliaeth.

Aelod arall o Glwb Tennis Pen-y-bont yn yr un cyfnod oedd y cawr JPR Williams. Enillodd y ddau, Gerald a JPR, bencampwriaeth 'Junior Wimbledon' yn y chwedegau. Llwyddodd y ddau yn ogystal i ennill ysgoloriaethau i Ysgol Fonedd Millfield yng Ngwlad yr Haf ac elwa'n sylweddol o'r hyfforddiant arbenigol oedd ar gael. Gerald oedd yr ieuengaf erioed i ennill cap dros Gymru, bu'n cystadlu'n llwyddiannus yn erbyn nifer o hoelion wyth Prydain yn ystod y cyfnod – Stanley Matthews Jnr, Tony Pickard, ac Alan Mills gan gynnwys nifer o ymddangosiadau yn Wimbledon. Cynrychiolodd Brydain droeon yng Nghwpan Davis ac roedd y bartneriaeth â'r gŵr penfelyn, cyrliog Mark Cox yn un a wnaeth ddwyn ffrwyth ar sawl achlysur. Un o atgofion bore oes oedd ei weld yn cwrso o gwmpas cyrtiau dan-do yr Afan Lido tra oedd yn cynrychioli Prydain yn y Cwpan Davis a minnau ond yn dair oed!

Treuliodd gyfnod fel hyfforddwr yn yr Almaen yn ardal Hamburg cyn dychwelyd i Ben-y-bont i fyw ac i agor Ysgol Dennis bwrpasol o fewn 'lob' i gampws Ford yn y dref. Bu wrthi'n ddyfal ac yn gydwybodol yn hyfforddi llu o bobl ifanc gan gynnwys Victoria Davies sy'n dal i chwarae ar y gylchdaith. Yn drychinebus, bu farw Gerald Battrick yn 51 oed ar y 26ain o Dachwedd 1998.

Delyth Morgan

JAMIE BAULCH

Mae o jest mor ciwt, yn tydi? Petai athletwyr Cymru yn gwneud perfformiad o *Oliver*, Iwan Thomas fyddai 'Oliver' a Jamie Baulch fyddai'r 'Artful Dodger', a hwnnw oedd fy ffefryn i. Mae yna olwg hogyn bach drwg ar Jamie bob amser, a dwi'n teimlo'n famol i gyd bob tro y bydd o'n gwenu. A phan fydd o wedi'i siomi a'r dagrau'n cronni, dwi eisiau ei gofleidio.

'Dach chi wastad yn gallu 'nabod Jamie mewn llond cae o redwyr, oherwydd y gwallt *dreadlocks* pînafalaidd ar y dechrau, ond hyd yn oed heddiw, wedi iddo eu torri er mwyn rhedeg yn gynt, mae o mor amlwg. Fo ydi Jean-Pierre Rives y trac athletau. Ond hefyd, mae modd ei adnabod o bell oherwydd ei steil o redeg. Mae bron pawb arall sy'n rasio'r 400 metr yn rhedeg yn llyfn a gosgeiddig oherwydd fod ganddyn nhw goesau mor hir, ond mae Jamie fel cobyn bach Cymreig yn eu canol, fel poni Shetland ynghanol y ceffylau pedigri, a'r coesau byrion cadarn yn pwmpio mynd mor benderfynol, ac mae'ch calon gydag o bob cam. Ellwch chi ddim peidio â breuddwydio amdano'n eu curo, a dychmygu ei weld yn saethu heibio i Michael Johnson. Go brin y gwelwn ni hynny, ond fi fyddai'r cyntaf i yrru telegram ato.

Mae'n debyg 'mod i wedi syrthio amdano pan oedd o ac Iwan Thomas yn clownio a chwerthin mewn gorfoledd dros y can metr olaf yna yn Kuala Lumpur, a hynny yn lliwiau Cymru. Ro'n i a gweddill y genedl wedi dotio. Mae hyd yn oed cwmni Yves St Laurent wedi eu cyfareddu gan y wên hyfryd yna, ac wedi rhoi cytundeb modelu iddo. Go dda nhw a go dda Jamie. Mae 'na sawl ffordd o roi Cymru, Henllys a choesau byrion ar y map. Jamie, rwyt ti'n arwr.

Bethan Gwanas

PHIL BENNETT

Roedd y gêm yn tynnu at ei therfyn, a'r sgarlad heb ildio modfedd drwy'r prynhawn. Yn sydyn aeth y bêl yn rhydd ar linell gais Llanelli. Ond yn syth cipiwyd hi gan Phil Bennett, ac mewn un symudiad rhoes hanner tro i osgoi'r taclwr cyntaf, a chyn cyrraedd o'r gweddill troellodd gic i groesi'r ystlys tua'r llinell hanner. Yn yr eiliad honno deallasom oll nad oedd Llanelli yn mynd i golli i'r Crysau Duon y prynhawn llwydaidd hwnnw o Hydref.

Mewn eiliad o athrylith seliodd Phil Bennett y fuddugoliaeth. Ei feddwl chwim a'i harweiniodd cyn neb arall at union leoliad y perygl, ei allu i osgoi taclwyr a'i rhyddhaodd, a'i gic feistrolgar a dorrodd galon y gwrthwynebwyr.

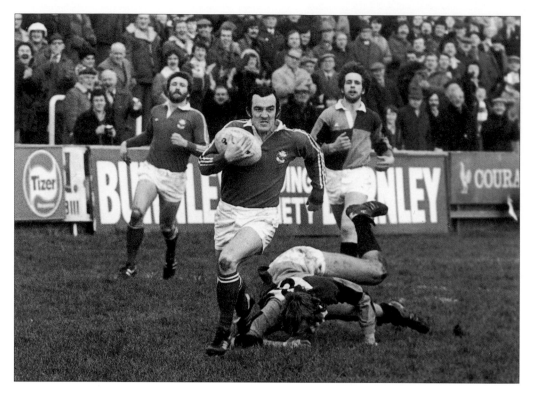

Gwyddai yn dda mai gêm yn y meddwl, ac i'r meddwl, yw rygbi ar lawer ystyr. Ef bob amser fyddai'n symud y darnau ar fwrdd gwyddbwyll o gae.

Un eiliad mewn gêm bwysig oedd hon, un eiliad o droi crefft yn gelfyddyd. Eto cyflawnodd wyrthiau cyffelyb yn gyson bob Sadwrn drwy'r tymhorau. Efallai fod y cof yn chwarae triciau ond ni chofiaf amdano'n methu'r marc gyda chic o'r dwylo, mwy nag y gallaf gofio am JPR yn gollwng pêl uchel o'i afael.

Bu eiliadau gwefreiddiol eraill yn lliwiau Cymru, y Barbariaid a'r Llewod ar feysydd mawr y byd. Ond gogoniant yr eiliad fach hon oedd iddi gael ei chwarae yng nghrys Llanelli ar Barc y Strade o flaen ei bobl ei hun. Fan honno, yn ei gartref ysbrydol, fel etifedd Albert Jenkins, y gwelwyd ei wir ogoniant. Yn wir, y dref a'i Sosialiaeth gynnes Gymraeg a'i creodd. Er hynny byddai ugain mil yn barod i ddadlau i'r gwrthwyneb, gan fynnu mai Phil Bennett yn yr eiliad honno a greodd Llanelli.

Idris Reynolds

JOHN BEVAN

Canterbury v y Llewod Prydeinig – Mehefin 19eg 1971

Heb unrhyw amheuaeth, roedd Dr Doug Smith, y rheolwr, a Carwyn James, yr hyfforddwr, yn ymwybodol o fwriad Canterbury, Seland Newydd. Ennill, costied a gostio, oedd y nod a nifer o swyddogion a chwaraewyr y dalaith yn benderfynol o anafu os nad anablu nifer o chwaraewyr mwya allweddol y Llewod. Defnyddiwyd dulliau a thactegau anghyfreithlon o'r gic gyntaf a'u capten cyfrwys, Alex Wylie, yn ymgorfforiad o un o ryfelwyr mwyaf treisgar y gorffennol.

Fel Gwyddel o'r ddinas ar lannau'r Liffey, chwaraeais mewn gornestau corfforol yng nghyffiniau Cork a Limerick. Bu'n rhaid amddiffyn a tharo'r pwyth yn ôl ar sawl achlysur; y chwarae'n galed ac yn gystadleuol ac ambell ergyd, ambell glatshen, ambell weret yn rhan annatod o'r chwarae a hynny yng ngwres y frwydr.

Ond rhaid i mi gyfaddef fod agwedd ac ymddygiad Canterbury y prynhawn hwnnw yn gwbl annerbyniol. 'Gwaed' oedd y gri cyn gadael yr ystafell newid. Y bwriad oedd ymosod yn giaidd ac yn gyson ar y gwŷr yn y crysau cochion. Derbyniodd y ddau brop Sandy Carmichael a Ray McLoughlin driniaeth ffiaidd; eu hwynebau yn gleisiau, esgyrn ar chwâl a nifer o gefnogwyr a gohebwyr Seland Newydd yn gwbl anfodlon.

Agwedd bryfoclyd y tîm cartref, ton ar ôl ton o ymosodiadau ciaidd; roedd hi'n rhyfedd bod y Llewod yn gallu ffrwyno'u teimladau. Sut ar y ddaear yr oedd modd aros yn gwbl ddigynnwrf a hynny mewn brwydr mor filain? Ac roedd y dyfarnwr druan (o Seland Newydd, wrth gwrs) ar goll!

Bu'r profiad yn hunlle llwyr i'r rheiny ohonom a wyliai o'r eisteddle. Roedd yr eilyddion a gweddill y garfan wedi'u cythruddo'n llwyr. Ond fe ddaeth un chwaraewr i'r adwy ac achub y dydd. Fel y dywedodd rhywun, rhywle, ddwy fil o flynyddoedd yn ôl, '*Vene, vidi, vici*'. Yng ngwres y frwydr fe lwyddodd John Bevan, asgellwr chwith y Llewod, i fychanu'r gwrthwynebwyr. Lloriwyd y gelyn o'r neilltu gan gais anhygoel. Petawn yn gorfod rhestru deg o'r ceisiau gorau a welais erioed, yna'n sicr byddai cais John C Bevan ar Barc Caerhirfryn, Christchurch, ar y 19eg o Fehefin 1971, ar y brig.

Roedd yr asgellwr o'r Rhondda yn gawr; mor gryf â phoni pwll, ei gyhyrau yn dyst i'r oriau a dreuliodd yn codi pwysau a phetai angen asgellwr i gadw'r Jonah Lomu presennol yn dawel, yna John byddai'r feri boi!

Yn ôl i'r gêm! A'r sgôr yn gyfartal, dau brop wedi'u hanafu'n ddifrifol,

roedd pethau'n dishgwl yn dywyll i dîm John Dawes. Ac yna, eiliadau cyn yr egwyl, fe ddigwydd yr annisgwyl.

McBride yn achosi pryder i fewnwr Canterbury, Lyn Davis, yn dilyn lein. Y Llewod yn ennill y bêl rydd ac yn eu dull arferol lledwyd y bêl yn gyflym i'r chwith. Pan dderbyniodd JCB (ac mae'r llythrennau'n addas) y bêl doedd dim byd 'mlaen. O fewn cam, newidiodd ongl ei rediad, gwyrodd heibio i ddau neu dri chwaraewr oedd yn ddigon balch i'w osgoi. Roedd y llinell gais yn y golwg ond roedd tri os nad pedwar o amddiffynwyr awyddus yn barod, yn fwy na pharod, i'w rwystro.

Ond, erbyn hyn roedd â'i lygad ar ei gyfle. Synhwyrodd fod yr amhosibl yn bosibl. A deg llath yn weddill, yn hytrach na defnyddio'i gyflymdra i gyrraedd y llinell ar y tu fas, penderfynodd ar dacteg y byddai Napoleon neu Owain Glyndŵr wedi'i chymeradwyo. A thân yn ei fol, ei goesau'n codi'n fygythiol i'r awyr a'i ysgwyddau'n cynyddu fesul eiliad, hyrddiodd ein harwr i grombil grym y gelyn.

Chwalwyd amddiffynwyr Canterbury gan gorwynt a chroesodd John Bevan am y cais. Ymdawelodd y dorf (oni bai am griw swnllyd yn y prif eisteddle), disgynnodd pennau'r chwaraewyr yn y crysau coch a du. Profodd y cais yn drobwynt; y frwydr seicolegol wedi'i hennill.

Do, bu pertach ceisiau ond gan ystyried y tensiwn, y tyndra a'r holl emosiwn rhaid gosod y cais yn adran gyntaf ceisiau'r gorffennol. Un o'r goreuon.

Y Golygydd (mewn sgwrs â Sean Lynch [prop y Llewod mas yn Seland Newydd ym 1971] yn ei dafarn 'The Swan' yn Nulyn).

BILLY BOSTON

Ganwyd Billy Boston yn ardal Tiger Bay yng Nghaerdydd yng nghanol y 1930au. Bryd hynny roedd yr ardal yn groesffordd i bobl o bob man a bu'r lle yn fagwrfa i Gymry enwog megis Joe Erskine a Shirley Bassey (un o gyfoedion Billy Boston). Y mae'n bosibl mai bregus oedd gafael Cymru ar Billy Boston, ac erbyn 1953 yr oedd wedi ffarwelio â'i famwlad ac wedi ymgartrefu yn Wigan, a'r dref hon ac ardal gogledd-orllewin Lloegr fu ei gartref a'i gynefin wedyn. Fe aeth yno er mwyn chwarae rygbi proffesiynol, ac yn hyn o beth fe ddilynodd ôl traed rhai fu'n chwarae i Wigan megis Johnny Thomas a 'Dodger Owens'. Gan fod Boston o gefndir hiliol cymysg, y mae'n debyg fod enw da clwb rygbi Wigan fel cartref i chwaraewyr o bedwar ban byd ers dechrau'r ugeinfed ganrif yn rheswm arall am setlo yn y dref ddiwydiannol hon.

Ni fu'n rhaid i Boston aros eiliad cyn ennill calonnau cefnogwyr Clwb Rygbi Wigan. Fe'i dewiswyd i chwarae ar yr asgell dde o'r cychwyn, ac er iddo chwarae ar draws rhengoedd yr olwyr yr oedd ei enw ef a safle'r asgell dde yn y tîm wedi eu priodi â'i gilydd unwaith ac am byth ym 1953. Nid geiriau gwag fu galw Billy Boston yn frenin Wigan.

Y mae pawb yn unfryd eu barn am ei ddoniau diarhebol, a phawb, bron, yn ei ddisgrifio fel y chwaraewr cyflawn. Roedd ganddo ymennydd ar gyfer rygbi. Yr oedd yn amseru pethau fel Mozart ac yn gallu camu o'r naill droed i'r llall yn syfrdanol o gyflym. Yn y 50au fe gyflymodd y ddawn a'r reddf hon a hynny er bod Billy Boston yn dipyn trymach yn y 60au nag yr oedd o yn laslanc yn ôl ym 1953. Roedd chwarae yn ei erbyn yn y dyddiau hudolus hynny yn golygu nos Wener ddi-gwsg i'w wrthwynebwyr wrth feddwl yn hunllefus am yr artaith y byddai Boston yn ei chonsurio ar y cae y prynhawn drannoeth. Ac yn ôl sawl un a fu'n chwarae yn ei erbyn yr oedd yr eiliadau cyn gêm yn erbyn Wigan yn golygu bod picellau poethion panig yn trywanu corff a meddwl.

Yr oedd Billy Boston yn goleuo tref Wigan â'i ddoniau llachar. Tref ddiwydiannol foel oedd Wigan y 50au. Tref y pyllau glo a'r ffatrïoedd garw, tref a chreithiau'r Ail Ryfel Byd yn dal yn amlwg arni. Roedd cael dianc oddi wrth ei mwrllwch melyn ar brynhawn Sadwrn oer o aeaf a mynd i weld athrylith lachar Billy Boston ar gae Central Park yn goleuo'r enaid ac yn cynhesu'r corff. Ef oedd brenin y deyrnas hon.

Brenin hoffus ac un agos at ei bobl ydoedd. Roedd o'n hynod o boblogaidd yn y dref ac yn gartrefol ynddi. Efallai fod Wigan a'i thai teras gefn wrth gefn â'i gilydd, Wigan y simneiau mwg, Wigan y clwb a'r dafarn, Wigan y siarad rygbi yn debyg i Tiger Bay pan oedd Boston yn ôl yng Nghymru.

Asgellwr ar y dde ydoedd, ie, ond fe wnaeth bethau rhyfeddol eraill ar gae Central Park hefyd. Y gamp fwyaf oedd sgorio 572 cais yn ystod ei yrfa, a 478 o'r rheiny wedi eu cyflwyno i Glwb Rygbi Wigan. Fe dreuliodd un mlynedd ar bymtheg gyda'r clwb, a do, fe fedyddiwyd prif stand y clwb ar ei ôl o. Fe fu'n chwarae i dîm 13eg Cymru a thîm 13eg Prydain yn ei dro, gan sgorio pedwar cais yn y gêm brawf yn erbyn Seland Newydd ym 1954. Chwaraeodd yn erbyn De'r Affrig, a dioddef yn y wlad honno oherwydd lliw brown ysgafn ei groen. Y mae rhai yn credu bod Boston wedi dioddef rhagfarn hiliol hefyd yn ei berthynas neu ddiffyg perthynas â rygbi'r undeb. Y mae amwysedd yma. Ym marn eraill fe fethodd y chwaraewr â sylweddoli bod drysau cyfle yn agor iddo yn rygbi'r Undeb yn y 50au. Ond mae'r cyfan yn y gorffennol pell bellach.

Doedd yna ddim taith yn ôl i Gymru yn hanes Billy Boston. Fe briododd a magu'i deulu yng ngogledd-orllewin Lloegr. Yn Wigan yr oedd o'n hapus. Yma yr oedd o'n boblogaidd eithriadol, yn arwr agos iawn at y cefnogwyr, yn byw yn eu mysg. Coroni brenhines y carnifal yn Awst, agor basâr yr eglwys yn mis Hydref a siarad rygbi ar y stryd gydol y gaeaf hir. Y brenin yn hapus yn ei alltudiaeth wirfoddol. 'Y chwaraewr cyflawn.' Os oedd yna rywbeth ar

goll yna peth Cymreig oedd hwnnw. Doedd yna ddim anian y lladdwr yn chwarae Billy Boston ychwaith. Doedd o ddim yn cael pleser o hyfforddi'n galed. Doedd o ddim yn orddifrifol ar y cae. Doedd o ddim yn cael gwefr o daro chwaraewr llai nag ef i'r llaid. Fe fyddai, mae'n sicr, wedi sgorio llawer cais arall pe byddai wedi chwarae pob gêm yn ddigyfaddawd at yr asgwrn.

Mae'r byd rygbi wedi newid ers dyddiau aur Billy Boston.

Aneirin Rhys Thomas

DAVID BROOME

Ddechrau Rhagfyr 'nôl yn y saithdegau a thra oedd pawb yng Nglanaman, Dyffryn Aman a gweddill y byd yn dishgwl ymlaen yn eiddgar at y Nadolig, ro'n i'n cyfri'r diwrnodau at sioe go arbennig yn Olympia yn Llundain.

Pêl-droed, rygbi, pêl-rwyd, cerddoriaeth a chartŵns oedd yn mynd â bryd y mwyafrif o ddisgyblion Ysgol Gynradd Glanaman. A bod yn onest, ceffylau oedd fy niléit i'n bersonol, a hynny o fore oes. Ac am gyfnod o wythnos ym mis Rhagfyr roedd goreuon y byd neidio ceffylau yn cyfarfod yng nghanolfan Olympia ac yn cystadlu'n frwd mewn cystadlaethau amrywiol. Yn aml, roedd y cyffro yn parhau ar BBC1 tan hanner nos ac er 'mod i'n aml yn ymladd i gadw ar ddihun, aflwyddiannus fyddai unrhyw ymgais i ddiffodd y teledu.

Ymhlith yr arwyr roedd David Broome, Cymro o Went. Bu Broome yn herio'r goreuon am ugain mlynedd a mwy ac roedd angen set o stablau i storio'r holl dlysau a'r holl gwpanau a ddaeth yn sgil ei lwyddiannau cyson. Un o'r prif gystadlaethau oedd y Grand Prix a'r Puissance; marchogwyr yn eu tro yn cwrso am eu bywyd o gwmpas y sgwâr yn erbyn y cloc ac un ffens ar y diwedd yn ymdebygu i wal garchar. Yn aml, fe fyddai'r stiwardiaid yn ychwanegu haenen arall o frics pren at y ffens a'r uchder yn peri ofn a braw i sawl ceffyl (yn ogystal â'r gwylwyr gartref).

Nid felly pan oedd ceffylau Mr Broome yn y cwestiwn. Roedd y marchog yn paratoi'n drwyadl a'r ceffylau yn gwbl ddi-ofn. Tra oedd rhai o'm ffrindiau am efelychu campau Seb Coe, Ian Rush, Terry Holmes a Tessa Sanderson roedd Mcnabs am farchogaeth yn yr un modd â David Broome a charlamu drwy'r llenni coch a hawlio'r cwpanau arian ac ambell ruban glas.

I raddau fe ddaeth y freuddwyd yn realiti. Nid fy mod i wedi disgleirio yn y gamp ond llwyddais i ddilyn ôl traed y meistr mewn sioeau lleol a chael y cyfle i'w gyfarfod mewn Sioe Sirol yn Abertawe.

Tystiais droeon i'w ysgafnder greddfol yn y cyfrwy; heb sôn am y dwylo llonydd, yr hyder a lifai o'i wythiennau a'r gallu i synhwyro amseriad y naid. Dyna'r doniau a gyfareddai'r dorf yn Olympia slawer dydd ac a hypnoteiddiai'r crwtyn ifanc ym mharlwr rhif 19 Heol Tircoed.

Yn anffodus, daeth y cystadlu i ben ond mae'r lluniau'n dal yno wedi'u cerfio mewn seliloid yn y cof. Nid cameos o'r Sais swnllyd Harvey Smith, nid ril o ffilm o'r Gwyddel mentrus Eddie Macken. Yn hytrach, y Cymro ar ei geffyl gwyn. Hwn oedd gwir arwr ein cartre ni am wythnos gyfan cyn dathliadau'r Nadolig.

Huw Rees

JOHN CHARLES

Mae 'na ddarn o bapur yn y tŷ acw sy'n werth y byd. Dim ond rhyw dair modfedd sgwâr ydy o i gyd – ond arno y mae llofnod John Charles. Ym 1957 y ces i o, ar lan y môr yn Llanfairfechan o bob man dan haul y greadigaeth. Gweld yr arwr yn cicio pêl ar y traeth efo'i fab Terry. Rhyw bwtyn bach oedd Terry ar y pryd.

Yr oedd John Charles y diwrnod hwnnw yr un mor addfwyn efo dau hogyn ysgol oedd wedi digwydd mynd am dro ar eu beiciau ag yr oedd ar y cae pêl-droed. Y 'cawr addfwyn' fel y daeth pawb i'w adnabod. Yn wir, yn ôl rhai, unig wendid y gŵr dwylath, pedair-stôn-ar-ddeg oedd y diffyg *aggression* yn ei chwarae.

Fy hun, wn i ddim a ydi dyn o'i allu a'i faintioli o angen hynny! Wedi i Major Frank Buckley, rheolwr Leeds United ar y pryd, ei gipio – ac yntau ond yn ei arddegau – o Abertawe, datblygodd i fod yn un o'r chwaraewyr gorau a welodd y byd erioed. Ei enw o fyddai un o'r rhai cyntaf a roddid i lawr ar y papur wrth ddewis y 'World XI'.

Gyda dwy droed fedrus, traed bychain i ddyn mor fawr, a gallu anhygoel i benio pêl, yr oedd yr un mor gyfforddus yn arwain y llinell flaen ag yr oedd yn asgwrn cefn yr amddiffyn. Ei goliau o ym 1957 a helpodd Leeds i'r Gynghrair Gyntaf (yr haf wedi hynny y cefais ei lofnod). Yn ei dymor cyntaf fan honno sgoriodd 38 gôl.

Tipyn o sioc i'r byd pêl-droed oedd ei weld yn symud i Juventus am y ffi aruthrol o £65,000. Bu yr un mor boblogaidd a llwyddiannus yn yr Eidal ag y bu yn Leeds a sonnir amdano yno heddiw gyda pharch aruthrol fel y sylweddolais mewn tŷ bwyta yn Fflorens yn ddiweddar. Dyn mawr, ymhob ystyr y gair, oedd y Brenin John arbennig yma.

John Ogwen

ROBERT CROFT

Ystadegau moel, ceidwadaeth, a Seisnigrwydd. Dyna, yn ôl y gwyliwr di-weld, yw hanfodion criced fel gêm. Os felly, beth yn y byd sy'n gyfrifol am lwyddiant Robert Croft, troellwr poblogaidd Morgannwg a Lloegr? Yn ôl y canllawiau uchod go brin y byddai Crofty wedi ennill ei blwyf fel cricedwr proffesiynol yn y cyfnod modern.

Ond y gwir yw bod y crwt hoffus o'r Hendy eisoes wedi cyflawni campau mawr dros ei sir a'i 'wlad', er efallai nad yw'r persbectif Wisdenaidd, yn ei ddoethineb anffaeledig, yn cydnabod hynny.

Bydd y sawl a welodd gyfraniadau ysbrydoledig a gweithgar Croft wrth i Forgannwg gipio'r Bencampwriaeth ym 1997, neu'r sawl a welodd ei fatiad dewr a chyfrwys yn wyneb sefyllfa anobeithiol Lloegr yn erbyn De Affrica yn Old Trafford ym 1998, yn tystio, nid yn unig i'w ddawn, ond hefyd i'w gymeriad di-ildio.

Nid gêm i bais, chwedl beirdd Cwm Tawe, yw criced; ac fe safodd Croft yn gadarn yng ngwres sawl bygythiad ac ymosodiad. Gyda phob parch i Scott

Gibbs, ond os oes dewis rhwng derbyn tacl nerthol neu bêl ledr waetgoch yn anelu at fy ngwddf ar gyflymder o naw deg milltir yr awr, rhowch grys rygbi i mi bob tro!

Ond mae Robert Croft yn gymeriad ar sawl ystyr. Yn ei rythu bythol-obeithiol wrth fowlio, yn y siom grwt-ysgol sy'n fyw yn ei lygaid ar ôl pob pêl aflwyddiannus, ac yn y chwerthiniad buddugoliaethus wrth iddo gipio wiced arall, mae'r galon yn dod i'r golwg. Felly hefyd yn ei fwrlwm wrth faesu, ac wrth ymateb yn ffraeth i sylwadau adar y dorf. Na, nid un o'r mawrion digymeriad a swrth yw hwn, ond arwr ei werin.

A chyda hyn, a diolch am hyn, mae'n Gymro i'r carn. Anghofia i byth mo rywun yn ei holi am letchwithdod y Cymro sy'n gorfod chwarae dros Loegr er mwyn cyrraedd y llwyfan rhyngwladol. Ac yntau'n ateb gyda'i weledigaeth anghymleth,

'Pryd dwi'n whare i Forgannwg, mae fel whare i Gymru; pryd dwi'n whare i Loeger, mae fel whare i'r Llewod.'

Ac wrth gwrs, bu 1997 yn flwyddyn fawr i Forgannwg, i Gymru, ac i'r Llewod, fel ei gilydd!

Ceri Wyn Jones

BRIAN CURVIS

Ym mis Medi 1964 daeth yr enwog Emile Griffith i Lundain i amddiffyn ei bencampwriaeth pwysau Welter y Byd, ond er mwyn gwireddu uchelgais ei wrthwynebydd dewr o Gymru, o bosibl roedd yr ornest rhyw flwyddyn yn rhy hwyr. Gwnaeth Brian Curvis sioe dda ohoni, fel roedd pawb wedi ei ragdybio. Roedd pencampwr Prydain, a oedd yn gymaint ymgorfforiad o Abertawe a phier y Mwmbwls, yn rhoi o'i orau bob amser. Nid ar chwarae bach y cafodd ei gydnabod yn 'broffesiynwr y proffesiynolwyr', a phawb yn ei barchu yn y gamp galetaf o'r campau oll.

Ond pan ildiodd yr amryddawn Griffith o'r diwedd, ar ôl cryn dipyn o bwysau, i roi cyfle i'r Cymro gipio coron Pwysau Welter y Byd, roedd nifer ohonom yn teimlo bod Curvis, er ond yn 26 oed, wedi gweld ei ddyddiau gorau. Ac felly y bu. Doedd Wembley y noson honno ddim yn gyrchfan i'r gwan eu cylla, wrth i ddau gawr eu galwedigaeth fynd ati i ymgiprys yn ffyrnig am bencampwriaeth eu crefft giaidd. Yn anffodus, er i'r ornest barhau am bymtheg rownd, barn y mwyafrif llethol oedd mai'r paffiwr gorau a orfu. Llwyddodd Griffith, yr ymladdwr gwydn o Ynysoedd y Wyryf, a oedd wedi

teyrnasu fel pencampwr rhwng 1961 a 1966, i fynd tua thre i'r Amerig a'r teitl yn dal yn dynn yn ei afael.

I Brian Curvis doedd dim ail gyfle. Ni chafodd wireddu'r freuddwyd a blannwyd ynddo'n grwt ifanc ac yntau ond braidd yn ddigon hen i wisgo pâr o fenig paffio. Roedd yn un o deulu lle roedd paffio'n fodd i fyw, cyn bwysiced â thyrn o waith yn y dociau er mwyn ennill cyflog; roedd paffio yn tanio'r uchelgais o glod yn y sgwâr.

Oedodd am ychydig flynyddoedd wedi hyn cyn ymddeol, yn hyderus nad oedd neb gartref yn ddigon da i'w herio eto fel pencampwr diguro Prydain a'r Gymanwlad rhwng 1960 a 1966. Yn gysur ddigon wrth ymddeol oedd y ffaith anrhydeddus iddo gael ei guro ond bedair gwaith mewn 41 gornest ac roedd yn berchen ar ddwy wregys Lonsdale.

Ond petai'r cyndyn Griffith wedi cael ei demtio yn gynt i dderbyn yr her gyfiawn, gallai pethau fod wedi bod yn well byth, cyn i gyfres o anafiadau a mân broblemau ddifrodi awch arswydus y Cymro.

Mererid Morgan

GERALD DAVIES

Yr elfen liwgar sy'n ei gwneud yn hawdd 'sgrifennu am ambell gymeriad yn y byd rygbi. Ond nid yw Gerald Davies yn perthyn i'r categori yna: gŵr tawel, diymhongar, digyffro ydyw.

Cefais y fraint o'i gyfarfod am y tro cyntaf ym 1967 ar ôl iddo chwarae dros Gaerdydd ar faes San Helen. Roedd yn ddigon amlwg mai'r hyn a hoffai ar ôl gêm oedd treulio awr neu ddwy yn siarad yn graff ac yn feddylgar am y chwarae ac yna dychwelyd i lonyddwch ei gartref. Roedd yn amlwg iawn hefyd ei fod yn hynod o boblogaidd ac yn cael ei edmygu gan y chwaraewyr,

y cefnogwyr a chan y wasg – a hynny am ei fod yn hynaws ac yn onest. Nid un i siarad yn ormodol amdano ef ei hun mohono gan ymffrostio a gorfoleddu yn ei lwyddiant. Mae'n derbyn parch a chydnabyddiaeth yn ddiffuant, ac yn hoffi cadw yn y cefndir. A pharhaodd y nodwedd hon yn ei gymeriad dros flynyddoedd ei lwyddiant fel chwaraewr o'r radd flaenaf.

Cafwyd enghraifft o'i hynawsedd yn ystod taith y Llewod i Seland Newydd ym 1971. Y tro hwnnw sgoriodd Gerald bedwar cais gwych yn erbyn Hawke's Bay. Roedd yr olaf ohonynt, ar ôl iddo symud o'r asgell mewn i chwarae fel canolwr, yn anhygoel oherwydd roedd hi'n edrych yn debyg ar un adeg ei fod yn mynd i ffug basio, ond yna mewn fflach fe saethodd drwy'r amddiffynfa dynn – fel cotwm yn symud trwy grai nodwydd heb gyffwrdd â'r ochrau – a chroesi'r llinell gais.

Cwestiwn Carwyn iddo ar ôl y gêm oedd, 'Sut yn y byd mawr . . . ?' Ateb Gerald yn syml oedd talu teyrnged i'w olwyr am eu pasio cyflym gan roi iddo yntau'r lle a'r amser i sgorio'r cais.

Cofiaf glywed am ddigwyddiad yn ystod dyddiau Gerald yng Ngholeg Loughborough, digwyddiad sy'n dangos yn hollol pa mor ddibynadwy ydyw. Roedd Clwb Dosbarth Cyntaf wedi cysylltu ag ef a gofyn iddo chwarae iddynt yng Nghystadleuaeth Snelling ar faes San Helen yn Abertawe. Roedd gwahoddiad o'r fath yr adeg honno yn dipyn o anrhydedd oherwydd nid yn unig roedd e'n mwynhau rygbi saith-bob-ochr ond hefyd roedd safon y gystadleuaeth yng Nghymru ar y pryd yn uchel a'r miloedd yn tyrru'n flynyddol i'w gweld.

Ond roedd problem yn wynebu Gerald wrth iddo ddarllen y neges yn rhoi'r gwahoddiad. Roedd twrnamaint pêl-droed i'w chwarae ar yr un prynhawn ar feysydd Ashleigh, filltir o San Helen, ac roedd e wedi addo chwarae yno i Ysbyty Treforys. Colli yn y rownd gyntaf a wnaeth tîm Treforys a Gerald druan wedi cadw'i air gan chwarae o flaen deg ar hugain yn hytrach na deng mil!

Ond beth amdano fel chwaraewr rygbi? Roedd safon ei chwarae fel gwin da, yn gwella gydag amser. Pleser oedd ei weld yn rhuthro'n egnïol o gwmpas y maes. Roedd yn adweithio'n rhyfeddol o gyflym gan weld agoriad mewn fflach, ac mae'n wir dweud fod yna ddealltwriaeth gynhenid rhyngddo ef a JPR. Yn ystod y blynyddoedd roedd y ddau ohonynt wedi perffeithio'r grefft o wrthymosod.

Mae hi'n arferiad ymhlith cefnogwyr rygbi o bedwar ban byd i sôn am y chwaraewyr gorau yn ôl eu safleoedd. Buasai rhai o'r farn mai Gareth Edwards oedd y mewnwr gorau; eraill yn canmol Catchpole, Going a Tanner. Rhai yn gosod Barry John ar y brig, tra bod eraill yn cofio Cliff Morgan, Cliff Jones, Jackie Kyle a Phil Bennett.

Ond pan fo dyn yn trafod asgellwyr de, does 'na'r un ddadl – Gerald Davies yw'r gorau sydd wedi chwarae heb os nac oni bai. Cofiwn amdano fel artist athrylithgar: un a chwaraeai'n deg ac yn onest a hefyd yn un a chwaraeai'n nodedig o bert ar y cae bob amser.

Alun Wyn Bevan
(erthygl yn *Y Faner*, Hydref 1979)

HYWEL DAVIES

Heb os, Hywel Davies yw un o jocis mwyaf llwyddiannus Cymru. Ar wahân i ennill y *Grand National* ym 1985 ar *Last Suspect*, enillodd yn ogystal Gwpan Aur Hennessey ar *Ghofar*, Cwpan Aur Whitbread ar *Topsham Boy,* llwyddiannau yn yr Ŵyl yn Cheltenham ar *Barnbrook Again* a *Katabatic* yn y *Queen Mother's Champion Chase.*

Hywel oedd yr ieuengaf o dri chrwt a anwyd i Meurig a Maj Davies o Aberteifi ym 1956 a chan taw gof oedd ei dad, roedd hi'n amlwg y byddai ei blant â diddordeb mewn ceffylau. Teulu'r Cuff's, perchenogion Plas Llangoedmor, ger cartre'r Davies's, rhyw filltir tu fas i Aberteifi, ddododd y sglein ar sgiliau marchogaeth Hywel wrth iddo ennill gwobrau di-rif yn y Sioe Frenhinol yn Llanelwedd, yn Stoneleigh ac yn Hickstead.

Ar ôl gadael Ysgol Uwchradd Aberteifi yn un ar bymtheg oed ('run dosbarth â Jonathan Jones, pencampwr Cychod Cyflym y Byd), cafodd flwyddyn neu ddwy fel reidiwr 'Point to Point' gan ennill ei ras gyntaf yn Llanybri ger Caerfyrddin ar geffyl o'r enw *Half a Loaf*. Ond pan oedd yn bedair ar bymtheg mlwydd oed, diolch i berswâd ei frawd hynaf, Geraint, derbyniodd brentisiaeth a hynny yn stablau'r enwog Josh Gifford yn Frindon. Bu yno am dair blynedd yn dysgu'r grefft, cyn cael ei benodi'n *stable jockey* i Roddy Armytage. Enillodd Hywel 81 ras i Armytage dros gyfnod o ddau dymor cyn ennill dyrchafiad i stabl y diweddar Gapten Tim Forster, gŵr a gipiodd y *Grand National* deirgwaith.

Bellach, ar ôl ymddeol ym 1994, mae'n cadw'i hun yn brysur drwy sylwebu ar rasys a chystadlaethau trotian ar y radio a'r teledu. Mae e hefyd yn gyfarwyddwr *Winning Line* – cwmni sy'n berchen ar nifer fawr o geffylau

enwog ac mae'n dablan mewn cwmni sy'n cynhyrchu bwydydd ceffylau. Bob amser a gwên lydan ar ei wyneb, mae'n gwmni da a gall Aberteifi a Chymru ymfalchïo yn holl lwyddiant un o jocis enwoca'r genedl.

Alun Tudur Jenkins

JONATHAN DAVIES

Dyddiadau. Maen nhw'n golygu cryn dipyn i rai . . . ar yr 22ain o Dachwedd 1963 llofruddiwyd yr Arlywydd John F Kennedy yn Dallas, Texas; ar y 31ain o Awst 1997 y lladdwyd Diana, Tywysoges Cymru, mewn damwain car. Ond yn bersonol, mae yna un dyddiad, yn anad un arall, sy'n gwbl arwyddocaol i mi'n bersonol sef yr ail o Fedi 1971. Am hanner awr wedi wyth ben bore dechreuais fel athro yn Ysgol Iau Trimsaran a dyna'r diwrnod y des i ar draws Jonathan Davies. Fe'i gwelais am y tro cyntaf ar iard yr ysgol adeg toriad y bore; roedd y symudiadau corfforol yn ddigon i ddenu sylw. Y cydbwysedd, y cyflymdra, yr osgo, y penderfyniad . . . byddai'n amhosibl i unrhyw un â gwir ddiddordeb yn y campau ei anwybyddu! 'Canys gwnaethost ef ychydig is na'r angylion . . .'

I'r aficonados roedd gweld Vivian Richards yn cerdded o'r pafiliwn i'r llain yn brofiad cynhyrfus; cyflymai'r galon tra'n gwerthfawrogi ambell ergyd o raced Evonne Goolagong ac yn aml roedd angen celfyddyd y bardd i ddisgrifio perffeithrwydd technegol Michael Jordan, Arnold Palmer a Sharon Davies.

Er yn fychan o gorff roedd y crwt ifanc yn chwaraewr rygbi cwbl naturiol; perffeithrwydd mewn cnawd. Yn ystod y cyfnod, roedd yna chwaraewyr talentog o'i gwmpas, y tîm yn un cytbwys ond rhaid cyfaddef y teimlwn yn flin dros nifer o'r gwrthwynebwyr. Gêmau'n glòs ac yn gystadleuol, ond bob tro y deuai'r bêl i gyfeiriad Jonathan, roedd hi'n gwbl amhosibl ei ffrwyno. Llithrai o afael y taclwyr a'i gyflymdra dros y llathenni cyntaf yn ei gwneud hi'n anodd i'w gorlannu. Rwy'n cofio darllen cymhariaeth yn llyfr Geraint Jenkins, *Cewri'r Bêl-droed yng Nghymru* – cymhariaeth addas ar gyfer y meistr o Drimsaran: 'yn debyg i benbwl yn ymnyddu'n llithrig trwy bwll brwnt'.

Roedd yr holl sgiliau rhyfeddol a nodweddai berfformiadau Jonathan yn ddiweddarach yn ei yrfa yn amlwg yn ei chwarae fel crwtyn ifanc yn ysgol y pentref: ei sgiliau â'r bêl, y synnwyr greddfol, y weledigaeth. Rhyfeddai gwybodusion ledled byd at ei allu i gyflawni'r annisgwyl, a hynny ar feysydd megis Wembley, Old Trafford, Sydney Football Stadium, Concord Oval, Ballymore, Eden Park a Twickenham. Yn bersonol roeddwn yn llygad-dyst o'r cychwyn cyntaf yn Nhrimsaran, Pontiets, Llangennech a Llandybïe.

Dylanwadodd chwaraewyr Llanelli a Chymru ar y maswr ifanc ond, heb os, y dylanwad pennaf ar ei yrfa oedd ei dad, Len Davies, canolwr clasurol a gynrychiolodd Abertawe yn y pumdegau. Yn drist iawn, yn ystod dyddiau cynnar Jonathan yn Ysgol y Gwendraeth, bu farw'i dad a bu'r golled yn un aruthrol.

27

Llifodd y cefnogwyr yn gyson drwy'r clwydi ar y Gnoll, y Strade a chaeau eraill i weld Jonathan. Oes, mae ambell chwaraewr yn llwyddo i osod '*bums on seats*' fel y dywed rhai ac yn sicr roedd Jonathan Davies yn un o'r rheiny.

Meirion Davies

LYNN DAVIES

Mis Hydref oedd hi yn y flwyddyn 1964 – y deunawfed o Hydref, dydd Sul. Roedd hi'n rhywbeth yn debyg i unrhyw fore dydd Sul arall yn y Deheubarth. Tebyg, hynny yw, os nad oedd gennych chi ddiddordeb mewn Mabolgampau – athletau – gan y byddai hynny yn ei gwneud hi'n fore Sul arbennig iawn. Oherwydd yn Siapan y diwrnod hwnnw roedd Cymro wedi ennill medal aur ym mhrif gystadleuaeth y byd, y Mabolgampau Olympaidd.

Fe fu'n rhaid imi, wedi clywed y newyddion am fuddugoliaeth Lynn Davies, fynd i'w gartre yn Nantymoel i ymweld â'i deulu, ei dad a'i fam a'i chwaer. Roedd gen i ryw syniad ble roedd Nantymoel ond doeddwn i erioed wedi bod yn agos i'r pentref cyn hynny, a bu'n rhaid holi ym Mhen-y-bont ar Ogwr er mwyn gwneud yn siŵr fod y car ar y ffordd iawn. A chyrhaeddais hefyd ar ôl mynd trwy Fryncethin a Chwm Ogwr. Cyrraedd Nantymoel am y

tro cyntaf erioed a gweld bod pobl pentre Lynn eisoes wedi addurno eu strydoedd â baneri a sloganau. Roedd ei gartref ym mhen ucha'r pentref dan ei sang a'i deulu yn cyfarch pawb â'u dagrau o lawenydd. Mae amser Tokyo ryw hanner diwrnod o'n blaen ni, cofiwch, felly roedd y newyddion am y naid o chwe throedfedd ar hugain a phum modfedd a thri-chwarter, a enillodd y Fedal Aur i'r bachgen o Nantymoel, wedi cyrraedd yn gynnar iawn y bore hwnnw. Peth anhygoel, yntê, fod Cymro wedi ennill cystadleuaeth o'r fath safon.

Y Record
Anodd ydi ysgrifennu erthygl am Lynn Davies bellach heb ail-ddweud pethau a ddywedwyd eisoes drosodd a thro gan lawer o bobl mewn llawer lle. Ond mae'n werth imi roi i lawr unwaith eto fanylion record Lynn na fydd neb o bosib yn ei chyrraedd byth. Efallai nad record yw'r gair gorau ond fe wnaiff y

tro rhag inni ddrysu popeth. Gwyddoch chi i gyd, gobeithio, fod gan Lynn dair Medal Aur, ac mae'r rhan fwya ohonoch chi'n gwybod ymhle cafodd e'r tair, ac fe rown ni nhw yn nhrefn eu hamser:

1) Tokyo, Siapan, Hydref 1964; 2) Kingston, Jamaica, Awst 1966; 3) Budapest, Hwngaria, Awst 1966 – Y Mabolgampau Olympaidd, Mabolgampau'r Gymanwlad a Mabolgampau Ewrop. Nawr beth yn union yw'r record hon na fydd neb yn debyg o'i chyrraedd? Peth rhyfygus i'w ddweud, yntê, mewn oes pan fo torri record ym mhob maes yn ddigwyddiad eithaf cyffredin. Ie'n wir, ond ystyriwch am eiliad y sefyllfa ac fe gytunwch â mi. Rhaid i'r dyn fydd yn cyflawni'r fath gamp fod yn byw yn un o wledydd Ewrop, a rhaid i'r wlad honno fod yn y Gymanwlad Brydeinig, ac ar ben hynny rhaid iddo ennill Medal Aur Olympig. Tipyn o gamp yn ddiau. Gall unrhyw wlad anfon dyn i'w chynrychioli i'r Cyfarfod Olympaidd, ond pa wledydd gaiff gystadlu yn y ddau gyfarfod arall? Caewch y llyfr a'ch llygaid a meddyliwch. Gawsoch chi nhw? Pedair yw'r ateb – Cymru, yr Alban, Lloegr a Chwe Sir Iwerddon (mae'r ola'n cystadlu fel gwlad ym Mabolgampau'r Gymanwlad, wrth gwrs). Felly, rhaid i'r dyn fydd yn cyrraedd y fath gopa â Lynn Davies ddod o un o'r pedair hyn. Chwiliwch chi nawr yn eich llyfrau am hanes y Mabolgampau Olympaidd a Mabolgampau Ewrop, ac fe gewch chi weld nad yw record y mabolgampwyr o'r Ynysoedd yn ddisglair iawn. Na, prin y gwelwn ni neb eto'n ennill y tair Medal Aur.

Manylion y Neidiau

Mae pawb wedi hen anghofio camp Lynn yn Perth, Awstralia, ym Mabolgampau'r Gymanwlad ym 1962 ac yntau'n ugain oed. Ond da cofio iddo dorri record y naid hir yn y gyfres er iddo, gyda'i naid orau o bum troedfedd ar hugain a phedair modfedd, orffen yn y pedwerydd safle. Ym mis Tachwedd roedd hynny, ac yn Belgrade, Prifddinas Iwgoslafia, ryw ddau fis ynghynt, ym Mhencampwriaeth Ewrop, roedd e wedi bod yn unfed ar ddeg gyda naid o bedair troedfedd ar hugain a hanner modfedd. Yr enillydd yn Belgrade oedd Igor Ter-Ovanesyan o Rwsia, gyda naid o dros ddwy droedfedd yn hwy nag un orau Lynn. Ond fe drodd y rhod, onido? Fe fu'r ddau'n cystadlu yn Rwsia yn Hydref 1963, a Lynn oedd ar y blaen tan naid olaf ei wrthwynebydd, a cholli o ddim ond un centimetr a wnaeth e wedyn. Yna Tokyo. Ac yn y glaw bendithiol curodd y Cymro Ter-Ovanesyan a'r Americanwr tywyll ei groen, Ralph Boston, yn y bumed rownd o neidiau (y rownd olaf ond un). Lwc oedd dyfarniad ambell feirniad, ond yn Budapest ar Awst 31ain 1966, neidiodd e'n union bedair modfedd yn hwy na Ter-Ovanesyan gyda chwe throedfedd ar hugain a dwy fodfedd a chwarter. Honno a ddaeth â'r drydedd Fedal Aur, wrth gwrs.

Yn Kingston, Jamaica, ar Awst 8fed 1966, roedd Lynn wedi neidio hanner modfedd yn hwy na hynny i guro Morbey o Bermuda, hefyd o bedair modfedd yn union. Ydy eich pen yn troi wedi darllen yr holl ffigurau yma? Ddrwg gen i, ond mi gredaf i fod camp o'r fath yn haeddu sylw manwl. Ac mae rhagor i ddod!

Colli a wnaeth y Cymro yn erbyn y pencampwr o America, Boston, yng Nghaerdydd ym Mabolgampau Cymru, 1965. Doedd e ddim yn agos i'r dyn o'r tu draw i'r môr y diwrnod hwnnw pan neidiodd Boston chwe throedfedd ar hugain a deng modfedd i greu record newydd yng Nghymru. Ond gan Lynn mae Medal Aur Tokyo, ac fe neidiodd e ei hun cyhyd yn Bloemfontein, De Affrig, yn Ebrill 1966. Y naid honno (26′ 10″) ydy'r record i Gymro mewn unrhyw le, a hefyd does neb o'r Ynysoedd hyn wedi bod yn agos ati hyd yma.

Sbrintio

Mae'r gallu i sbrintio—i redeg yn gyflym iawn dros hanner canllath o leia—yn anhepgorol i athletwr sy'n cynnig am y naid hir. Ac er cymaint y clod mae Lynn Davies wedi ei ennill fel neidiwr, da yw cofio iddo ennill y canllath ym Mabolgampau Prydain bedair gwaith yn olynol. Hefyd mae e'n dal record ei wlad yn gyfartal â Ron Jones dros y canllath. Eu hamser ydy naw pwynt pump o eiliadau, a'r ddau hyn gyda Terry Davies a Keri Jones, a sefydlodd y record presennol Cymru yn y ras gyfnewid (4 x 100 llath). Deugain pwynt dau o eiliadau ydy'r amser, ac fe'i rhedwyd gan y pedwar yn Jamaica fis Awst 1966. Chafodd Cymru ddim medal 'chwaith gan iddyn nhw orffen yn bedwerydd.

Ymarfer

Bydd dim rhagor o ystadegau—diolch byth, meddech chi!

Camp amatur ydy mabolgampau, ar wahân i ambell gyfarfod megis y Powderhall yn yr Alban. Ond er mwyn cyrraedd y safon uchaf mae'n rhaid ichi fod yn fodlon ymarfer llawer iawn ac yn aml iawn. Prin bod eisiau dweud fod ymarfer yn bwysig dros ben ym mhob camp, ond faint ohonom ni sy'n fodlon rhoi cyfran go helaeth o'n hamser hamdden er mwyn ymberffeithio? Efallai mai yn yr ymarfer a'r ddisgyblaeth rydym ni'n rhoi *arnom ni ein hunain* mae gwir werth campau. Yn sicr, wrth ymarfer yn ddygn rydym ni'n ein hadnabod ein hunain, ac nid yn unig ar yr ochr gorfforol. Mae Lynn Davies yn esiampl wych inni yn hyn o beth. Roedd e'n medru sbrintio'n ifanc iawn—roedd y gallu hwnnw ganddo fe o'r crud—ond fe fu raid iddo ymarfer oriau lawer gyda phwysau trwm i'w gryfhau ei hun ddigon i ennill y medalau aur hynny. Erbyn hyn mae'n hynod o gryf, ac mi fydd pob un ohonoch yn cytuno bod yr holl ymdrech mae Lynn wedi ei roi yn ei ymarfer wedi talu iddo. All pawb ddim ennill medal aur, na hyd yn oed un arian na phres, ond fe all pawb sy'n iach yn ei gorff wneud yr ymdrech i wella ei safon ei hun. A chyn ichi allu curo eraill rhaid i chi'n gynta oll eich curo chi'ch hun. Rydym ni'n ymfalchïo yng ngorchestion Lynn Davies ym myd y mabolgampau, ond peidiwn ni byth ag anghofio'r arwyddair Olympaidd. Dyma fe wedi ei symleiddio: 'Y cystadlu sy'n bwysig, nid yr ennill.'

Tom Davies
(erthygl yng nghylchgrawn *Campau*, 1968)

MERVYN DAVIES

Os yw Graham Henry yn tybio ein bod ni'r Cymry yn rhy emosiynol ynghylch rygbi, fe ddylai rhywun sôn wrtho am y tîm gorau erioed i gynrychioli'r wlad – y tîm hwnnw a enillodd bob tlws posibl yn ystod y saithdegau. Mae'r chwaraewyr hynny cyn enwoced heddiw ag yr oedden nhw bryd hynny a diau fod enwau nifer ohonyn nhw'n britho tudalennau'r gyfrol hon. Chwaraewyr fyddai'n mynd ag anadl dyn yn llwyr gymaint oedd eu hymrwymiad i chwarae rygbi cyffrous ac ysbrydoledig.

Mae un chwaraewr arbennig yn sefyll yn y cof. Nid o reidrwydd oherwydd ei daldra – roedd yn chwe throedfedd pedair modfedd yn nhraed ei sanau – nac ychwaith oherwydd y penwisg hynod hwnnw fyddai'n ceisio cadw'r mop o gyrls duon dan reolaeth; na hyd yn oed ei osgo unigryw a hawliodd iddo'r llys-enw 'The Swerve'. Na, yr hyn oedd yn gwahaniaethu'r wythwr hwn o bob wythwr arall oedd ei agwedd ddi-ildio, ddi-ffws ynghyd â'i weledigaeth lwyr ar y cae rygbi. Pwy oedd y dyn hynod hwnnw? Neb llai na Mervyn Davies.

Nid am i mi gael yr anrhydedd o chwarae ochr yn ochr â Mervyn ar lefel clwb yr ydw i'n ei edmygu gymaint. Gofynnwch chi i ddarllenwyr cylchgrawn *Rugby World*; gofynnwyd iddyn nhw yn ddiweddar i ddewis yr wythwr gorau erioed. Pobl fel Bastiat – yr anghenfil o Ffrainc – Zinzan Brooke o Seland Newydd, y Sais Dean Richards heb anghofio Wayne Shelford, Hennie Muller, Murray Mexted a Brian Lochore. Ond pwy oedd ar y brig? Mervyn Davies. Trideg wyth o gapiau dros Gymru, cyn-gapten a enillodd ddwy Gamp Lawn a dwy gyfres gyda'r Llewod – y cyfan gan ŵr a oedd yn chwarae i'r *Old Guildfordians* dri mis cyn ei gap cyntaf!

Ysywaeth, daeth gyrfa Mervyn Davies i ben un prynhawn Sadwrn ar yr wythfed ar hugain o Fawrth 1976 wedi iddo ddioddef gwaedlif ar ei ymennydd tra oedd yn chwarae i Abertawe yn erbyn Pont-y-pŵl yn rownd gyn-derfynol y cwpan Schweppes. Dyna'r cyfle olaf i gefnogwyr y bêl hirgon weld y meistr wrth ei grefft – ond fel rhywun a welodd ac a chwaraeodd gyda'r athrylith hwn, fe allaf ddweud yn gwbl argyhoeddedig nad oes cystal wythwr wedi cynrychioli ei wlad ers Mervyn Davies.

Royston Woodward

MIKE DAVIES

(Howard Lloyd, golygydd *Crysau Cochion*, Llyfrau'r Dryw, 1958, yn cyf-weld Michael Davies: detholyn cyntaf ymhlith chwaraewyr tennis Prydain ym 1958.)

'Rydych chi wedi curo rhai o chwaraewyr gorau'r byd yn eich gyrfa fer: Lew Hoad, Drobny, Sven Davidson, Ashley Cooper, Herbie Flam a Dick Savitt yn eu plith . . . Ond mae mwy o anrhydedd weithiau mewn colli nag mewn ennill, ac wrth edrych yn ôl bydd dyn yn fwy balch o gofio am gêm a gollwyd nag am ambell i fuddugoliaeth.'

'Eitha gwir . . . Gornest fel 'na oedd honno'n erbyn Vic Seixas o Philadelphia yn Forest Hill ym 1956. Roeddwn newydd gael fy mhen-blwydd yn un ar hugain a chollais 6-3, 3-6, 8-10, 6-3, 7-5, ond roeddwn yn eitha hapus i golli yn y modd yna i chwaraewr mor brofiadol â Seixas oedd wedi

ennill pencampwriaeth Wimbledon ym 1953. Gêm a chwaraewyd rhwng cawodydd ydoedd a mellt a tharanau'n cadw cwmni â ni hyd y diwedd. Roedd y llawr yn llithrig dros ben a hanner ffordd trwy'r gêm newidiodd Seixas i sgidiau sbeic ond nid heb wrthwynebiad rhai o'r swyddogion. Er imi ddioddef yn enbyd gyda'r cramp yn y set ola bu'r papurau'n garedig iawn wrthyf drannoeth a dweud nad oedd blewyn rhwng Seixas a'r chwaraewr Prydeinig gorau oddi ar amser Fred Perry.'

'A charreg filltir bwysig arall oedd eich buddugoliaeth yn erbyn Robert Haillet yng nghystadleuaeth y Cwpan Davis ym 1957.'

'Yng ngornest ola'r rownd gynta yn erbyn Ffrainc. Gêm gyffrous iawn oedd honno. Safai'r sgôr yn gyfartal rhwng y ddwy wlad a bu'n rhaid imi fynd i'r cwrt o flaen torf o 12,000 o Ffrancwyr pleidiol iawn a thynged Prydain yn y gystadleuaeth yn dibynnu ar fy ymdrechion i.

'Dechreuais yn sobor o wael a cholli'r ddwy set gyntaf, 6-8, 5-7, a dechreuodd pawb (ond y fi fy hun, efallai) gredu bod y gêm ym mhoced Ffrainc. Roedd y dorf 'na wrth ei bodd yn cymeradwyo Haillet ac yn canu "Haillet...Haillet...Haillet!" fel côr eisteddfodol trwy'r gêm. Galwai'r rheolwr dro ar ôl tro am ddistawrwydd a braidd y medrwn ei glywed yn gweiddi'r sgôr dros y corn siarad. Ar un adeg ceisiodd y dorf ddylanwadu ar y llinellwr er mwyn cael penderfyniad ffafriol i Haillet.

Teimlad rhyfedd yw methu clywed sŵn y bêl yn taro'ch raced oherwydd twrw'r dorf. A dyna'r tro cynta, rwy'n meddwl, imi sylweddoli cymaint yr oeddwn yn dibynnu ar sŵn y bêl yn taro'r raced er mwyn amseru ergydion yn iawn.

'Ond bu'r gwrthwynebu'n symbyliad imi. Dechreuais lobio a folio'n gywir ac yn y tair set nesa' bu'r frwydr yn ffyrnig rhyngom a'r fantol yn troi o un ochr i'r llall. Aeth y gêm yn ei blaen am dair awr a chyn diwedd y set ola roedd y golau'n dechrau mynd a'r dorf yn dal i gefnogi Haillet yn daer bob cam o'r ffordd.

'Ar ddiwedd y drydedd gêm yn y set ola roedd Haillet ar y blaen, 1-2, ond enillais i'r ddwy gêm nesa (3-2) ac ar ôl bod y tu ôl 0-40 a chlywed galw diws bump o weithiau llwyddais i ennill y gêm honno a dyna'r sgôr yn 4-2.

'Yna daeth tro'r Ffrancwr ac enillodd ddwy gêm yn olynol. 4-4! A dyna'r gêm yn llydan agored eto. Erbyn hyn roeddwn yn flinedig dros ben ond enillais y gêm nesa. Un gêm arall a byddai'r fuddugoliaeth yn ddiogel. Ar un achlysur yn y gêm ola gyffrous 'na mesurais fy hyd yn lludw coch y cwrt ar ôl fy hyrddio fy hunan trwy'r awyr mewn ymgais ofer i gyrraedd y bêl a chodais yn goch i gyd o'm corun i'm sawdl. Rywfodd, ces draed oddi tanaf, ac euthum ymlaen i ennill y rali nesa a'r fuddugoliaeth. Roedd Prydain wedi curo Ffrainc am y tro cynta yn y gystadleuaeth hon oddi ar yr amser yr enillodd Fred Perry, Bunny Austin, Pat Hughes a Harry Lee y Cwpan Davis yn 1933.'

TERRY DAVIES

Ar ddalennau rhaglenni'r dyddiau da fe'th welaf: wyt ŵr cydnerth 5′ 11″, 13.5 stôn. Wyt olau dy fwng, wyt lydan dy wên. Terence John, wyt swil, wyt ddiymhongar, wyt Lew (1959), wyt Farbariad (1957). Ac ym mhob man wyt Gymro bonheddig. Wyt bennaf ffefryn Maes y Strade, wyt TE yn ôl y rhaglen.

Wyt fudan o edmygydd ar brynhawn Sadwrn ymysg corachod ffraeth y banc wech: y gwybodus rai glodfora'r gŵr o galon a allodd ddychwelyd wedi clwyf a galar. Wyt lachar mewn gornest, wyt eofn ar y maes, wyt gawr ymysg cewri: Carwyn, RH, Onllwyn, a Ray . . . a Llew.

Cefnwr gorau dy gyfnod, eryr yn gwarchod yr adwy: pedwar mab ar ddeg a thithau'n bymthegfed â siars i ddiogelu'r llinell rhag y baedd. Wyt darw pob brwydr, wyt afaelwr di-ffael, wyt ysgwydd lydan, wyt ddyn y dwylo diogel, wyt gywir dy annel o'r ystlys, wyt droswr di-feth o ddeugain llath, wyt olwyn, wyt grwn.

Twickenham 1958, ond doeddwn i ddim yno: rhy ifanc medd 'nhad, rhy bell medd Mam. Dim digon o arian poced, meddwn innau. Gêm gyfartal, triphwynt yr un: cais iddyn nhw a chic gosb i ni. Cyfle arall. Hanner can llath o gic yn erbyn y gwynt i selio'r fuddugoliaeth ac i gipio'r Goron Driphlyg. Y trawst yn rhwystro'r trosi. Ond fe'i llifiwyd ac fe'i tynnwyd ac fe'i cipiwyd dros y ffin ac ôl dy annel a'th lofnod arni.

Oeddet lifiwr dy hun ond graen gwaith dy law a gyfyngwyd i'r gweithdy. A'r gweithdy a gynigiodd drawst newydd a'r trawst newydd a wrthodwyd ond ni ddarfu byth am y twrw a'r traethu am y trawst o Twickenham. Roedd blas ar y wilia. Erys blas ar y wele. Crwt ar y banc wech a gofia'r gŵr o galon.

David Thorne

VALERIE DAVIES

Ar yr olwg gyntaf roedd y Chwaraeon a gynhaliwyd yn Los Angeles ym 1932 yn gam yn ôl i'r Mudiad Olympaidd gan fod llai o wledydd yn cael eu cynrychioli yno o ganlyniad i'r dirwasgiad a ddaeth yn sgil Cwymp Wall Street ym 1929. Serch hynny roedd Chwaraeon Olympaidd Los Angeles yn llwyddiant digamsyniol i Valerie Davies, y nofwraig un ar hugain mlwydd oed o Gaerdydd, wrth iddi ennill dwy fedal: yr efydd yn y ras 100 metr dull cefn

. . . ac ail fedal efydd fel aelod o dîm cyfnewid merched Prydain.

Merch i fasnachwr llongau o Gaerdydd oedd Valerie Davies. Roedd yn amlwg o'r dechrau ei bod yn nofwraig naturiol. Llwyddodd i feistroli'r gamp yn bum mlwydd oed ar ôl tair gwers mewn pwll padlo yn y Barri. Serch hynny roedd yn naw mlwydd oed cyn i hyfforddwr sylwi arni yn cystadlu mewn rasys ar y llyn ym Mharc y Rhath a chynghori ei rhieni i drefnu hyfforddiant arbenigol er mwyn datblygu ei thalent ymhellach. Felly dechreuodd yr arfer o deithio i Lundain gan nad oedd pwll nofio dan do yng Nghaerdydd er mwyn hyfforddi yn ystod y gaeaf. Nid oedd Valerie Davies na'i rhieni wedi meddwl am y fath beth ond datblygodd i fod yn un o nofwyr mwyaf talentog ac amryddawn Prydain.

A hithau ond yn bymtheg mlwydd oed, ac eisoes wedi ennill pedair pencampwriaeth ar ddeg yng Nghymru, cafodd ei dewis ar gyfer y Chwaraeon Ewropeaidd, ym Mologna ym 1927. Hi oedd aelod ieuengaf y tîm nofio. Yn annisgwyl llwyddodd tîm cyfnewid y merched i ennill y Fedal Aur a dechreuodd y wasg dalu sylw i'r ferch ifanc, bert, bryd tywyll o Gaerdydd. Ym 1930 Valerie Davies oedd yn cario baner y Ddraig Goch yn seremoni agoriadol Chwaraeon yr Ymerodraeth a gynhaliwyd am y tro cyntaf yn Hamilton, Canada. Unwaith eto bu'n llwyddiannus wrth gystadlu gan ennill pedair medal.

Erbyn 1932 roedd rhai yn darogan fod ganddi obaith am fedal unigol yn Los Angeles. Hwyliodd y tîm Olympaidd i Efrog Newydd cyn cychwyn ar daith trên o bedwar diwrnod ar draws yr UDA. Wedi cyrraedd Los Angeles bu'r merched yn aros mewn gwesty am dair wythnos heb gyfle i ymarfer cyn y cystadlaethau. Doedd y diffyg paratoi ddim wedi effeithio ar Valerie Davies – hi oedd yr unig nofiwr o Brydain i gyrraedd ras derfynol. 'Y cwbwl wnes i oedd nofio…a nofio…a nofio eto, wrth gyffwrdd â'r wal doeddwn i ddim yn gwybod yn iawn nes i swyddog fy narbwyllo mai fi oedd yn drydydd . . . ac wedi ennill y Fedal Efydd. Roedd yn anodd credu'r peth, doeddwn i erioed wedi disgwyl y fath lwyddiant.' (Cyfweliad â'r *Western Mail*, 1996.)

Chwaraeon yr Ymerodraeth, Llundain, ym 1934 oedd ei chystadleuaeth ryngwladol olaf, a hi oedd Capten Tîm Cymru. Yn dair ar hugain oed, penderfynodd 'ymddeol'.

Nêst Llywelyn Lewis

JOHN DISLEY

Un o athletwyr mwyaf llwyddiannus Cymru yn ystod ail hanner yr ugeinfed ganrif oedd John Disley, er mai ychydig o sylw y caiff e bellach. Ef oedd y Cymro cyntaf i ennill medal yn y Chwaraeon Olympaidd ar gyfer cystadleuaeth unigol ar y trac. Yr unig un i gyflawni hynny ers hynny yw Colin Jackson. Fe'i ganwyd yng Nghorris yng nghanolbarth Cymru ar 20 Tachwedd 1928. Datblygodd i fod yn rhedwr ffos a pherth a oedd yn gallu cystadlu ar lwyfan rhyngwladol. Sefydlodd bedair record yng ngwledydd Prydain ar gyfer y ras ddwy filltir a phum record ar gyfer y 3000 metr. Llwyddodd i redeg y ras 3000 metr o dan 9 munud yn y Chwaraeon Olympaidd yn Helsinki ym 1952 pan gwtogodd ei amser ar gyfer y ras o 9.10.30 munud i 8.51.97 munud. Llwyddodd i ennill Medal Efydd. Petai wedi rhedeg 3/100fed o eiliad ynghynt byddai wedi ennill y Fedal Arian.

John Disley (Rhif 1) ar y blaen a phedwar can metr yn weddill.

Cafodd ei addysgu yn Ysgol Uwchradd Croesoswallt yn Sir Amwythig ond tan iddo fynd i Goleg Loughborough fel myfyriwr ym 1940 nid oedd erioed wedi gweld trac rhedeg go-iawn. Cyn mynd i'r coleg bu'n cystadlu mewn rasys traws gwlad ac ym mabolgampau blynyddol yr ysgol.

O ran trefn cyflymdra ef oedd y trydydd cyflyma yn y byd yn y ras tros-y-clwydi ym 1952, ail gyflyma ym 1955, chweched ym 1956 a nawfed ym 1957. Roedd Disley yn aelod o'r tîm Olympaidd ym 1956 ar gyfer y Chwaraeon Olympaidd ym Melbourne ym 1956. Er iddo redeg ei ras mewn amser o 8.44.6 munud ni ddaeth yn uwch na chweched mewn ras a enillwyd gan ei gyfaill Chris Brasher mewn amser syfrdanol o 8.41.2 munud.

Yn ystod ei gyfnod ar y brig cynhaliwyd un o'r achlysuron pwysicaf yn hanes athletau yng Nghymru, sef Chwaraeon y Gymanwlad yng Nghaerdydd ym 1958. Am y tro cyntaf cafodd y Cymry weld eu harwyr ym maes athletau ar lefel perfformio ym Mharc yr Arfau. Ond, yn anffodus iawn i John Disley, nid oedd y ras ffos a pherth wedi ei chynnwys yn rhaglen Chwaraeon y Gymanwlad yn y cyfnod rhwng 1934 a 1962. Felly er ei fod yn dal yn ail o ran cymflymder yn y byd o ran y gamp, ni chafodd y cyfle i gynrychioli Cymru o flaen ei dorf ei hun. Pwy a ŵyr beth fyddai wedi ei gyflawni o flaen torf gefnogol yng Nghaerdydd, y Fedal Aur, fwy na thebyg.

Ni chafodd lwyddiant mawr ym Mhencampwriaeth Ewrop ym Mrwsels ym 1950, ac ym Merne yn y Swistir ym 1954, daeth yn ddegfed ac yn drydydd ar ddeg. Gwnaeth yn well wrth gystadlu yng ngwledydd Prydain, gan ennill y ras filltir yng Nghymru deirgwaith (1949, 1957 a 1958) yn ogystal â bod yn bencampwr Cymdeithas Athletau Amatur Prydain ar gyfer y ras ffos a pherth deirgwaith (1952, 1955, 1957).

Roedd yn athro wrth ei alwedigaeth, ac yn ystod ei yrfa fel athletwr bu'n rhedeg dros Glwb Athletau Llundain. Rhwng y cyfnod 1950 ac 1957 cafodd y fraint o wisgo fest athletau Prydain 19 o weithiau. Bu'n aelod blaenllaw ac arloesol o'r *International Orienterums Federation* (1972-78). Enillodd y CBE ym 1979 am ei waith gydag addysg agored ac roedd yn is-gadeirydd y Cyngor Chwaraeon rhwng 1974 a 1982. Bu hefyd am gyfnod yn gyfarwyddwr Marathon Llundain.

Meirion Prys Jones

DAI DOWER

Yn anffodus, daeth y cyfle i ymladd am goron Pwysau Plu y Byd ar fyr rybudd i'r dewin o Abercynon ym 1955. Roedd e eisoes wedi colli coron Ewrop i Young Martin o Sbaen, ac yn dilyn yr ornest ffyrnig honno, roedd Dai Dower ddwy stôn yn drymach na'r pwysau angenrheidiol.

Roedd rhaid mynd ati i golli pwysau cyn teithio i'r Ariannin i gwrdd â'r ergydiwr cryf Pascual Perez ymhen tair wythnos! Be' ddigwyddodd? Erbyn cyrraedd Buenos Aires roedd Dower yn rhy wan i osgoi dyrnau Perez ac fe gollodd yr ornest yn y rownd gyntaf. Roedd miloedd yn gwrando ar y radio yng Nghymru ac yn methu credu'r canlyniad.

40

Serch hynny, roedd Dower yn un o gewri poblogaidd y Cymoedd wrth iddo sicrhau pencampwriaeth Prydain ac Ewrop ar ôl cynrychioli Prydain yn y Chwaraeon Olympaidd yn Helsinki ym 1952. Roedd bocsio yn y gwaed ar ôl iddo ddechrau yn grwt ifanc ysgafn ac wedi gorfod symud i Bournemouth i fyw gyda'i wncwl oherwydd roedd hwnnw'n gogydd mewn gwesty ac yn medru rhoi bwyd ychwanegol i'r paffiwr bach.

Paffiwr cyflym iawn oedd Dower, â'r ddawn i osgoi gwrthwynebwyr gyda chyflymdra corfforol a meddyliol. Pleser oedd ei weld yn camu o gwmpas y sgwâr, ei draed yn dawnsio ac yn hypnoteiddio'i wrthwynebwr. Rhaid cofio hefyd cymaint mwy o gystadlu oedd pryd hynny, ac nid ar chwarae bach oedd cipio unrhyw deitl.

Yn wahanol i nifer a ddioddefodd yn y gamp ffyrnig, rhoddodd Dower y ffidl yn y to yn gynnar ac fe aeth ymlaen i fod yn athro Addysg Gorfforol ac wedi hynny yn weinyddwr Canolfan Ymarfer Corff Prifysgol Bournemouth. Erbyn hyn mae e wedi ymddeol ond yn dal i chwarae criced!

Dyw e ddim yn or-hoff o focsio cyfoes. 'Dim digon o dalent,' meddai, 'a gormod o syrcas. Mae digon o ddawn gyda Naseem er enghraifft, ond dwi ddim yn gallu diodde'r holl actio a'r halibalŵ sy'n rhan o'r gêm y dyddiau 'ma.'

Martyn Williams

JIM DRISCOLL

Gan nad ydw i wedi gweld mwy nag ychydig o luniau o Jim Driscoll erioed, rwy'n cael yr argraff fy mod i, wrth geisio ei bortreadu, yn ddigon tebyg i awdur sgript y *Titanic* (pwy bynnag oedd hwnnw) yn gorfod dyfeisio'r stori garu i wneud hanes y llongddrylliad yn 'ddiddorol' i gynulleidfa Americanaidd. Fel petai ffeithiau moel ddim yn ddigon ynddyn nhw eu hunain i gyfleu nerth a grym a chymeriad. Rwy'n teimlo y dylwn i, er mwyn cyfiawnhau'r portread, fod yn gallu cynnig rhyw atgof personol o Jim Driscoll (neu 'Jay', fel y byddwn i wedi'i adnabod), neu ddramateiddio rhai o'r hanesion amdano.

Ond, yn ffodus i mi, *mae*'r ffeithiau a'r hanesion am yr 'Anghymarol Jim', arwr yr Old Plantation a Tiger Bay, Bute Street a'r dociau – Muhammad Ali

Caerdydd, y daeth 100,000 i'w angladd – *yn* ddigon ynddyn nhw eu hunain, ac maen nhw'n unrhyw beth ond moel. Roedd yn bencampwr Prydain ac Ewrop, ac yn cael ei gydnabod fel pencampwr answyddogol y byd yn ystod y cyfnod cyn i ornestau gael eu cyfundrefnu yn ôl pwysau'r paffwyr. Roedd yn bum troedfedd chwe modfedd, ond gyda'i groen yn dynn fel *cling film* dros ei gyhyrau, ymladdodd yn erbyn cewri a oedd droedfeddi'n dalach nag ef, a thunelli'n drymach, ac, fel cleren sy'n gweld y *Western Mail* rholiedig yn dod tuag ato mewn *slow motion,* gallodd wau ei ffordd rhwng pob ergyd – eu gweld cyn i'r gwrthwynebydd feddwl am eu taflu, hyd yn oed.

Ac wrth gwrs 'dyw sôn am y *Titanic* ar yr un gwynt â Jim Driscoll ddim yn dal dŵr o gwbl, oherwydd yn wahanol i Leonardo di Caprio a'r ystrydebau o baffwyr Gwyddelig ar y llong gydag ef, fe gyrhaeddodd Jim Driscoll America, ac fe gurodd Abe Attell, ac fe gadwodd ei ben uwch y llif ymhob un o'i ornestau – hyd yn oed pan ymladdodd 15 rownd, yn 39 mlwydd oed, a bawd ei law chwith enwog wedi'i ddatgymalu.

Felly does dim angen is-blot ar yrfa Jim Driscoll, na Kate Winslett wrth ei ymyl, na rhywun fel fi i adrodd yr hanes am ei garwriaeth drasig â merch gyfoethog o'r Bontfaen. Oherwydd pan fo gyda chi law chwith fel llaw chwith Jim Driscoll, dyw nonsens fel yna jyst ddim yn bwysig.

Owen Martell

ANNE ELLIS

Menyw ddiymhongar ac un o hoelion wyth chwaraeon yng Nghymru. Y tro cyntaf y gwelais Anne oedd ar gae hoci'r Strade yn chwarae dros Gymru yn erbyn Lloegr. Fel unrhyw ferch ysgol frwdfrydig, roeddwn yn breudd-wydio am wisgo'r crys coch a chynrychioli Cymru ar y llwyfan rhyngwladol. Yn ffodus ces i'r fraint a'r anrhydedd o chwarae dan gapteniaeth a hyfforddiant Anne i Gymru a Phrydain Fawr. Heb amheuaeth hi oedd un o'r amddiffynwyr gorau a welodd Cymru erioed; doedd dim llawer yn mynd heibio i Anne Ellis. Roedd ganddi'r ddawn i ddarllen gêm yn dda, y dewrder a'r

amseriad i daclo'n gadarn a'i hymwybyddiaeth dactegol yn werthfawr bob adeg.

Fel hyfforddwraig, meddai ar y gallu prin o wneud i'r gwaith caled deimlo'n hwylus ac roedd mwynhad yn elfen bwysig o'i hathroniaeth. Roedd yr araith cyn gêm yn ddigon i yrru ias oer lawr eich cefn, ac yn aml yn gyfwerth â gôl! Sawl gwaith clywais hi'n dweud, 'Sdim ots 'da fi os taw *tiddlywinks* chi'n chwarae, mae gwisgo crys eich gwlad yn brofiad unigryw, yn brofiad bythgofiadwy.' Cafodd sawl anrhydedd a chydnabyddiaeth am ei dawn i hyfforddi, am y gallu a'r presenoldeb i ysbrydoli chwaraewyr. Hi oedd yr esiampl orau y gallai merch ifanc ei dilyn, y *role model* perffaith.

Byddaf yn fythol ddyledus i Anne am ei gofal a'i chonsýrn yn ystod y cyfnod cynnar yn y tîm cenedlaethol, am ei hysbrydoliaeth a'i doethineb. Cafodd ei phoeni droeon oherwydd ei hofn o'r môr a phyllau nofio. Gwrthododd gysgu unwaith ar wely dŵr mas yn yr Unol Daleithiau; mynnodd wisgo *water wings*!

Y dyddiau hyn, mae bywyd beunyddiol Anne Ellis yn un hynod brysur;

mae'n is-gadeirydd y Cyngor Chwaraeon ac yn Llywydd diflino y Gymdeithas Hoci yng Nghymru. Mae'n haeddu pob clod am roi ei bywyd i'r gêm. Gallwn gysgu'n dawel gan fod hoci yng Nghymru mewn dwylo diogel, gweinyddwraig fedrus wrth y llyw. Mae'n un o'r bobl hynny sy'n gwbl ddibynadwy ac, yn fwyaf oll, yn ffrind da.

Marilyn Pugh

SYR CHARLES EVANS

Ym 1953 roedd hi'n dipyn o ffordd o'r Berwyn i'r Himalayas. Yno y profodd Charles Evans anturiaethau oedd yn binacl ei fywyd. Yn ei eiriau ef, 'yno y gellir mwynhau'r antur fynydda orau un'.

Portread gan yr arlunydd Kyffin Williams.

44

Y gŵr hwn o Ddyffryn Clwyd oedd dirprwy arweinydd cyrch 1953 i gopa Everest. Bu'n un o'r ddau gynta i geisio concro'r mynydd ar y 26ain o Fai, ond bu'n rhaid iddo droi'n ôl dair awr yn unig o'r copa. Collodd ormod o amser oherwydd problemau gyda'r offer ocsigen. Ond dychwelodd i Brydain yn arwr cenedlaethol, gan ei fod, yn ôl John Hunt, wedi agor y llwybr i gopa Everest i Hillary a Tensing dridiau yn unig yn ddiweddarach.

Mynydda oedd ei ddiddordeb mawr. Gweithiai fel niwrolegydd yn Ysbyty Walton, Lerpwl, a soniai'n aml am ei awydd angerddol am y mynyddoedd. Weithiau byddai'r awydd hwnnw cyn gryfed nes y byddai'n gadael ei waith yn Lerpwl am chwech o'r gloch y nos ym mis Ionawr, gan gyrraedd Pen-y-Gwryd am ddeg a dringo i gopa'r Grib Goch yn y tywyllwch a'r eira. Cysgai ychydig oriau yn y cwm cyn dychwelyd i Lerpwl erbyn naw y bore. Doedd dim yn gwanhau ei awydd i ddringo, hyd yn oed y twll maint pelen golff a gafodd yn ei benglog wrth geisio achub bywyd dringwr arall ar lethrau Tryfan.

Trasiedi mawr ei fywyd oedd iddo ddarganfod ar ei fis mêl pan oedd yn 39 oed ei fod yn dioddef o'r cyflwr *Multiple Sclerosis*. I ŵr oedd mor heini, roedd gorfod treulio chwarter canrif olaf ei oes mewn cadair olwyn yn ergyd greulon iawn. Fe'i penodwyd yn Brifathro Coleg Prifysgol Bangor ym 1958, ond digon amhoblogaidd a fu ymysg ei fyfyrwyr a'i staff. Ychydig o ddealltwriaeth oedd ganddo o'r Gymru Gymraeg ac ychydig oedd ei gydymdeimlad tuag ati, ac er gwaethaf protestiadau ffyrnig drwy gydol y chwedegau yn ei erbyn ef a'i bolisïau, nid ildiodd yr un fodfedd. Erfyniwyd arno i ymddeol, ond parhaodd yn styfnig yn ei swydd hyd 1984, ac yntau erbyn hynny yn ddyn gwael.

Drwy gydol ei oes, y mynyddoedd oedd ei ddihangfa. Hyd yn oed pan na feddai'r gallu i'w dringo, byddai'n gyrru i'w canol i eistedd a mwynhau'r golygfeydd. Fel yr ysgrifennodd, 'unwaith i chi ddod i'r afael â nhw, ellwch chi fyth eu troi heibio'. Roeddynt yn rhan annatod ohono.

Nêst Roberts

EDGAR EVANS

Yr oedd Edgar Evans, o Rosili, yn aelod o ymgyrch Capten Scott i'r Antarctig ym 1912. Ef oedd un o'r pump a lwyddodd i gyrraedd Pegwn y De, ond na ddychwelodd oddi yno'n fyw. Yr oedd Evans yn forwr profiadol, yn ŵr cydnerth gyda hiwmor ffraeth a oedd hefyd yn hoff o ddarllen nofelau Dumas. Dewiswyd ef i fod yn rhan o'r ymgyrch oherwydd ei brofiad ar daith gyntaf Scott i'r Antarctig ym 1901–4 ac oherwydd y parch mawr a oedd gan Scott tuag ato. Ymddiriedwyd ynddo'r gofal am yr offer hollbwysig a thalodd Scott deyrnged dwymgalon iddo fel 'a giant worker'.

Nid syndod felly i'r Cymro cryf, dibynadwy gael ei ddewis i fod yn un o'r cwmni dethol a oedd i gyflawni'r gamp o gyrraedd y Pegwn. Ond pan gyrhaeddwyd Pegwn y De ar 17eg o Ionawr 1912, gwelwyd yr olion a brofai fod Amundsen eisoes wedi eu trechu. Taith ddigalon iawn a wynebai Scott a'i griw wrth ddychwelyd felly. Rhaid oedd brwydro yn erbyn oerfel enbyd, blinder corfforol ac effeithiau prinder bwyd heb falchder buddugoliaeth i'w cynnal. Ar ben hynny, cafodd Evans niwed i'w ben wrth gwympo dros ddibyn. Efallai mai dyna a fu'n rhannol gyfrifol mai Evans, y cryfaf o'r pump, oedd y cyntaf ohonynt i farw. Yr oedd fel y lleill yn dioddef o effeithiau'r oerfel, ac yn ogystal yr oedd hen ddolur i'w law yn gwrthod gwella. Llewygodd ar 17eg o Chwefror a bu'n rhaid ei gario i'r tent. Nid agorodd ei lygaid fyth eto a bu farw, yn ôl dyddiadur Scott, yn oriau mân y bore.

Ni chafwyd hyd i gorff Edgar Evans ac fe ddisgrifiwyd ei fedd gan y bardd Harri Webb fel yr un mwyaf unig yn y byd. Eto, teg cofio geiriau'r *South Wales Daily News* wrth gofnodi'r newyddion am ei farwolaeth, sef ei fod yn y diwedd yn gorwedd yn nes at Begwn y De na neb arall.

Eryn White

GWYNDAF EVANS

Dim ond ychydig oedd o – ond roedd yn ddigon i gael profiad o'r cyflymdra mawr a'r sgiliau gyrru mwy sydd eu hangen i gyrraedd y brig ym myd ralïo ceir. Gwisgo helmet, strapio'n dynn i mewn i sedd arbennig mewn car sydd bron yn gwbl foel, ar wahân i'r offer gyrru soffistigedig a'r cyfarpar diogelwch.

Wrth fy ochr, wrth y llyw, Gwyndaf Evans: yr enw mwyaf yn ralïo Cymru ers blynyddoedd ac un sy'n gobeithio fod ei awr fawr am ddod y penwythnos nesaf. Y diwrnod hwnnw, wrth ymarfer, roedd y cyn-yrrwr bws a pherchennog garej yn ei elfen wrth daflu'i gar Seat Cordoba o gwmpas coedwigoedd Meirionnydd, ei ardal ef ei hun. Edrych allan a dal yn dynn oedd fy ngwaith innau wrth gael fy nhaflu gyda o.

Dyma'r math o amgylchiadau y bydd yn rhaid i Gwyndaf Evans eu hwynebu yn ystod Rali Prydain – Rali'r RAC – y penwythnos nesaf. Ffyrdd garw, troellog, gyda digon o gerrig rhydd a thyllau ac ambell goeden fel petai'n gwahodd damwain. Graean yn chwistrellu i'r awyr, y peiriant yn cwyno a chwyrnu wrth gyflymu ac arafu'n chwyrn, y teiars fel petaen nhw'n colli gafael ac yna yn cydio wedyn. Dyw gwylio rali, heb sôn am fod yn gyd-yrrwr, ddim yn lle i'r gwangalon.

Dyw Gwyndaf Evans ddim yn defnyddio llawer ar declyn defnyddiol fel y clyts – does dim rhaid iddo; jyst gwasgu botwm ac mae'r gêr wedi ei ddewis. Mae'n rhan o'r dechnoleg sydd y tu cefn i'r gamp, wrth i fodelau cyffredin gael eu haddasu ar gyfer rasio caled. Maen nhw'n defnyddio llawer iawn mwy o'r gerau is nag y basech chi neu fi yn gwneud a does yna fawr o barch at deiars – fe all gyrrwr fel Gwyndaf Evans dreulio tair set o'r rheiny mewn rali.

Ar un adeg, gyrwyr o wledydd Sgandinafia oedd yn arfer ennill y rali hon, bron heb drio, ac roedd yna ganmol mawr os oedd dreifar o Ynysoedd Prydain yn gorffen yn y tri uchaf. Bellach, mae'r cefnogwyr yn siomedig os na fydd yna ddreifar o wledydd Prydain yn ennill, gyda Colin McRae a Malcolm Wilson yn bencampwyr.

Does yna ddim cymaint o sôn am y Cymro ymhlith y cewri, ond mae'r gyrwyr eraill yn gytûn fod Gwyndaf Evans yn ddyn i gadw llygad arno.

'Un distaw ydi Gwyndaf pan nad ydi o wrth y llyw,' meddai Colin McRae, 'ac felly dydi'r wasg a'r cyfryngau cenedlaethol ddim wedi pigo i fyny arno. Ond ar hyn o bryd mae ar ben ei ddigon wedi rowndiau arbennig o dda yn Rali Ynys Manaw ym mis Medi.'

Ychwanegodd Malcolm Wilson fod Gwyndaf yn un o'r gyrwyr mwyaf profiadol sy'n cystadlu yn y rali eleni:

'Mae o'n gwbl benderfynol ac mae'n hynod o ffit – dwy rinwedd sydd yn rhaid eu cael mewn gyrrwr rali a does dim ots os yw'n well ganddo fryniau Cymru na Monte Carlo.'

Robat Gwynedd
(erthygl yn *Golwg*, 18 Tachwedd, 1999)

IEUAN EVANS

Mae'r gwahanol luniau o Ieuan Evans yn un fideo hir yn y cof. Yr ochrgamu rhyfeddol . . . y carlam penderfynol tua'r gornel . . . y taclo di-ildio . . . yr wyneb yn canolbwyntio ar y llinell hollbwysig . . . y llygaid barcud am bêl rydd . . . yr osgo a'r cydbwysedd corfforol perffaith wrth wibio ar hyd yr asgell gan gadw trwch glaswelltyn rhyngddo a'r ystlys . . . a'r rowlio nodweddiadol ar ei ysgwydd wedi taro'r bêl ar y tir i ddathlu cais arall. Gallwn chwarae ac ailchwarae'r fideo hwnnw heb flino arno byth.

Ond mae dau lun arall gennyf hefyd nad ydynt yn rhan o'r fideo swyddogol fel petai. Dulyn yw lleoliad un ohonynt, adeg gêm Seland Newydd ac Awstralia, Cwpan y Byd 1991. Roedd Cymru bellach wedi'i bwrw o'r gystadleuaeth ac Ieuan druan wedi colli'r dydd yn erbyn ei anafiadau cyn hynny. Roedd dau ohonom wedi bod yn ddigon lwcus i gael tocynnau i'r gêm yn Nulyn – ar yr amod ein bod yn dweud rhyw bwt, fel aelodau cyffredin o'r dyrfa, ar S4C ar ôl y gêm. Pwy oedd yn ein croesawu i'r bwth darlledu ond Ieuan ei hun, a oedd erbyn hynny yn aelod o'r tîm sylwebu. Nid yn unig roedd ei wên yn gynnes, ond roedd ganddo'r amser a'r amynedd i sgwrsio a rhoi byd y bêl yn ei le. Yno y cefais gip ar y bersonoliaeth agored a sylweddoli pam ei fod mor boblogaidd ac uchel ei barch fel capten ac fel cymeriad oddi ar y cae yn ogystal ag wrth ei waith fel eryr yr asgell.

Yr ail lun? Mae hwnnw'n hawdd. Ei wyneb wrth iddo gerdded yn ôl tuag atom yn y stand orllewinol ar y Maes Cenedlaethol wedi iddo dwyllo holl amddiffyn Lloegr nad oedd na pherygl na bygythiad yn ei draed ym 1993. Wyneb dewin a allai dynnu gwyrth allan o'i het, a hynny mewn cyfnod llwm yn ein chwarae. Wyneb tawel ar ei ben ei hun er bod hanner can mil yn bloeddio yn ei glustiau.

Ac mi ddylwn i wybod oherwydd roedd rhyw arth anferth o Lanelli na welais i na chynt nac wedyn wedi gafael amdanaf a'm codi o'm sedd a'm dal uwch ei ben am o leiaf chwarter awr ar ôl y cais hwnnw.

Myrddin ap Dafydd

MALDWYN EVANS

Yn grwtyn deg oed, hudwyd Maldwyn Lewis Evans gan gamp oedd ychydig yn ddieithr i'r gweddill o'i gyfeillion. Ond, a bod yn onest, y cysylltiad teuluol oedd yn benna cyfrifol am hynny ac roedd dylanwad ei dad, fel hyfforddwr a ffrind, yn allweddol. Chwaraeodd ei frawd, ei ewythr a'i fab i Gymru – camp ryfeddol.

Yn ôl Maldwyn, 'Y clwb lleol yw asgwrn cefn pob bowliwr llwyddiannus.' Cynrychiolodd glwb Parc y Gelli (Gelli Park) o gyfnod y pumdegau i'r presennol ac yn y chwedegau a'r saithdegau bu'r clwb yn un dylanwadol a llwyddiannus yn genedlaethol. Enillwyd Pencampwriaeth Cymru ar bedwar achlysur, llwyddwyd i ddod yn ail ddwywaith a dewiswyd wyth o rengoedd y clwb dros Gymru yn y cyfnod euraidd hwn.

Roedd 1964 yn garreg filltir go bwysig yng ngyrfa Maldwyn. Fe'i dewiswyd dros Gymru a bu'n gyffaeliad i'r tîm am bymtheg tymor. Chwaraeodd ym Mhencampwriaeth y Byd yn Sydney, Awstralia, ym 1966 ac ennill y Tlws Copr (dyma'r tlws a gyflwynwyd i'r rheiny a ddeuai'n bedwerydd mewn pencampwriaethau o safon). Yn y gystadleuaeth hon, Maldwyn Evans oedd yr unig fowliwr i faeddu David Bryant – un o hoelion wyth y gamp.

Coron ar yrfa'r bowliwr o Don Pentre oedd Medal Aur Pencampwriaeth y Byd yn Worthing ym 1972. Bu'n rhaid i'r cewri, goreuon y byd, ildio'u lle i Mal Evans. Cynrychiolodd ei wlad yn gyson mewn cystadlaethau ledled byd gan gynnwys Mablogampau'r Gymanwlad. Penderfynodd roi'r ffidil yn y to ym 1976 ar ôl cystadlu ym Mhencampwriaethau'r Byd yn Ne Affrica.

Salwch oedd yn gyfrifol am y penderfyniad a'r salwch yn ddifrifol. Dioddefodd yn dawel – tiwmor yr ymennydd a chancr y stumog yn ei lorio ac yn dod â'i gyfnod ar y llwyfan uchaf i ben. Ond, roedd yr agwedd bositif a'r penderfyniad di-droi'n-ôl a ddaeth i'r amlwg ar y lawntiau yn gymorth, yn ysgogiad ac yn ysbrydoliaeth iddo. Brwydrodd i'r eithaf a braf yw datgan ei fod yn dal i dynnu at y Jac ac yn ennill cystadlaethau'n gyson ac yn grefftus. Mae pentrefwyr Ton Pentre yn ymfalchïo yn ei lwyddiant, dros ddeugain o bencampwriaethau mewn prif gystadlaethau.

Ac oddi ar ei ymddeoliad mae Mal Evans yn dal yn brysur ac yn cynorthwyo bowlwyr y dyfodol. Mae e'n ddewiswr rhyngwladol ac yn edrych yn ôl â balchder ar ei yrfa – herio'r goreuon ac o bryd i'w gilydd yn llwyddo.

Alan Thomas

GARETH EDWARDS

Roedd canlyniad yr arolwg yn bendant. Gareth Edwards yw'r chwaraewr rygbi gorau a fu erioed. Dyna'r farn ar draws y byd. Ond eto, rywsut, mae'n anodd i ni a gafodd ein magu gydag e ar Waun Cae Gurwen dderbyn hynny. I ni, un o'r criw oedd Gareth; un o'r bois fyddai mas bob adeg o'r dydd ac ymhob tywydd yn cico pêl lawr ar Gae Archie, draw ar Dwyn yr Efail neu lan ar Barc y Werin. Gwell na'r gweddill ohonon ni cofiwch – ta beth fyddai'r gêm, a'r mwya hercall hefyd. Os byddai unrhyw un yn mentro cerdded ar beipen gul yn y bont uwch 'Falls' y Waun gyda'r dŵr gwyn yn byrlymu dros y creigiau ddegau o droedfeddi islaw, yna Gareth fyddai hwnnw.

Fel athletwr y gwnaeth ei farc gyntaf. Pencampwr ysgolion Cymru mewn pedair camp gwbwl wahanol, yn amrywio o redeg dros y clwydi i'r naid hir a thowlu'r ddisgen. Cryfder, pŵer ffrwydrol a chyflymdra i gyd o fewn yr un corff. Ac i feddwl fod ei fam wedi'i ddisgrifio fe unwaith fel 'stringed o sbageti'! 'Roedd e mor dene pan oedd e'n fach,' meddai hi, 'ro'n i'n rhy *embarassed* i dynnu ei ddillad e bant ar draeth y Barri ar drip Ysgol Sul Carmel.' Anodd credu!

Pêl-droed oedd ei brif ddiléit e'n grwt ysgol, nid rygbi. Wrth ei fodd yn chwarae dros glwb y pentre, Colbren Rovers. Fe dorrodd e'r postyn fwy nag unwaith gydag ergyd nerthol ar gae Carreg Ffilfan lan ar Gomin y Waun. Bu Trevor Morris, rheolwr Abertawe ar y pryd, lan yn y tŷ yn ceisio'i berswadio i wneud gyrfa o'r gêm.

Ond at rygbi, diolch byth, y troes e yn y diwedd, a'i fam falle biau'r diolch pennaf am hynny. Hi aeth ati i gwato llythyr a ddaeth o Abertawe pan oedd e'n rhyw un ar bymtheg oed yn ei wahodd i chware mewn gêm rhwng pêl-droedwyr ifanc, disglair yr ardal a thîm cyntaf Abertawe. Roedd Mrs Edwards

yn gwybod fod yna hanner cyfle yr un pryd iddo gael cynnig i fynd i ysgol Millfield, ac felly y tu ôl i'r drych yn stafell fyw 53 Sgwâr Colbren y cafodd y llythyr o'r Vetch fynd, ac erbyn i Gareth wybod am ei fodolaeth, roedd e eisoes wedi derbyn lle yn yr ysgol fonedd enwog yng Ngwlad yr Haf! A dyna'r trobwynt mawr. Mae'r gweddill, fel y maen nhw'n ei ddweud, yn hanes.

Capiau dros ysgolion Cymru; cap llawn yn dilyn ac yntau'n ddim ond yn 19 oed . . . capten ar ei wlad yn ugain, cael ei ddewis i'r Llewod yr un flwyddyn. Cwbwl allweddol i lwyddiant aruthrol Llewod '71 a '74; seren amlycaf o bosibl y degawd disgleiriaf yn holl hanes rygbi Cymru; a sgorwr y ddau gais mwyaf cofiadwy mewn canrif o gystadlu ar Barc yr Arfau. Ac yn rhyfeddach na dim efallai, 53 o gapiau o'r bron dros ei wlad; deuddeg tymor o rygbi rhyngwladol heb fethu'r un gêm. Anhygoel – a thorcalonnus i bob mewnwr arall oedd yn chwarae yng Nghymru yn yr un cyfnod!

Na, erbyn meddwl, doedd e ddim yn rhy ddrwg. Mae'r byd yn gwybod hynny ers sbel; falle daw bois y Waun i gytuno hefyd erbyn y diwedd.

Huw Llywelyn Davies

HUGH EDWARDS

Ganwyd Hugh, neu Jumbo i bawb yn Woodstock, ger Rhydychen yn fab i ficer o Gymru. Er iddo gael ei addysg (a phrofiad rhwyfo cynnar) yn Ysgol Westminster a Choleg Christchurch, fe gâi ei ystyried yn Gymro o'i gorun i'w sawdl.

Aflwyddiannus, i raddau helaeth, fu cyfnod cynnar Hugh Edwards yng nghwch rhwyfo Rhydychen a hynny yn erbyn y gelyn o Gaergrawnt. Aflwyddiannus yn ogystal yn yr arholiadau ddiwedd tymor. Bu wrthi am gyfnod yn gweithio fel athro, rhwyfo yn ei amser sbâr i glwb Llundain; derbyniodd wersi gyrru awyren (daeth yn ail yn Ras Cwpan y Brenin) ac yna penderfynodd ddychwelyd i'r Brifysgol ym 1930 yn llawn brwdfrydedd.

Caergrawnt a orfu yn y ras flynyddol ar y Tafwys ond roedd yna ddathlu yn Henley; ei glwb yn llwyddo i ennill cwpanau'r Grand a'r Stewards. Teithiodd i Edmonton a chipio dau Fedal Aur yn Chwaraeon y Gymanwlad. Ym 1931, yn ogystal ag adennill y cwpanau yn Henley, enillodd y gobledau i barau. Roedd cyfraniad Jumbo yn un amhrisiadwy.

Diwrnod mawr Jumbo oedd Awst 13eg, 1932, pan gipiodd ddwy Fedal Aur ym Mabolgampau Olympaidd Los Angeles; y cyntaf yn y parau (Lewis Clive oedd ei gymar) a'r ail yn y ras i'r pedwarawdau. Roedd yr ail yn annisgwyl oherwydd llenwi bwlch ar yr unfed awr ar ddeg a wnaeth y Cymro pan fu'n rhaid i un aelod dynnu mas o ganlyniad i anhwylder.

Ymunodd â'r Awyrlu yn ystod yr Ail Ryfel Byd ac ar un achlysur bu'n rhaid i'r criw ddisgyn i'r môr. Llwyddodd, drwy rwyfo am sawl milltir, i gyrraedd y lan. Ef oedd yr unig oroeswr o'r awyren.

Roedd dylanwad Jumbo yn fawr ar y gamp yn ystod y pumdegau a'r chwedegau. Dylanwadodd ar lawer, a rhwyfwyr yn ei barchu fel hyfforddwr craff. Cyflwynodd rwyfau lletach a dyfeisiodd ddulliau ffitrwydd doeth i'r cystadleuwyr. Ym 1960 dewiswyd Hugh Edwards yn hyfforddwr yr wyth Prydeinig i'r Mabolgampau Olympaidd yn Rhufain a bu'n hyfforddwr criw Rhydychen tan y saithdegau cynnar. Nid yn unig ar yr Isis a'r Tafwys yr oedd dylanwad y Cymro ond o un pen o'r byd i'r llall.

Alun Steadman

JOE ERSKINE

Bob bore, oddeutu hanner awr wedi wyth neu naw o'r gloch fe allech chi weld Joe, yn ddestlus yn ei siwt a'i dei a'i wallt yn gymen gan wasgiad o Brylcreem, yn cerdded lawr o'r Rhath i Stryd Bute ym Mae Caerdydd. Fan hynny, yn Bab's Bistro, gallai fwynhau gwydraid o gwrw plygeiniol cyn i'r tafarndai agor.

55

Roedd e'n ddyn addfwyn, gor-gwrtais a hefyd yn barablus. Yn ddiarwybod iddo (am wn i) roedd yna ambell un ymhlith ei griw cyfeillach lawr y dociau ac yn nhafarndai Broadway, y Rhath, oedd yn cyflenwi drylliau i is-fyd troseddol Caerdydd – pobol lawer mwy peryglus nag a wynebodd Joe yn y sgwâr bocsio erioed.

Yn ystod ei flynyddoedd olaf ei ffrind agosaf oedd yr hen hyfforddwr bocsio enwog, Jack Chambers – cymeriad croenddu o'r dociau a safodd fel ymgeisydd Plaid Cymru yn Adamsdown a Butetown fwy nag unwaith. Yr unig dro i mi gael fy rhybuddio i gadw allan o ffordd Joe oedd gan Jack Chambers ar ddiwedd noson feddwol yn nhafarn y Royal Oak yn Splott. Roedden ni'n eistedd yn y bar cefn bach, a Joe ar stôl isel reit yng nghornel y bar myglyd. 'Ma'r bar 'ma'n gwmws yr un maint â sgwâr bocsio,' meddai Jack. 'Ti a fi yn y gornel gyferbyn â Joe. Mae e'n edrych draw arnon ni. A maen nhw ar fin canu cloch stop tap. Wy'n credu bod well i ni symud . . .'

Ond mewn gwirionedd fyddai Joe erioed wedi codi blaen bys bach i nafu cleren. Roedd e fel rhyw arth addfwyn, yn llawn awydd plesio a chwilio am gyfeillgarwch.

Yn y sgwâr fe ymladdodd 54 gornest gan ennill 45, a fe oedd Pencampwr Pwysau Trwm Prydain rhwng 1956 a 1958. Canfuwyd ei gorff ym mis Chwefror 1990 yn ei fflat gyfyng ym Moira Terrace yn Adamsdown, lle roedd e'n byw ar ei ben ei hun ac yn gymharol dlodaidd ar ôl ei ail ysgariad, dros flwyddyn ynghynt.

Siôn Eirian

TOMMY FARR

Yn Ysgol Porthmadog yr oeddwn i, ac yn dair ar ddeg oed. Peth cyffrous oedd bod yn dair ar ddeg. Llond corff o egni, o anadl ac ystwythder. Rhyw bymtheg o fechgyn yn y dosbarth, gyda'r un nifer o ferched.

Pethau diddorol oedd merched tair ar ddeg oed hefyd. Roedd rhyw ddirgelwch o'u cwmpas nhw. Roedden nhw'n ddel, ambell un yn ddel ofnadwy. Mor ddel ar adegau nes cael effaith bur ddiddorol ar hogyn tair ar ddeg oed. Y trwbwl oedd ei bod yn anodd gwybod beth i'w ddweud wrth eneth felly, heb sôn am wybod beth i'w wneud â hi.

Gan hynny, fel bechgyn tair ar ddeg oed, yn lle cyboli gyda merched, mwy difyr a diogel fyddai encilio tua'n byd bachgennaidd ni'n hunain. Chwarae pêl-droed, yn ferw o chwys ac o fwd. Dro arall, ymrafael ac ymaflyd codwm gan ymrowlio mewn pridd. Ac ar brydiau, ffraeo'n gaclwm – a dyna hi'n sesiwn o gwffio milain.

Cofiaf i Now Pen-bryn daro llanc llydan-ysgwydd o Feddgelert ar gliced ei ên; un slap felltennol, a dyna'r brawd yn fflat ar lawr. Cwffiwr perffaith glinigol oedd Now, ac nid yw'n syndod deall mai efô, y Mr Owen enwog hwnnw, a ddaeth yr un mor glinigol fel llawfeddyg o gwmpas ysbytai Gwynedd.

Tommy Farr (ar y chwith) yn brwydro i'r eithaf yn ei ornest yn erbyn Joe Louis.

Sut bynnag, wrth ymhél â chwaraeon bachgennaidd yn Ysgol Sir Porthmadog, penderfynodd fy mhartner-desg, Isaac, a minnau fynd ati i weithio ar lyfr lloffion. Isaac yn casglu popeth am arwyr y byd pêl-droed, a minnau enwogion byd bocsio. Wedi blwyddyn dda o ddyfalwch roedd llyfr y naill fel y llall yn orchest o'r toriadau papur newydd mwyaf difyr. Ond ar y diwrnod olaf un wrth inni ymadael am byth â'r ysgol, gwnaeth Isaac a minnau beth rhyfedd o annisgwyl, sef cyfnewid y ddau lyfr: efô'n rhoi'r llyfr pêl-droed i mi, a minnau'n rhoi'r llyfr bocsio iddo yntau.

Yng nghwrs llawer o amser, wedi inni'n dau golli pob cownt ar ein gilydd, bu'n edifar distaw gennyf ollwng y llyfr bocsio hwnnw o'm dwylo. Onid oedd ynddo ffeithiau prinion am gynheiliaid y grefft, fel John L Sullivan, James Corbett, Jess Willard, Dempsey, Carpentier a Tunney a'u tebyg? A sawl ffotograff o rai fel Larry Gains, Jack Petersen, Walter Neusel, Ben Foord, ac, wrth gwrs Tommy Farr, un o hoelion wyth y ring.

Tair ar ddeg oed oeddwn i pan oedd Tommy Farr yn cwrdd â Joe Louis yn yr Yankee Stadium yn Efrog Newydd, gyda Bob Bowman yn rhoi sylwebaeth radio, a chenedl y Cymry wedi aros ar ei thraed i ddilyn helynt y paffio am dri o'r gloch y bore . . .

Mynd heibio'n llinyn a wnaeth y blynyddoedd gan sadio pawb ohonom yn ei rigol. Un pnawn, a minnau'n ymweld â chleifion yn ysbyty Madog, wrth symud o erchwyn i erchwyn dyma stopio'n sydyn, a'm cael fy hun yn syllu ar glaf gorweiddiog, gŵr pengrych, glandeg.

'Isaac?' awgrymais yn araf.

Trodd y gŵr ei ben dan edrych arnaf yn graffus a hir.

'Rogw!' meddai yn y man, gan ddyfynnu f'enw ysgol, gynt.

Nid oeddem wedi gweld ein gilydd ers y diwrnod ffarwelio hwnnw wrth adael yr hen ysgol, a deng mlynedd ar hugain wedi mynd heibio. Wrth sgwrsio'n atgofus ein dau, dyma Isaac yn gofyn cwestiwn hollol annisgwyl:

'Wyt ti'n cofio'r hen lyfr bocsio hwnnw erstalwm?'

'Ydw'n wir, Isaac,' atebais innau'n hiraethus.

'Mae o gen i byth, cofia,' meddai yntau. 'Faset ti'n lecio'i gael o?'

Ac felly, gyda diolch gwiw i'm hen ffrind ysgol, y daeth y llyfr colledig yn ôl i'm meddiant.

Yn gymharol ddiweddar, cefais fy nghyfareddu gan raglen deledu o'r enw *Maestro*, lle'r oedd Tommy Farr yn bwrw golwg yn ôl ar ei yrfa stormus. Roedd yn gwneud hynny mor wylaidd a di-fost nes imi gymryd yn fy mhen i sgrifennu llythyr at yr hen baffiwr, gan ddyfynnu'n ddiogel o'r llyfr lloffion. Crybwyll ei ornest epig â Louis, bid siŵr, a'i atgoffa fel y bu iddo fentro gwneud *comeback* mewn bocsio, a hynny dros ddeuddeng mlynedd wedi'r sgarmes â Louis. Soniais fel yr oeddwn wedi'i weld yn paffio yn Amwythig yn erbyn Dennis Powell, a'i wylio wedyn hefyd ym Mangor yn erbyn Steve McCall. (Er iddo ennill y troeon hynny, roedd y Tommy hoffus yn rhy agos at ddeugain oed i herio'r gwaed ifanc.) Awgrymais wrtho mai Len Harvey oedd y medrusaf o griw ei gyfnod ef, a sôn am dristwch Johnny Owen ar lawr y ring yn Los Angeles . . .

Cyn pen ychydig ddyddiau daeth llythyr o Shoreham oddi wrtho, yn amgáu darlun ohono'i hunan yn nyddiau'i anterth, ac wedi sgrifennu ar waelod y ffotograff:

To Robin – thanks for taking me down memory lane. Tommy Farr.

Robin Williams
(*Hoelion Wyth* Gwasg Gomer 1986.)

TREVOR FORD

ZAC! POW! WHAM!!! Fe ellid camgymryd yr ebycheiriau hyn am y math o beth a geid mewn hen gomics Batman, pan fyddai'r arwr hwnnw a'i gydymaith ifanc Robin yn mynd trwy eu pethau ac yn llorio drwgweithredwyr. Ond gallai'r geiriau ddynodi presenoldeb Trevor Ford ar gae pêl-droed yn ei ddydd hefyd. Welais i erioed mohono'n chwarae go-iawn, dim ond ei weld trwy'r radio pan fyddai Cymru'n chwarae yn niwedd y pedwardegau a thrwy'r pumdegau. Gweld oedd hwn trwy eiriau prif sylwebydd gêmau'r BBC yr adeg honno, Raymond Glendenning, Sais sbectolog a mwstasiog. Clywaf y funud hon lais y Sais yn dweud fod Ford yn herio Frank Swift, gôl-geidwad Lloegr (caniateid hynny'r adeg honno): 'Mae'n herio un dwywaith ei faint!' – y mae Ford ei hun yn 5′ 11″. Ond fe sodrodd Ford Frank Fawr ar ei din yng nghefn y rhwyd fel sach o datws.

Ar ôl darganfod Trevor Ford dechreuais 'drosglwyddo' (dyna ydi'r gair pêl-droed priodol) fy niddordeb o Aston Villa i Sunderland i Gaerdydd, gan ddilyn symudiadau fy arwr. Anfonais gais am lofnodau tîm Aston Villa yn unswydd i gael ei lofnod o. Cefais lun a llofnodau ond, ysywaeth, atgynyrchiadau oeddynt: doedd ysgrifbin y dyn ei hun, yn ei law ei hun, ddim wedi cyffwrdd â'r papur.

Dro arall rwy'n cofio torri allan o bapur newydd lun o Trevor Ford yn sefyll wrth bostyn gôl – pren yn y dyddiau hynny – yn edrych i lawr yn fyfyrgar ar

ddyn yn ceisio'i drwsio ar ôl iddo fo redeg yn batj iddo. Roedd unrhyw ddyn a allai falu postyn trwy fynd yn ei erbyn yn haeddu gwir wrogaeth. Roedd unrhyw Gymro a allai wneud hynny'n haeddu Haleliwia.

Torri postyn gôl mewn gêm! Draig ydoedd, nerth aruthr ydoedd, grym elfennaidd oedd, un ar dân dros Gymru – hyn oll heb fod yn annheg na chwarae'n fudr. Cymaint oedd f'edmygedd ohono nes imi seilio fy ffordd o chwarae pêl-droed arno, a throi o fod yn wylaidd a thwymgalon i beidio ag ofni, os oedd rhaid, glatjio i mewn i ambell chwaraewr a oedd, yn fy achos i, yn ddwywaith fy maint.

Gwyn Thomas

60

SCOTT GIBBS

Cryf, cadarn, cŵl. Dyna'r math o eiriau sy'n llamu i'r meddwl wrth sôn am un o gewri rygbi'r byd yn yr ugeinfed ganrif. Mae'r hedyn o Bencoed wedi blaguro, ac wrth dyfu wedi aeddfedu'n dderwen gadarn ar y cae rygbi. Mae cyf-weld â Scott Gibbs yn brofiad allan o'r cyffredin. Dyw Mr Gibbs ddim yn un i wastraffu geiriau, a gŵyr pawb pa mor anghyffyrddus yw canolwr Cymru pan yw'n siarad â'r cyfryngau. Ennill neu golli, fe yw'r gŵr cyntaf i ymadael â'r cae ar ôl pob gêm ryngwladol sy'n awgrymu nad yw e'n hoffi'r sylw sy'n mynd law yn llaw â llwyddiant.

Er hynny, os oes rhaid, mae e'n gwneud hynny yn ddi-ffws ac yn foneddigaidd. Mae yna droeon pan nad yw e wedi bod mor gymwynasgar. Rwy wedi gofyn, mae e wedi gwrthod, ac rwy innau wedi derbyn – syml! Ie! Dyn preifat a thawel yw Scott Gibbs ond ar gae rygbi mae'n tanio, yn poenydio ac yn niweidio wrth ymosod ac amddiffyn.

Proffesiynol yw'r ansoddair arall sy'n disgrifio'r sipsi sydd wedi teithio llawer yn ystod ei yrfa. Wedi iddo deithio o St Helens, gogledd Lloegr, yn ôl i Sain Helen, de Cymru, roedd yna newid mawr yn ei gymeriad. Bellach roedd y bachgen wedi troi'n ddyn, yn gorfforol ac yn feddyliol. Mae dyddiau'r rebel

61

yn ardal Pen-y-bont wedi diflannu ac mae ôl disgyblaeth ac aeddfedrwydd ar y 'mab afradlon'.

Ef oedd un o'r ychydig rai i ymddwyn yn broffesiynol ar ddechrau'r cyfnod proffesiynol yn hanes y gêm yng Nghymru ac mae e'n dal i wneud hynny, ac o'r herwydd, yn ennill parch ac edmygedd ei gyd-chwaraewyr, ei wrthwynebwyr, cefnogwyr y gêm a phobl fel fi!

Os agorwch chi unrhyw gylchgrawn rygbi, yn ddieithriad mi fydd yna lun o Scott Gibbs ar ryw dudalen yn rhywle sy'n creu'r ddelwedd berffaith o arwr. Yn sgil hyn, mi fyddwn i'n dadlau taw ef yw wyneb y gêm yng Nghymru a hynny cyn iddo sgorio'r cais wnaeth gladdu'r Saeson ym Mhencampwriaeth y Pum Gwlad 'nôl ym mis Ebrill 1999. (Diolch, Scott!)

Mae seren taith y Llewod 1997 yn disgleirio cymaint ben arall y byd ag yw e yn ei filltir sgwâr. Y gobaith yw y bydd y seren hon yn dal i ddisgleirio yn hir i'r dyfodol.

Eleri Siôn

RYAN GIGGS

Ychydig cyn cystadleuaeth Cwpan y Byd 1998 roedden ni'n ciniawa mewn gwesty yn Llundain. Ar y bwrdd nesa yr oedd criw o ddynion busnes swnllyd yn trafod y rhagolygon ac yn rhestru enwau'r sêr. 'Ddeuda i un peth,' meddai'r ucha'i gloch, 'tydi chwaraewr gora'r byd ddim yn chwarae.' Rhybuddiodd fy ngŵr fi dan ei wynt i beidio agor fy ngheg. Ond yn rhy hwyr. Llithrodd enw Ryan Giggs dros fy ngwefusau mor naturiol ag anadlu. Syllodd y dynion yn gegrwth i 'nghyfeiriad. 'Cymro ydi o,' medda fi, 'a dwi'n falch eich bod chi'n cytuno mai Cymro ydi chwaraewr gorau'r byd.'

Weddill y noson roedd ei enw'n canu fel tiwn gron yn fy mhen, a phetai ei rif ffôn gen i mi faswn wedi rhoi caniad iddo. Nid fod arno angen fy nghlodydd; tydi o ddim yn fy nharo i fel 'fi fawr', a dydi o ddim y math i dynnu chwaraewyr i'w ben wrth chwarae'n fudur. Fo ydi gwennol y byd pêl-droed. Y mae fel petai'r bêl wedi'i rhwymo wrth ei droed chwith. Does dim golygfa harddach ym myd y campau na Giggs yn carlamu i lawr yr asgell chwith yn driblo llwybr arian drwy ei wrthwynebwyr i blannu'r bêl yng nghefn y rhwyd.

Alex Ferguson ddywedodd, ar ôl i Giggs sgorio'r gôl syfrdanol yn erbyn Arsenal yn rownd gyn-derfynol yr FA, ei fod yn athrylith ymysg cewri. Gôl y ganrif, meddai rhai. Fe ddangosir y gôl arbennig honno drosodd a throsodd tra bydd pêl-droed. Bydd y gôl honno yn sicrhau anfarwoldeb Giggs ei hun ac i Gymru. Da y dywedodd y gŵr busnes yn y gwesty yn Llundain nad oes raid i ddyn chwarae i un o'r gwledydd mawr i gael ei gydnabod fel chwaraewr gorau ei gyfnod.

Jane Edwards

TANNI GREY

Mae cyfarfod ag ambell unigolyn yn gallu bod yn 'donig', yn gwneud i ni feddwl yn ddwys ac yn ddyfnach am wir ystyr bywyd ac yn gosod pob dim mewn persbectif. Yn sicr, mae Tanni Grey yn un o'r bobl hynny.

Merch brydferth, benderfynol sy'n meddu ar bersonoliaeth ddeinamig. Ie, dyna grynodeb byr a bachog o Tanni. Bu'r blynyddoedd cynnar yn rhai anodd o ganlyniad i'w hafiechyd a bu'n ddibynnol ar gadair olwyn am y rhan fwyaf o'i hoes. Yn ystod ei phlentyndod, mynychodd ysgolion ardal Penarth lle cafodd ei thrin fel unrhyw ddisgybl arall. Bu'r penderfyniad hwnnw i ymdoddi'n naturiol yn un allweddol a thyngedfennol i'w datblygiad ym myd y campau; mae gwahaniaethu yn wrthun iddi. Yn y bôn pobl yw pobl.

Ond yn yr ysgol gyfun leol y datblygwyd yr awydd i lwyddo ac yn naturiol ddigon mae'n llawn edmygedd o'r staff, yn enwedig yr athrawes Addysg Gorfforol, a fynnodd ei bod yn cymryd rhan fel pawb arall. Doedd yna ddim dianc; doedd neb yn cydymdeimlo â hi; roedd hi'n gwbl amhosibl iddi gyflwyno llythyr yn ei hesgeuluso o ddyletswyddau a digwyddiadau. A doedd yr elfen honno o dwyllo a eistedd 'nôl yn gysurus ddim yn rhan o gyfansoddiad Tanni beth bynnag.

Mae'r groten o Benarth wedi prifio, wedi teithio'r byd ac yn cael ei chydnabod yn wir seren gan wybodusion o bedwar ban byd. Pan gyfeirir at y Marathon, daw enw Tanni Grey i wefusau pawb a'r pictiwr ohoni'n tasgu ar hyd y strydoedd, y breichiau pwerus yn hyrddio'r gadair ysgafn tuag at y terfyn. 'Nid da lle gellir gwell' yw athroniaeth Tanni ac ar ôl buddugoliaethau cyson, mae'r awydd yn dal yno i gystadlu, y penderfyniad greddfol i guro'r

cloc ac i ddangos yn glir fod yr anabl yn gallu torchi llewys a chyflawni gwyrthiau yn ogystal.

Merch ddiymhongar, ddymunol yw Tanni a holl sylw'r wasg a'r cyfryngau heb effeithio fawr ddim arni. Mae'n gyfathrebwraig rugl, yn dal i synnu pan fydd dieithriaid llwyr yn ei adnabod ar y stryd. Bu'n sioc aruthrol pan gysylltodd y cylchgrawn *glitzy Hello* â hi yn y cyfnod cyn ei phriodas – ac yn y diwedd cytunwyd iddynt ddangos lluniau o'r digwyddiad. Yn ddiweddar enwyd bad achub ar ei hôl. Mae'n dipyn o *celeb*. Mewn byd sy'n mynnu perffeithrwydd mae Tanni Grey yn esiampl i bob un ohonom.

Leisa Davies

TERRY GRIFFITHS

The least likely looking world champion you are ever likely to see. Dyna ddisgrifiad un colofnydd papur newydd o Terry Griffiths – pencampwr snwcer proffesiynol y byd.

Ei anian yn anad dim sy'n gyfrifol am yr adwaith hwn, ac yn wir am ei lwyddiant ysgubol. Anodd fyddai dod ar draws gŵr mwynach, mwy hunanfeddiannol na'r Cymro 31 oed.

Mae snwcer amatur yn gêm gystadleuol iawn yng Nghymru – un o'r rhesymau pam fod cynifer o Gymry wedi cyrraedd y brig. Terry oedd pencampwr amatur Lloegr ym 1977 a 1978, ond ym mis Ebrill, pan enillodd Bencampwriaeth y Byd, fe gasglodd £10,000 ynghyd â'r cyfle i ennill llawer mwy.

Am bythefnos gyfan, bu llygaid y genedl yn dilyn hynt a helynt y gŵr o Lanelli yn Theatr y Crucible yn Sheffield. Denis Taylor o Ulster oedd ei wrthwynebydd yn y rownd derfynol – chwaraewr a oedd eisoes wedi curo'r Cymro arall – Ray Reardon – pencampwr 1978. Ar ddiwedd gêm gyffrous iawn y sgôr oedd 24 ffrâm i 16, a buddugoliaeth i'r Cymro.

Addysgwyd Terry Griffiths yn Ysgol Uwchradd Fodern Coleshill, Llanelli – yr union ysgol y bu Phil Bennett yn ddisgybl ynddi. Yn wir, chwaraeodd y ddau yn yr un tîm rygbi – Terry fel cefnwr a Phil fel canolwr.

Yn bymtheg oed, ffarweliodd â'r stafell ddosbarth a throi at stafell y gof ym mhwll glo Graig Merthyr ym Mhontarddulais. Wedi tair blynedd trodd ei olygon at fysys y *South Wales Transport*, a bu'n gweithio fel tocynnwr am ddwy flynedd. Newid byd eto a threulio tair blynedd fel postman cyn derbyn swydd gyda'r Pearl Assurance. Wedi saith mlynedd o werthu yswiriant cymerodd y cam pwysig a throi'n chwaraewr snwcer proffesiynol.

Yr hyn sy'n arbennig am Terry yw mai chwarae gan ddefnyddio synnwyr y fawd a wna. Ni chafodd funud o hyfforddiant erioed. Fel mewn nifer o drefi a phentrefi, roedd neuaddau snwcer yn gyrchfannau poblogaidd i fechgyn ifanc. Ac yn un o'r rheini penderfynodd Terry ei fod, un dydd, am fod yn bencampwr. Oriau maith o ymarfer yw'r gyfrinach mewn pob camp wrth gwrs, ac roedd Terry yn barod iawn i wneud hyn.

Gêm galed iddo oedd honno yn erbyn 'Steady Eddie' Charlton yn rownd gyn-derfynol Pencampwriaeth y Byd. Beth oedd cyfrinach ei lwyddiant tybed?

'Penderfyniad, hunanreolaeth mewn argyfwng ac, yn bennaf oll, llwyddo i ddal ati i chwarae'n dda dan bwysau.'

Nid ar chwarae bach y mae dyn 'teulu' yn rhoi'r gorau i swydd 'sicr' a sefyll ar ei wadnau ei hun. Rhaid iddo fod yn eitha sicr o'i bethau. Erbyn 1978 roedd Terry Griffiths yn sicr o hyd ei gyrn a phan ddaeth y cyfle i droi'n broffesiynol, gafaelodd ynddo. Ei ymffrost bellach yw ei fod yn ennill ei fara trwy wneud rhywbeth y mae'n ei fwynhau.

Oddi ar iddo gymryd y cam pwysig yma, caiff fwy o amser i ymarfer, ac o ganlyniad amcangyfrifa i'w gêm wella bump ar hugain y cant. Ymosod ar bob cyfle yw ei arfer ym mhob gêm, ond pan ddaw'r galw, gall chwarae gêm amddiffynnol. Beth yn hollol y mae chwarae'n broffesiynol yn ei olygu? 'Yr union beth mae e'n ei ddweud. Diddanu trwy chwarae cystal ag y medra i, ac ymddwyn yn broffesiynol bob amser.' Fel y dywedai'r Americanwyr: *It couldn't happen to a nicer guy*.

John Jenkins
(*Barn*, Tachwedd, 1979)

CHRIS HALLAM

Os oes yna un gŵr sydd wedi ymgorffori'r campau cyfoes, yna'r athletwr anabl Chris Hallam yw hwnnw. Mynnu llwyddo, mynnu cystadlu ar y llwyfan uchaf posibl, mynnu rhoi cant y cant yw ethos ac athroniaeth Hallam a hynny o gyfnod y crud. Roedd herio'r goreuon a chyrraedd y brig yn rhan o'i gyfansoddiad o gyfnod plentyndod. Yn ddeunaw mlwydd oed, uchelgais bywyd oedd cynrychioli Cymru. Bu wrthi'n gydwybodol yn paratoi ar gyfer treialon nofio'r tîm cenedlaethol cyn i ddamwain beic modur ddifrifol ei barlysu am oes.

Derbyn ei dynged wnaeth Chris gan addo y byddai'n taro'n ôl a chystadlu yng nghampau'r anabl. O fewn dwy flynedd daeth Cymru, Prydain a'r byd i wybod mwy am y Cymro pengolau; pencampwr nofio'r byd yn y ras 50 metr dull broga ac yn enillydd blynyddol Marathonau a hanner Marathonau. Bu'n cystadlu dros Brydain mewn rasys sgio traws gwlad ym Mhencampwriaethau'r Byd, ac ym Mabolgampau Paralympaidd Seoul ym 1988 enillodd fedalau niferus.

Ym 1996 yn Atlanta mynnodd gystadlu mewn sawl gornest er ei fod yn dioddef o glefyd go ddifrifol ar ei arennau. Rhaid cydnabod cyfraniad Chris Hallam i'r Elusen PvsH (pobol yn erbyn anabledd) a'i benderfyniad i godi arian i'r Ganolfan yng Nghaerdydd sy'n gweithio'n ddiwyd i wella bywyd yr anabl. Daeth penllanw gyrfa Chris Hallam ym 1997 pan ychwanegodd y Cyngor Chwaraeon ei enw at restr Anfarwolion Campwyr Cymru.

Gareth Richards

Y BARNWR ROWE HARDING

Mae 'na gnewyllyn o chwaraewyr rygbi hynod ddawnus o Gymru sydd wedi bod yn ddigon anffodus i gynrychioli'u gwlad ar adegau digon llwm yn hanes y gêm. Cymerer Ieuan Evans er enghraifft. Er i'r Ail Ryfel Byd amharu ar ei yrfa, gellid cynnwys Tanner yntau ymhlith y garfan hon. O fynd yn ôl ymhellach fyth, daw Wick Powell i'r cof. Ac yn sicr ddigon mae ei gyfoeswr dawnus Rowe Harding yn haeddu'i le yn eu plith.

Cafodd Harding ei addysgu yn Ysgol Ramadeg Tregwyr, fe gynrychiolodd Brifysgol Caergrawnt bedair gwaith ac fe enillodd ddau ar bymtheg o gapiau dros ei wlad ar yr asgell rhwng 1923 a 1928, gan brofi ond un buddugoliaeth yn erbyn un o'r gwledydd cartref – Iwerddon. Yn ystod ei yrfa fe gipiodd Cymru ddwy lwy bren.

Bu Harding yn anlwcus o ran anafiadau hefyd – torrodd bont ei ysgwydd, ac yn ddiweddarach linyn ei ar a barodd iddo golli allan ar dri neu bedwar cap. Roedd ei ddawn fel chwaraewr, fodd bynnag, yn ddiamheuol. Tystia'r llu o adroddiadau yn y wasg i'w gyflymder rhyfeddol. Y ddawn hon a sicrhaodd iddo'i le yn nhîm y Llewod ym 1924 ar eu taith i Dde Affrica, lle y chwaraeodd mewn tair gêm brawf.

Fel bargyfreithiwr, ac yna fel Barnwr, fe fu'n was ffyddlon i'w glwb, Abertawe, yn ogystal â gwasanaethu fel cadeirydd Clwb Criced Morgannwg.

Cefais y fraint o gwrdd â Rowe unwaith yn ei gartref cysurus ym Mro Gŵyr. Byrdwn yr ymweliad oedd recordio'i broffwydoliaeth ynghylch y gêm ddiweddaraf rhwng Abertawe a Seland Newydd. Ond yr hyn sy'n aros yn y cof imi ynghylch y cyfarfod hwnnw oedd ei barodrwydd i siarad a hynny ar ôl i'r camerâu adael. Bryd hynny roedd y ddadl ynghylch proffesiynoldeb yn poethi – yn enwedig felly yng Nghymru. Gan geisio osgoi trafod y manteision a'r anfanteision, bûm innau'n dadlau y byddai proffesiynoldeb yn dod yn hwyr neu'n hwyrach a hynny oherwydd parodrwydd y chwaraewyr yn anad dim. Plygu ei ben wnaeth y Barnwr. Yna edrychodd i fyny. 'Mae'n rhaid i mi gael dweud fy nweud,' meddai. 'I'r chwaraewr amatur mae rygbi'n gêm arbennig, gêm sydd yn wobr ynddi hi ei hun. Nid yw'r rheiny sy'n chwarae yn ceisio dim byd arall – ar wahân i fod yn rhan o frawdoliaeth unigryw ac arbennig.'

Datganiad syfrdanol o'r galon.

Ond dyna sut fyddai'r gwir amaturiaid yn teimlo ac yn siarad ar un adeg. Er bod amgylchiadau bellach yn golygu fod sylwadau o'r fath yn henffasiwn, ddylen ni fyth anghofio fod y mwyafrif – ie'r *mwyafrif* o'r rheiny sy'n chwarae rygbi – yn gwneud hynny am yr union resymau a grybwyllodd Rowe Harding.

David Parry Jones

BRIAN HUGGETT

Os oes golffwr o Gymro sy'n haeddu'r clod am ddwyn enw'n gwlad i sylw'r byd golffio yna Brian Huggett yw hwnnw. Yn dilyn ei gapteiniaeth ysbrydoledig yng nghystadleuaeth Cwpan Ryder ym 1977 fe'i bedyddiwyd â'r enw 'y ci tarw Cymreig'; yn wir nid yn unig yr oedd ei wynepryd yn ymdebygu i'r symbol hwn o asgwrn cefn Prydeinig mewn cyfnod o ryfel, ond roedd yn chwarae'r gêm gyda'r un 'styfnigrwydd.

Daeth yn ail yn y Gystadleuaeth Agored ym 1965 a llwyddodd i ennill 15 twrnamaint. Hyd nes i Ian Woosnam gychwyn ar ei yrfa, Brian, ochr yn ochr â Dai Rees, oedd y golffwr o Gymro mwyaf dylanwadol a charismataidd ei gyfnod.

Yn ogystal roedd Brian yn gefnogwr brwd o chwaraewyr a chwaraeon Cymreig. Yn ystod fy nghyfnod fel chwaraewr criced proffesiynol i Forgannwg roedd Brian yn ymwelydd cyson ag ystafell newid y gêmau oddi cartref; ar y pryd roedd yn byw yn Sir Gaergrawnt. Swynwyd ef gan ofynion technolegol a chorfforol y gêm ac roedd yn rhyfeddu at y dewrder meddyliol yr oedd ei angen arnom wrth wynebu Frank Tyson, Fred Trueman, Brian Statham a'u tebyg. Roedd y golffwyr yn ein tîm yn ein tro yn rhyfeddu at ei allu yntau i daro'r bêl yn unionsyth o bell a'i glanio'n agos i'r twll o ganol tir garw a'r gwair at ei bengliniau.

Ar wahân i'r ffaith ei fod yn olffwr talentog mae Brian wedi bod yn gyfrifol am gynllunio nifer o gyrsiau yn y Deyrnas Unedig a ddaw yn eu tro yn gyrsiau o fri, yn glasuron. Yn ystod y cyfnod pan oedd ar ei orau, roedd Brian, ac yn wir mae'n dal i fod, yn ymgnawdoliad o'r hyn y mae noddwyr yn chwilio amdano – dyn boneddigaidd a chwrtais ac yn barod ei gymwynas bob amser, yn fodlon awgrymu a chynnig gair o gymorth technegol ar amrantiad.

Er ei fod, ers pymtheng mlynedd bellach, yn byw yn Lloegr yn Ross-on-Wye, ychydig dros y ffin, mae'n dal i fod yn Gymro i'r carn.

Peter Walker

MARK HUGHES

Pan oedd Mark Hughes yn serennu i dimau fel Man Iw a Chelsea yr oedd y *pundit* deifiol hwnnw, Alan Hansen, yn arfer dweud yn gyson ar *Match of the Day* – petai ef yn rheolwr ar dîm pêl-droed, 'Hughsie' fyddai'r enw cyntaf ar ei dîm shît bob tro.

Y mae hyn yn ganmoliaeth anghyffredin gan berson sydd yn cael ei dalu swm nid ansylweddol o arian am roi ei farn, digon difrïol ar brydiau, am ddiffyg doniau chwaraewyr yn yr oes fegabycsaidd fodern. Pam felly?

Yn syml roedd gan Mark Hughes yr un peth hwnnw na ellid ei feithrin, sef calon fawr – y math o berson y byddech yn dymuno'i gael wrth eich ochr wrth gerdded drwy'r Bronx neu ganol Caerfyrddin ar nos Sadwrn dywyll! Yn gwbl ddi-ofn a dirodres, y mae ef dros gyfnod maith o chwarae gyda rhai o dimau gorau Ewrop – Manchester Utd, Barcelona, Bayern Munich, Chelsea, Southampton ac yn ddiweddarach Everton – wedi sicrhau lle iddo ei hun yn oriel yr anfarwolion. Chwaraewr tîm sydd wedi ennyn edmygedd o bob cyfeiriad.

Y mae ansoddeiriau fel ymroddiad, unplygrwydd, dewrder, cryfder ac yn y blaen yn nodweddiadol – bron yn ystrydebol erbyn hyn – o'r llu o ddisgrifiadau a luniwyd amdano dros y blynyddoedd. Yr oedd ganddo hefyd, pan oedd ar frig ei yrfa, amrediad o sgiliau a'i gwnaeth yn chwaraewr eithriadol o boblogaidd gan gyd-chwaraewyr a chefnogwyr fel ei gilydd – doniau a arweiniodd at bedair buddugoliaeth yn rownd derfynol cwpan yr FA, dwy fedal am ennill cwpan enillwyr cwpanau Ewrop, pencampwriaeth gynghrair gyda Man Iw a thros 70 cap i Gymru. Y mae ei record yn un anhygoel, a does neb wedi ennill mwy o fedalau enillwyr cwpan yr FA yn holl hanes y gystadleuaeth nag ef.

Nid oedd ganddo gyflymdra Giggs, artistri Ginola na chelfyddyd Hoddle, ond yr hyn oedd ganddo oedd y gallu i gyflawni pob sgil gyda medrusrwydd uwch na'r cyffredin. Roedd yn basiwr gwych, yn daclwr ffyrnig, yn beniwr cadarn a chanddo'r ddawn i gysgodi pêl fel crwban ystyfnig.

Ac fel sgoriwr, nid oedd neb cystal am sgorio goliau bythgofiadwy. Pwy all anghofio'r gôl wych a sgoriodd i Gymru yn erbyn Sbaen ar y Cae Ras ym 1985 – foli dros ei ysgwydd o du allan i'r cwrt cosbi. Hefyd y gôl a sgoriodd yn Rownd Derfynol Cwpan Enillwyr Cwpanau Ewrop yn Rotterdam i Man Iw yn erbyn Barcelona – sleifio o gwmpas y gôl-geidwad yn ddeheuig ac yn lle gwthio'r bêl dros y llinell ei tharanu i do'r rhwyd – mor hyderus ydoedd o'i allu. Ac yn olaf, wrth sgorio i Man Iw ym munud olaf y gêm gyn-derfynol yn erbyn Oldham yng Nghwpan yr FA ym 1994 fe gadwodd y freuddwyd o'r dwbwl yn fyw – camp yr aeth y tîm disglair hwnnw ymlaen i'w chyflawni am y tro cyntaf yn ei hanes y flwyddyn honno.

Oddi ar y cae mae Mark Hughes yn berson cymharol swil a dywedwst. Ac eto mewn ychydig eiriau y mae ei onestrwydd a'i gynildeb yn rhinweddau sydd yn eu hamlygu eu hunain.

Y mae'r ffaith ei fod wedi derbyn swydd Rheolwr ein Tîm Cenedlaethol mor ddidrafferth ac yn gymharol lwyddiannus yn arwydd o'i allu i sbarduno eraill o'i gwmpas i berfformio a hynny gymaint o ran parch tuag ato fel unigolyn ag ydyw i'w allu i ysbrydoli eraill.

Nid oes yr un chwaraewr wedi nodweddu ysbryd Owain Glyndŵr ar gae chwarae yn fwy na Mark Hughes dros y blynyddoedd diwethaf a'r gobaith yw y bydd yn llwyddo i arwain Cymru i lawer o fuddugoliaethau arwrol eraill dros y blynyddoedd nesaf. Yn sicr bydd gweld ei eisiau ar gae chwarae ond fe fydd ei ymroddiad mae'n siŵr yn tasgu oddi ar dalcen pob chwaraewr fydd yn cael y fraint o chwarae iddo yn ein tîm cenedlaethol.

Cefin Campbell

COLIN JACKSON

Doedd neb ar dân i ddechrau ymarfer. Yn hytrach roedd pawb wedi tyrru rownd radio car un o'r bechgyn. Nid esgus osgoi rhedeg rownd caeau ysbyty Pen-y-fai oedd hyn ar un nos Lun boeth o Awst ym 1992 . . . ond gwrando a fyddai Cymro yn ennill Medal Aur Olympaidd ym myd Athletau am y tro cyntaf ers naid fythgofiadwy Lynn Davies yn Tokyo. Roedd yr ochneidio'n uchel wrth i Colin Jackson faglu ar bedair o'r deg clwyd. Roedd yn ddigon i orfodi carfan rygbi Pen-y-bont i droi at y sesiwn boenus o sbrintio, gydag ebychiadau o anghrediniaeth.

Er Awst 1992 dw i wedi cwrdd a holi Colin Jackson yn rhinwedd fy swydd sawl tro. Mae'i barodrwydd i sgwrsio, a'i agwedd gadarnhaol wastad yn treiddio trwy'i atebion. Pam felly iddo fethu'n llwyr yn Barcelona? Does ganddo ddim ateb. Efallai dyna pam ei fod mor benderfynol wrth baratoi at Fedi 25, 2000, a ras derfynol y 110 metr dros y clwydi yn Awstralia.

Dyma'r gamp a'i cyfareddodd er pan oedd yn bedair ar ddeg oed. Roedd ei dad cyn ymfudo o Jamaica tua diwedd y 1950au hefyd wedi bod yn athletwr, ac yn barod i edliw mai ganddo ef yr etifeddodd y Jackson ifanc ei dalentau.

Ers cychwyn cystadlu mae ei yrfa wedi cyrraedd uchelfannau mabolgampau – dal record y byd (12.91 eiliad) dros y 110 metr dros y clwydi, bod yn Bencampwr Byd (ddwywaith) a Phencampwr 60 metr – o dan do ac yn yr awyr agored, ennill Aur yn Chwaraeon y Gymanwlad yn '94 a '98, sicrhau

Arian yn Chwaraeon Seoul yn '88 a lliaws o fedalau Ewropeaidd, Prydeinig a Chymreig. Ond mae o'n dal wedi hoelio ei sylw ar y dyfodol i ennill un fedal arall. Mae'n gwybod – ac wedi dweud ei hun – cymaint o wastraff ydi meddu ar dalent i gyflawni rhywbeth, a methu gwneud hynny. Ac yntau'n dri deg tair mlwydd oed, dyma ei gyfle olaf i dorri ei enw ar lyfrau hanes.

Ers i Lynn Davies lamu i lwyddiant euraidd yn Siapan ym 1964 does 'na'r un Cymro arall wedi ennill Aur athletaidd mewn Chwaraeon Olympaidd—a does yr un Cymro na Chymraes wedi sicrhau medal aur mewn camp ar y trac rhedeg Olympaidd erioed. Mae Colin Jackson yn bwriadu bod y cyntaf . . . yn un o'r campau technegol hynny sy'n golygu cyflymder, ymroddiad a chryfder . . . heb sôn am ddogn mawr o benderfyniad.

Mi fu'n ffodus, do, o gystadlu mewn oes aur athletau—os nad yng Nghymru—yn bendant yn Lloegr a gweddill Ynysoedd Prydain. Bu'n aelod o'r un tîm athletau â Linford Christie, Jonathan Edwards, Sally Gunnell, Steve Cram a Daley Thompson. Cafodd ei dalu'n hael am redeg, ei noddi a'i drin fel brenin. Trwy ddiwedd yr wythdegau a'r cyfan o'r nawdegau roedd yn dywysog gyda dim ond un wobr allan o'i afael. Wrth ymarfer gyda Malcolm Arnold—gynt o Gaerdydd—rŵan ym Mhrifysgol Caerfaddon, mae'n ymdrechu'n galed i newid hynny.

Ar ôl ennill Aur—os gall o gadw'n glir o anafiadau a pha bynnag fwganod oedd yn ei lethu yn Sbaen yn '92—mi fydd o'n troi ei olygon at feysydd a sialensau gwahanol. Fydd 'na ddim cystadlu a cholli, dim tin-droi a hyfforddi eraill ac aros o fewn cylchoedd cyfrin y byd athletau i Colin Jackson ar ôl ymddeol. Mae ganddo beth profiad o fyd busnes yn barod. Ei nod wedyn fydd ehangu ei fusnes siop deithio a dilyn ei chwaer i fyd adloniant. Synnwn i daten mai cyfryngau'r teledu a'r rhyngrwyd fydd yn ei wneud yn llwyddiannus ac yn ŵr cyfoethocach yn y dyfodol.

Ond. Ond! Fydd 'na ddim mawredd o'r math mae o'n ei chwennych, os na fydd yn ennill y Fedal Aur yn Sydney. Dyna fyddai'n ei gadarnhau fel athletwr a fyddai'n cael ei gofio'n fyd-eang. Dim llai.

Iolo ap Dafydd

STEVE JAMES

'Stephen James' – mae cannoedd yn rhannu'r un enw ym Mhrydain Fawr a dwi'n siŵr fod gan bob un ohonynt eu rhinweddau a'u doniau arbennig. Ond nid yw'r enw ynddo ei hun yn canu cloch ac yn sicr nid yw'n ein hysgogi i feddwl am un o gewri Cymru! Ar y llaw arall, pe buaswn yn sôn am frodor o'r enw Mr Stephen Peter James byddai'r cefnogwr criced yn ein mysg yn deall yn syth mai cyfeirio at un o feistri'r helygen werddlas yr wyf.

76

Ganed Stephen Peter James, neu Steve James i'r rhan fwyaf ohonom, ar y 7fed o Fedi, 1967, yn Lydney, Swydd Gaerloyw. Ond er ei fod yn enedigol o Loegr, y mae ei galon bellach wedi setlo yma yng Nghymru. Ar ôl treulio ei flynyddoedd cynnar yn Ysgol Trefynwy, cafodd Steve James ei flas cyntaf ar Abertawe pan aeth yno i astudio'r Clasuron ym Mhrifysgol y ddinas. Diau, wrth iddo gerdded heibio i faes criced Sain Helen ar y ffordd i Barc Singleton, bod y chwant wedi cydio ynddo i chwarae dros glwb sydd â thraddodiad dwfn mewn batwyr heb eu hail. Cafodd y chwant hwnnw ei fodloni wrth iddo gael ei ddewis i chwarae dros Forgannwg am y tro cyntaf 'nôl ym 1985.

Ar ôl graddio yn Abertawe aeth ymlaen i astudio am radd uwch yng Nghaergrawnt, gan lwyddo nid yn unig i ennill 'Blue' am chwarae criced ddwywaith – ym 1989 ac ym 1990 – ond gan ddod yn agos iawn at ennill 'Blue' am un o gampau mwyaf blaenllaw'r brifysgol honno, sef rygbi. Er bod Mr James wedi dewis troedio'r llain griced yn hytrach na glaswellt y maes rygbi, nid yw wedi torri pob cysylltiad â'r gêm – mae Mrs Jane James, ei wraig, yn ffisiotherapydd i glwb rygbi Caerdydd!

Wedi gadael Caergrawnt, fe brofodd Steve James, ac y mae'n dal i brofi, i fod yn un o'r batwyr gorau erioed i chwarae dros yr unig dîm dosbarth cyntaf yng Nghymru. Mae'r rhestr o'i dalentau cricedol yn un helaeth, rhestr y mae pob bachgen sydd â'i fryd ar chwarae'r gêm yn broffesiynol yn crefu amdani – chwimder rhwng y ddwy wiced, y gallu i ganolbwyntio am oriau maith a thrysorfa o wahanol ffyrdd o ddefnyddio'r bat.

Er bod Steve James yn gyson wedi bod yn agos at frig, os nad ar frig, cynghrair y cyfartaledd batio, dim ond dwywaith y mae wedi cael y fraint, hyd yn hyn, o chwarae dros Loegr. Y mae wedi mynd heibio'r cant ddwsinau o weithiau ac wedi sgorio dros ddau gant o rediadau fwy nag unwaith. Felly beth sydd yn rhaid iddo ei wneud i ddenu llygaid dewiswyr tîm Lloegr? Newid ei gyfenw i Atherton neu i Stewart efallai? Efallai nad yw'n perthyn i'r bobl iawn! Er hyn, yr wyf yn sicr o un peth, y mae Mr Stephen Peter James yn perthyn i'r clwb iawn, ac yn fwy nag hynny, i'r wlad iawn!

Steffan Gealy

ALBERT JENKINS

Llanelli 1928—Albert Jenkins yw'r ail o'r dde yn y rhes gefn.

Pan gyrhaeddais i'n ôl o'r gwaith roedd copi o'r *Llanelli Mercury* ar ford y gegin. Ces glywed y newyddion cyn darllen y geiriau: Rees Thomas wedi'i ddewis i Lanelli ac i drafaelu i Gernyw dros y Pasg. A bod yn onest roeddwn i'n gwireddu breuddwyd oherwydd dyna, yn y bôn, oedd uchelgais pob crwtyn ifanc yr ardal, sef gwisgo'r crys sgarlad a chynrychioli tîm gorau Cymru. Ond yn y dauddegau, roedd yna uchelgais arall . . . sef rhedeg mas ar y Strade a 'ware yn yr un tîm ag Albert!

Petai Albert Jenkins yn fyw heddiw, fe fyddai'n filiwnydd . . . ry'n ni'n sôn fan hyn am *superstar, real genius.* Roedd e'n ddyn mawr solid, dwy law fel dwy raw a'i waith fel llwythwr ar y North Dock yn Llanelli yn gyfrifol am y cryfder eithriadol. Roedd e'n trafod y bagiau tatws fel petaen nhw'n fagiau crisps. Ond yn ogystal â'r cryfder, roedd y cyflymder, yn enwedig dros y deg llath cyntaf, a'r gallu i gicio pêl . . . y pŵer, yr amseru a'r cydbwysedd. Roedd e yn yr un cae fel ciciwr â George Nepia ac mae hynny'n ddweud mawr.

Roedd e hefyd yn gamster ar ddarllen gêm . . . yn sboto gwendidau'n glou a phetai rhywun dierth yn 'ware *full-back* i'r gwrthwynebwyr . . . *look-out!* Ond er yr holl sylw, dyn tawel oedd Albert Jenkins. Mewn un gêm yng

Nghasnewydd, trefnwyd cinio ar ôl y gêm mewn hotel eitha *posh*; y dynion mawr i gyd yn eistedd 'da'i gilydd a gofynnwyd i Albert, fel capten 'weud gair. Doedd Albert ddim wedi'i fagu i siarad yn gyhoeddus a chyn i ni ddechrau ar y pwdin, roedd Albert wedi cripad mas o dan y byrddau!

Mae'r atgofion am y cyfnod yn dal yn rhai byw ... fe wisgais i'r crys sgarlad am gyfnod o wyth mlynedd a do, fe chwaraeais i yn yr un tîm ag Albert!

Rees Thomas

NEIL JENKINS

Mae'n rhy hawdd mesur gorchestion Neil Jenkins yn gwbwl wrthrychol ar draul yr ystadegau sy'n cronni o'i ôl wrth i'w yrfa dician heibio mor gyson â metronom. I'r rhai fu'n gyfarwydd ag ef yn ei gynefin, mae yna agweddau eraill, dwysach, i'r arwr brau hwn. Peiriant pwyntiau, ond llawer mwy na hynny hefyd. Mae Neil yn faswr o'r safon uchaf, yn ddosbarthwr cywir, yn chwaraewr cefnogol creadigol, yn amddiffynnwr eofn a all droi ei ymwybyddiaeth effro i'r defnydd gorau fel y bo'r galw.

Y mae'n berson balch a brwdfrydig, a grym yn ei benderfyniad wedi'i asio yn ffwrnais sylw'r cyfryngau. Bu'r gwybodusion yn canu ei glodydd, yn rwgnachlyd, wrth i Neil ennill gêmau i Gymru a'r Llewod, a'i roi ar bedestal simsan, ond ei droi'n gocyn hitio ar y cynnig cyntaf wrth i hynt y tîm cenedlaethol blymio, heb fai arno yntau.

Nid cyd-ddigwyddiad yw fod y clwb a fagodd Neil Jenkins i'w yrfa, sef Pontypridd (hefyd yn cael ei farnu'n 'anffasiynol'), yn ennill ei blwyf ymysg goreuon Cymru trwy ymdrech galed gan esgor ar ymwybyddiaeth amddiffynnol yn ogystal â balchder ffyrnig y cymoedd. Bu Neil, fel arwyr eraill o'i flaen, yn gwisgo bathodyn y clwb ar ei galon a hynny gyda brwdfrydedd fu'n ddiniwed ac eto'n ddwys.

Mae Neil yn ffigwr enigmatig. Gellid ei weld, o dro i dro, yn cerdded coridorau clwb Ponty fel pibydd brith, yn arwain twr o'i ffrindiau, rhai llai abl nag ef. Mae nifer fawr yn gorfforol ffaeledig ac eraill ag anabledd meddyliol. Mae wastad yn barod i gymryd rhan y gwannaf gan synhwyro efallai mai cicio yn erbyn y tresi yw ei ffawd yntau. Pa bynnag glodydd a ddaw i'w ran fel arwr cenedl, bydd y crwtyn pengoch dirodres wastad yn barod i ddal ei dir. Dyma rebel na fydd fyth heb achos i'w ran.

Guto Davies

BARRY JOHN

Ydych chi'n cofio'r diwrnod cyntaf hwnnw pan symudoch chi o glydwch yr ysgol gynradd i anferthedd yr ysgol uwchradd? Yn fy achos i, symud o Ysgol Gynradd Bancffosfelen i Ysgol Ramadeg y Gwendraeth, ac roedd rhyw rin eisoes yn enw'r ysgol, yn bennaf am ei gorchestion ym myd rygbi – onid hon oedd ysgol y chwedlonol Carwyn James?

Wrth gyrraedd yno ym 1959 roedd gan yr ysgol dîm cyntaf arbennig o dda a dau o'r eilunod yn y chweched dosbarth oedd Ken Jones a Robert Morgan. Yn ogystal, ein hathro oedd Ray Williams, cyn-asgellwr Llanelli a Chymru.

Ond yn raddol daeth enw crwt yn y drydedd flwyddyn yn adnabyddus i ni i gyd – crwt a amlygai ei ddoniau ym myd rygbi, pêl-droed a chriced. Roedd hwn yn gyson yn cicio golau adlam o hanner ffordd yn ystod egwyl y bore a'r awr ginio! Ei enw? Barry John.

Ychydig y sylweddolais ar y pryd y byddai'r crwt main, bychan o gorff hwn yn datblygu i fod yn un o gewri'r byd rygbi.

Erbyn iddo gyrraedd y chweched dosbarth roedd yn chwarae rygbi dros yr ysgol yn y bore a phêl-droed yn y prynhawn dros bentref Porth-y-rhyd – a minnau yn chwarae dros Bancffosfelen yng Nghyngrair Sir Gâr!

Ym mhentrefi Cwm Gwendraeth a'r broydd cyfagos, uchelgais pob chwaraewr rygbi oedd chwarae dros glwb enwog Llanelli ac fe wnaeth Barry John hynny ac yntau o hyd yn ddisgybl ysgol! Cofiaf fynd i Barc y Strade unwaith ac yntau'n faswr yn cael stŵr gan Norman Gale, bachwr a chapten Llanelli, am redeg gormod â'r bêl yn lle ei chicio at yr ystlys!

Ar ôl hynny daeth yn enwog gyda Chaerdydd, Cymru a'r Llewod. Dewisaf ddau gais sydd, mi gredaf, yn adlewyrchu ei ddawn a'r modd yr oedd yn chwarae, sef y rhedeg diymdrech twyllodrus lledrithiol. Y cyntaf oedd yn erbyn Lloegr ym 1969; codi'r bêl yn ddeheuig o'r llawr, heibio i ddau neu dri o Saeson a chamu tu fewn i'r olaf cyn tirio. Digwyddodd yr ail yn ystod taith y Llewod ym 1971 yn erbyn Prifysgolion Seland Newydd – derbyn y bêl tu allan i linell 22 metr y gwrthwynebwyr, ffugio gôl adlam ac wedyn gweu ei hun yn osgeiddig rhwng yr amddiffynwyr gan osod y bêl yn ddestlus rhwng y pyst. Roedd fel petai amser wedi peidio; roedd fel petai pawb yn stond ar y cae ac roedd y dyrfa'n hollol fud.

Ysgrifennwyd sawl llith amdano yn y Gymraeg a'r iaith fain a braf oedd darllen *Barn* yn y cyfnod hwnnw a Tom Davies yn canmol y cewri. Ydych chi'n cofio'r llun ar y ddalen flaen a'r pennawd tu fewn – *Coroner nhw!*

I mi nid oedd neb tebyg i Barry John. Da y dywed Dic Jones amdano :

> Gŵr di-rwysg, rhedwr ysgon, – un steilus
> Â dwylo dal sebon,
> Cŵl, gwddyn, ciciwr union,
> Boi ar jawl yw Barry John.

Peter Griffiths

LOUISE JONES

Gyda chorwyntoedd cryfion yn chwythu i mewn o gyfeiriad Bae Abertawe, roedd Louise Jones yn 'mwynhau' diwrnod o 'orffwys' yn ei chartref ym Mhort Talbot. Diwrnod oedd hwn i atgyfnerthu wedi diwrnodau o ymarfer caled. Mae ymarfer caled yn golygu rhyw dair awr ar ei beic bob dydd gyda diwrnod wedyn i ymlacio. Wedi dweud hynny, roedd yna waith tŷ yn galw, a chyda'i gŵr Phil yn blymwr hunangyflogedig, doedd yna ddim prinder o waith papur i ymgodymu ag e chwaith. Mae Phil hefyd yn brysur yn gofalu ar ôl sêr dyfodol y gamp trwy Gynllun Datblygu Ffederasiwn Beicio Prydain, ond heddiw roedd e wedi mynd mas ar 'reid glwb' gyda'u mab Michael, sydd ond yn bump oed, ar y tandem.

Ar ben y cwbwl oll, roedd ar Hayley, eu merch fach bedair oed, awydd tipyn o awyr iach. Felly, i ffwrdd â Louise eto gyda Hayley yn y 'trailer' y tu ôl i'r beic. Dyma'r diwrnod gyda llaw y penderfynodd timau rygbi Aberafan a Chastell Nedd ei bod hi'n rhy wlyb a garw iddyn nhw ymaflyd yn y mwd mewn gêm yng nghystadleuaeth Cwpan Cymru. On'd yw hi'n galed ar ein chwaraewyr rygbi ni, dwedwch?

Pan fo nifer o'n pencampwyr wedi dod i oed lle y maen nhw yn ystyried rhoi'r gorau iddi, mae cyn-bencampwraig y trac beicio yn y Chwaraeon Gymanwlad eto yn herio'r elfennau ac yn pentyrru'r milltiroedd. Ar ôl cynrychioli Prydain yn Chwaraeon Olympaidd Seoul a Barcelona, mae Louise yn awr â'i golygon ar Chwaraeon Olympaidd Sydney ym mlwyddyn y Milflwyddiant. All neb gwestiynu ewyllys nac ymroddiad y wraig a ddechreuodd ei gyrfa yn ôl ym 1977 gyda'r *Ogmore Valley Wheelers*, a hithau ond yn bedair ar ddeg mlwydd oed.

Fe dorrodd gwên serch hynny, drwy'r glaw a'r gwynt, ar ddiwrnod llwyd o Chwefror wrth i Louise ddwyn ar gof awr fawr ei llwydd-iant, a Medal Aur i Gymru, yn Chwaraeon y Gymanwlad yn Auckland ym 1990. Roedd cawodydd o law drwy'r dydd a'r dydd blaenorol wedi golygu fod pedair awr ar hugain hir wedi pasio cyn y dringodd hi i'r trac ar gyfer Rownd Derfynol y Wib i Ferched. Fe gollodd hi'r ras gyntaf yn erbyn Julie Spate o Awstralia, ond wedi aros gyhyd, doedd Louise ddim am ildio a hithau mor agos at gyflawni ei breuddwyd. Louise enillodd y ddwy ras nesaf gan ddod â'r Aur yn ôl i Gymru am y tro cyntaf.

Cyn y Chwaraeon, roedd yn rhaid i Louise deithio'n wythnosol, a hynny am fisoedd lawer, mor bell â Chaerlŷr yng Nghanolbarth Lloegr er mwyn sicrhau cystadleuaeth ystyrlon. Fe'i siomwyd droeon gan y glaw ond roedd gweld y fedal yn sgleinio o gwmpas ei gwddf yn brawf ei bod yn werth ymdrechu.

Bu i Louise Jones gynrychioli Prydain ym Mhencampwriaethau'r Byd yn ddi-dor rhwng 1987 a 1992, ac ymhlith eu llwyddiannau niferus mae medalau am ennill Pencampwriaethau Rasio Trac Prydain yn y Ras Wib i Ferched eto yn ddi-dor rhwng 1986 a 1991. Wedyn fe drodd ei golygon at rasio ar y ffordd fawr. Fe ddisgynnodd oddi ar ei beic yn ystod y ras yn Chwaraeon Olympaidd Barcelona, cyn troi ei chefn ar y gamp yn gyfan gwbl er mwyn dechrau teulu. Wyth mlynedd yn ddiweddarach fodd bynnag mae Louise Jones yn ei hôl yn lliwiau tîm *GS Strada*, ac yn benderfynol o sicrhau ei lle yn nhîm Prydain ar gyfer Chwaraeon Sydney.

Rhaid talu teyrnged i Louise am ei phenderfyniad, a'i dyfalbarhad dros y blynyddoedd, a hynny mewn gwlad sydd yn ail sâl iawn o ran ei hadnoddau mewn cymhariaeth â'i chystadleuwyr. Wedi dweud hynny, o'i chroesi, a hithau mewn tymer gystadleuol, mae yna sôn fod yr awyr o'i chwmpas yn medru troi'n las!

Os digwydd i chi felly ddod ar draws rhywun ar gefn beic ar y ffyrdd o gwmpas Port Talbot, a chithau yn teimlo falle fod y person hwnnw neu honno yn mynnu ychydig yn fwy o darmac na'r hyn yr ydych chi yn barod i'w ildio, mae fy swllt i ar Louise bob tro i ennill y frwydr fach honno hefyd. Cofiwch y rhybudd, ac ewch yn eich blaen!

Wyn Gruffydd

D KEN JONES

Roedd rhaid cynnwys D Ken Jones. Yn enedigol o bentref Cross Hands ac yn ddisgybl yn Ysgol Ramadeg y Gwendraeth, fe ddaeth i amlygrwydd ar daith y Llewod i Dde Affrica ym 1962. Cofiaf ei weld yn creu cyffro ar Barc y Strade ar ddechrau'r chwedegau – Jones a'i gyd-ganolwr Brian Davies yn cyflymu curiad calon cefnogwyr â'u cyd-chwarae greddfol, eu gallu i ochrgamu'n wyrthiol ac yn bennaf oll, eu cyflymdra anhygoel. Mae'n rhaid i mi ddweud, heblaw am Nigel Walker, JJ Williams a Martin Offiah, dyma'r ddau chwaraewr cyflyma a welais ar unrhyw gae rygbi erioed.

Yn y prawf cyntaf ar Barc Ellis yn Johannesburg ar y 23ain o Fehefin rhannwyd yr ysbail – cais yr un, tri phwynt yr un. Croesodd John Gainsford, canolwr y Springboks, a'r Llewod hwythau yn ddyledus i D. Ken Jones – yn derbyn y bêl yn ei 22ain, yn synhwyro'r bwlch lleiaf ac yn manteisio ar hynny mewn amrantiad. O fewn dim, ar ôl ochrgamu heibio i'r amddiffynnwr agosaf, roedd e'n gwbl rhydd. Beth, tybed, a fflachiai drwy'i feddwl? Nid crys y Gwendraeth a wisgai, nid crys sgarlad Llanelli na chrys Cymru ar Barc yr Arfau. Roedd Ken Jones â chyfle i anfarwoli'i hun a hynny ar y llwyfan uchaf posibl, o flaen can mil o gefnogwyr ar Barc Ellis yn erbyn tîm rygbi gorau'r byd. A hanner can metr yn weddill, ymestynnodd ei gam, gwibiodd am linell gais y gwrthwynebwyr. Roedd Parc Ellis wedi deffro drwyddo, cefnogwyr yr amffitheatr swnllyd yn dyst i un o geisiau gorau'r ganrif. Plymiodd Jones drosodd yn osgeiddig i hawlio'r cais; cefnogwyr y Llewod a'r cefnogwyr croenddu yn uchel eu llais; cefnogwyr y Springboks yn eistedd yn gwbl fud, yn dioddef o anghrediniaeth.

A minnau'n blentyn deuddeng mlwydd oed, roeddwn yn dyst anuniongyrchol i'r ddrama. Ro'n i yno, fel petai, diolch i lais y diweddar Alun Williams. Fy nhasg y prynhawn hwnnw oedd sgorio i dîm criced Brynaman lawr ar gaeau chwarae'r Mond yng Nghlydach. Am ugain o eiliadau anwybyddais draws-ergyd Alan Bowen Evans; canolbwyntiais yn llwyr ar y llais oedd yn cyrraedd crescendo ar set radio car Alun Howells gan wybod fod rhywbeth mas o'r cyffredin yn digwydd. Yn ddiweddarach y noson honno,  pan welais y cais ar y newyddion, sylweddolais mai hwn oedd cais y ganrif – unrhyw ganrif!

Elis Wyn Williams

PERCY JONES

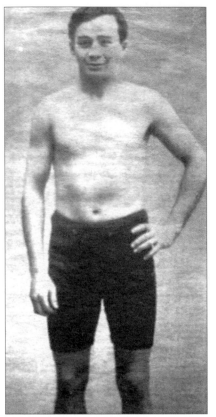

Gofynnwch i unrhyw gefnogwr bocsio gwerth ei halen enwi pencampwyr paffio'r byd o Gymru a'r siawns yw y byddent yn enwi 'Jimmy Wilde'. Ond cyn i'r 'Tylorstown Terror' goncro'r bydysawd roedd yna ddyn ifanc arall o'r Porth gerllaw â deinameit yn ei ddyrnau: Percy Jones.

Fe'i ganwyd, yn addas iawn, ar ddydd San Steffan ym 1892 ac fe fwrodd brentisiaeth yn Neuadd Les y Glowyr gerllaw ei gartref gan weithio'i ffordd drwy'r rhengoedd a chael cyfle i greu argraff yn erbyn y Cockney, Bill Ladbury, yn Ionawr 1914 yn Llundain, cartre 'aristocrats' y gamp. Y teitl i'w ennill oedd Pencampwriaeth Pwysau Plu Prydain yn ogystal â Phencampwriaeth Pwysau Plu y Byd ar gyfer paffwyr wyth stôn; Ewrop oedd yr unig gyfandir i gydnabod y pwysau hwn.

Ar ôl ugain rownd gorfforol, llwyddodd Jones ar bwyntiau i hawlio'r pencampwriaethau ac yn fuan ychwanegodd goron arall at ei gasgliad. Cipiodd Bencampwriaeth Ewrop ar ôl maeddu Eugene Criqui, yr unig berson i'w drechu yn ystod ei yrfa. Roedd Percy'n datblygu'n gorfforol ac yn brwydro'n barhaol i golli pwysau ar gyfer gornestau. Llwyddodd i amddiffyn ei deitl yn erbyn Joe Symonds o Plymouth; lloriwyd y Sais mewn deunaw rownd. Teyrnasodd Jones am bedwar mis. Bellach roedd Percy Jones yn wynebu brwydr wahanol.

Treuliodd gyfnod hir a phoenus yn gwasanaethu ym Mataliwn y Rhondda mas yn Ffrainc adeg y Rhyfel Byd Cyntaf. Bu'r cyfnod yn un hunllefus; milwyr ifainc yn colli'u bywydau gan gynnwys Bill Ladbury. Ni welwyd Percy Jones mewn sgwâr bocsio ar ôl dychwelyd o'r rhyfel. Effeithiwyd ar y gŵr cydnerth o'r Porth yn y Rhondda yn reit ddifrifol; nwy gwenwynig a twymyn y ffosydd yn ei greithio. Dioddefodd driniaethau niferus; bu'n rhaid i'r meddygon dorri ei goes i ffwrdd a threuliodd gyfnodau maith mewn cadair olwyn.

Er i'r salwch corfforol effeithio'n andwyol arno, ni phallodd ei ffraethineb a'i hiwmor bore oes. Mewn cyngerdd elusennol yng Nghaerdydd ym 1922, ac ond yn pwyso pedair stôn, dywedodd wrth Jim Driscoll, 'Os byddi di'n brin o wrthwynebwyr, fe fydda i'n barod i dy herio di ar fyr rybudd!' Bu farw ychydig ar ôl y digwyddiad, ar Ddydd Nadolig, noswyl ei ben-blwydd yn ddeg ar hugain oed.

Gareth Jones

ALAN JONES

Rwy'n gorfod cydnabod mai un o'r sefydliadau gorau a ddaeth i ni'r Cymry o gyfeiriad y Sais yw'r gêm griced. Ac er nad yw imperialaeth fyth i'w gymeradwyo, un o fendithion imperialaeth Prydain oedd plannu brwdfrydedd am y gêm griced ledled y byd – o ynysoedd pell India'r Gorllewin hyd at Awstralia yr ochr arall i'r byd. Y mae pob gwlad sy'n chwarae'r gêm ar y lefel uchaf wedi bod yn rhan o'r Ymerodraeth Brydeinig, rywbryd neu'i gilydd, yn ystod yr ugeinfed ganrif.

Pan oeddwn yn blentyn ysgol, un o siroedd Cymru oedd Morgannwg. Ond ym myd criced roedd Morgannwg yn fwy na sir. Cymru oedd, ac yw, Morgannwg ac yn fy marn i y mae pob Cymro sy'n chwarae i Forgannwg yn haeddu 'cap' gan ei fod wedi cyrraedd y brig yn y gêm hon yng ngwlad ei dadau. Felly, faint o gapiau sydd gan Alan Jones – agorwr cyson, a bron yn ddi-ffael i Forgannwg am tua chwarter canrif? A welson ni yng Nghymru was ffyddlonach i'r gêm griced na hwn?

Gwn, wrth gwrs, fod gan wŷr Morgannwg uchelgais i chwarae dros Loegr. Ond fedraf i ddim yn fy myw gefnogi'r hen elyn hyd yn oed pan fo 'na Gymro bach yn rhengoedd y Sais. Nid wyf yn anhapus i weld Lloegr yn colli ei gêmau prawf ac, ar yr un pryd, os bydd Cymro yn chwarae drosti rwyf am ei weld fel y seren orau ar y maes! Rhaid cydnabod bod elfen o dyndra ac anghysondeb yma. Ai'r tyndra hwn sydd o leiaf yn hanner cyfrifol pam na wnaeth bechgyn Morgannwg mor wych â hynny (ac eithrio Tony Lewis) wrth gynrychioli Lloegr? Ni all Cymro wisgo crys criced Lloegr fel y gwisga'r crys coch, dyweder, ar Barc yr Arfau. Ac eto, y mae ffordd hawdd allan o'r tyndra hwn pe byddai'r Sais yn barod i alw ei dîm criced yn 'Lloegr a Chymru'! Wedi'r cwbl, onid Bwrdd Criced Lloegr a *Chymru* sy'n rheoli'r gêm hon bellach?

Roy Fredericks ac Alan Jones ar y ffordd i'r llain Forgannwg.

Diolch i'r drefn, ni ddaeth y fath densiwn i fywyd Alan Jones. Ac y mae'r sawl a ŵyr yn gwybod mai dyma'r agorwr gorau o fatiwr na chafodd ei ddewis i chwarae dros Loegr. A gwyddys hefyd paham. Nid Lord's neu'r Oval oedd ei domen ef. (Onid oedd yn chwerthinllyd gweld mewn gêm brawf rhwng Lloegr a Seland Newydd yn ddiweddar, pwy oedd yn maesu yn y *slips* i Loegr sef Stewart, a'i frawd-yng-nghyfraith Butcher, a'u cyd-chwaraewr yn nhîm Surrey, Thorpe! Tybiaf fod sawl 'Jim'll Fix It' yn Lloegr!) Yn ystod cyfnod hir ac euraidd Alan fel chwaraewr Morgannwg, maes San Helen oedd ei domen leol, ac nid oedd dewiswyr tîm Lloegr yn trafferthu tywyllu'r lle. Ond roedd colled Lloegr yn elw i Forgannwg.

Rhaid i agorwyr batiad fod yn fatwyr arbennig gan mai hwy sy'n gosod y sylfaen. Yr agorwr sy'n gorfod wynebu'r pelawdau cyflym cyntaf pan fo'r bêl ar ei chaletaf. Rhaid wrth ddewrder wrth eu hwynebu, a thechneg fatio di-fai. Rhaid bod yn ddeallus ynglŷn â'r llain. Bron bob amser bydd llawer o ddyfalu cyn y batiad ynglŷn â natur y llain, ond yr agorwyr fydd yn gwybod gyntaf beth yw ei chyflwr – p'un ai yw'n araf, neu'n gyflym, neu'n anwastad. Rhaid i'r agorwr feddu ar adweithiau cyflym – i adweithio i bêl sy'n codi'n gyflym, neu un sy'n cadw'n isel, neu'n symud i mewn ato, neu oddi wrtho. Rhaid iddo wrth amynedd a dyfalbarhad, yn enwedig os yw'r llain yn araf a'r rhediadau'n anodd i'w cael.

Roedd Alan yn ymgorfforiad o'r rhinweddau cricedol hwn. Y mae ei record dihafal fel agorwr yng nghrys Morgannwg yn tystio'n ddi-ddadl i hyn. Nid fu'n ail i neb. Cofiaf i mi weld, yn nyddiau fy llencyndod, rai o ragflaenwyr Alan fel agorwyr Morgannwg, pobl megis Bernard Hedges, Emrys Davies a Gilbert Parkhouse, batwyr ac agorwyr campus bob un ohonynt. Ond i mi, y

Cymro Cymraeg diymhongar o Gwm Tawe sydd ar y brig. A diolch eto na fu'n rhaid iddo fod yn rhyw fath o Fihangel Owen a gwisgo crys coch y Sais! Yna, ar ôl gwasanaeth clodwiw ar y maes ei hun, rhoes Alan yn rhadlon o ddyfnder doethineb ei brofiad helaeth wrth iddo hyfforddi to newydd o gricedwyr ifanc Morgannwg. Da was, da a ffyddlon. Buost yn esiampl o gricedwr ar y maes criced ac oddi arno, ac yr wyt yn dal yn arwr i ni'r Cymry.

Walford Gealy

BRYN JONES

Yn un o ddeg o blant ganwyd Brynmor (Bryn) Jones yng nghanol tlodi a chaledi Merthyr Tudful ym 1912. Os yw John a Mel Charles ac Ivor a Len Allchurch yn enwog am fod yn chwaraewyr o'r un teulu i wneud eu marc yng Nghymru ar y cae pêl-droed, y Jonesiaid o Ferthyr oedd y teulu a gafodd y llwyddiant mwyaf. Bu Wil John, yr hynaf, yn chwarae i Ferthyr a hwythau y pryd hynny yng Nghyngrair Lloegr, yna Ivor gydag Abertawe a West Bromwich Albion, ac yn ffrind agos i'r anfarwol Billy Meredith yn nhîm Cymru. Daeth ei fab ef, Cliff Jones, yn un o'r chwaraewyr disgleiriaf dros Spurs a Chymru gan ennill pob anrhydedd bosibl o fewn y gêm. Chwaraeodd Emlyn y brawd arall gydag Everton a Southend. Ond Bryn oedd prif seren y teulu.

Gadawodd hagrwch Merthyr i geisio gwell ceiniog am chwarae pêl-droed, ac er iddo fynd i Southend a chwarae i Glenavon yn yr Iwerddon, 'nôl y daeth Bryn i chwarae dros Aberaman am dair punt a chweugain yr wythnos. Yn fuan cafodd gynnig i ymuno â Wolves, ac yn Nhachwedd 1933 talodd Major Buckley £1,500 i glwb Aberaman amdano, ac ymhen ychydig wythnosau roedd e'n chwarae i'r tîm cyntaf. Cafodd adroddiadau amlwg yn y wasg yn dilyn ei chwarae campus. Fel mewnwr de neu chwith roedd ei ddawn wrth drin y bêl a churo'i wrthwynebwyr yn enwog, a'i basio cywir wedyn yn nodedig am hollti'r amddiffyn.

Er mai person tawel a swil iawn ei natur oedd Bryn Jones, llwyddodd Major Buckley, rheolwr Wolves, i dynnu'r gorau allan ohono, a buan y sylweddolodd mai'r 'bachgen bach o Ferthyr' oedd ond yn 5 troedfedd a 6 modfedd oedd y fargen orau a gafodd erioed. Yn nhymor 1937-38, er mai methiant fu ymdrech Wolves i ennill Pencampwriaeth yr Adran Gyntaf o un pwynt, roedd Bryn Jones yn aelod allweddol o'r tîm a'i ddoniau'n swyno'r cefnogwyr y naill Sadwrn ar ôl y llall.

Erbyn hyn, roedd Spurs ac Arsenal yn dangos diddordeb mawr yn y Cymro bach ac ar Awst y 4ydd, 1938, ar ôl chwarae 163 o weithiau dros Wolves trosglwyddwyd Bryn Jones i Arsenal am £14,000 – y swm uchaf a dalwyd erioed am bêl-droediwr yn Lloegr y pryd hynny. Fel yn ein dyddiau ni, credai llawer nad oedd unrhyw chwaraewr yn werth cymaint â hynny o arian.

Daeth Bryn Jones yn un o sêr disgleiriaf y meysydd pêl-droed, a rhwng 1935 a 1939, ac yna ar ôl yr Ail Ryfel Byd rhwng 1946 a 1948, chwaraeodd Bryn 17 o weithiau dros Gymru. Oni bai am y rhyfel byddai wedi chwarae llawer mwy wrth gwrs. Bryd hynny, gorfod i bawb ond dau o chwaraewyr Arsenal ymuno â'r fyddin a bu Bryn yn gwasanaethu yn y Dwyrain Canol a'r Eidal.

Ym 1949 canodd Bryn yn iach i Highbury ac er iddo gael swydd fel chwaraewr a hyfforddwr yn Norwich, torrodd ei iechyd ac ym 1951, ac yntau'n 38 oed, rhoddodd y gorau iddi. Aeth ef a'i wraig Iris, a hanai o Droed-y-rhiw, i Stoke Newington i gadw siop bapurau newydd.

Nid oedd Bryn byth yn brolio'i ddoniau arbennig na'i lwyddiant mawr ar y cae pêl-droed, ond gellir yn hawdd sôn amdano fe a'r athrylith Ivor Allchurch fel y ddau fewnwr gorau a welodd pêl-droed yng Nghymru, os nad ym Mhrydain, erioed. Bu Bryn Jones farw yng nghartref ei fab yn Wood Green yn Llundain ym mis Hydref 1985 yn 73 mlwydd oed.

Llŷr Huws Gruffydd

CLIFF JONES

Mae'r ffeithiau'n drawiadol. Hanner cant a naw o gapiau dros Gymru a phymtheg o goliau hefyd, pob un o ganlyniad i chwimder, dewrder, amseru perffaith a'r ergyd derfynol o'i droed neu'i ben. Enillodd Bencampwriaeth Lloegr a Chwpan yr FA yn Wembley – ddwywaith – gyda Tottenham, a bu'n aelod o dîm y Spurs a ysgubodd Atletico Madrid o'r neilltu 5-1 i gipio Cwpan Enillwyr y Cwpanau ym 1963.

Cliff Jones ac Ivor Allchurch.

Serch hynny, nid esgyrn moel yr ystadegau ond cnawd yr asgellwr a erys yn y cof pan feddylir am Cliff Jones, un o gnwd toreithiog bechgyn dawnus Abertawe y pumdegau, oherwydd asgellwr yr asgellwyr oedd hwn. Efallai nad oedd ei gyffyrddiad cyntaf â'r bêl mor sicr, ond unwaith yr oedd honno dan reolaeth, fyddai dim ffrwyno arno. I lawr yr asgell chwith, yn wibiog-sydyn, y wefr yn deimladwy, a'r dorf yn bloeddio eu disgwyliad. Y cefnwr o'i flaen, a dyna fe'n gostwng ei ysgwydd dde, gwthio'r bêl heibio i'r cefnwr â tu fas ei droed chwith, cyn y cyflymiad ffrwydrol tu allan i'w ddyn ac ymlaen at y llinell gôl.

Gallai Cliff redeg a rhedeg â'r bêl. Cofiaf ei weld yn lluniau du-a-gwyn y teledu ar faes Wembley ym 1962, yn rhedeg a rhedeg nes darnio ochr dde amddiffyn Burnley yn deilchion wrth i Tottenham fynd â'r Cwpan 3-1. Cofiaf gyffro ei wibiadau droeon yn y crys coch ar Barc Ninian. Dyna'r gêm yn erbyn yr Alban ym 1964, a Chymru ar ei hôl 1-2 a phum munud yn weddill. Cliff yn codi'r bêl ar yr asgell dde am unwaith, yn symud i mewn at yr amddiffyn, gostwng yr ysgwydd chwith, gwthio'r bêl y tu fas iddynt at y llinell gôl, ei thorri'n ôl i'r canol, ac ergyd Ken Leek yn ei gwneud yn 2-2.

Roedd Cliff wedi tanio'r tîm. Dwy funud yn ddiweddarach sgoriodd Leek eto, ac enillodd Cymru.

Roedd Cliff yn fygythiad parhaus i bob amddiffyn yn yr awyr hefyd. Fyddai neb tebyg iddo, yn cyflymu i mewn o'r asgell chwith fel athletwr Olympaidd, yna'n codi'n osgeiddig fel eryr, yn hongian fry fel na welais chwaraewr arall erioed, a'r peniad sicr tua chornel y rhwyd. Fel yna y daeth un o'i goliau pwysicaf erioed, yr un a gurodd Loegr o 2-1 yng Nghaerdydd ym 1955.

Ysbryd anturus oedd Cliff Jones, môr-leidr o flaenwr, a'r gwynt yn ei hwyliau i'w gario ar hyd yr asgell ar ei gyrch cynhyrfus. A'r cwbl yn ddiogel yn y cof.

Robat Powel

CLIFF JONES

Mae'n siŵr gen i mai ychydig o gyfranwyr a llai fyth o ddarllenwyr y gyfrol sy'n cofio cewri'r gorffennol pell. Hynny yw, y cewri a fu'n perfformio cyn yr Ail Ryfel Byd. Nifer wedi darllen amdanynt, o bosib, ond heb eu gweld yn y cnawd; heb dystio i'w gorchestion.

Y dyddiau hyn, diolch i'r dechnoleg ddiweddaraf, mae pobl ifanc a phlant y presennol yn gallu ail-fyw campau unigolion megis Phil Bennett, George Best, Pele a John McEnroe. Mae fideos o'r saithdegau a'r wythdegau yn dal i werthu yn eu miloedd a'r cais a sgoriwyd gan Gareth Edwards ar Barc yr Arfau ym 1973 yn dal i lenwi colofnau papurau newydd.

Ond ro'n i yno ar Barc yr Arfau ym 1935, y gêm ryngwladol gyntaf a welais, a hynny yn hen Eisteddle'r Gogledd yng nghwmni trigain mil o gefnogwyr eraill. Seren y prynhawn ac yn wir seren y cyfnod oedd maswr Cymru, Cliff Jones, heb unrhyw amheuaeth y maswr perta a welais erioed.

Mae maswyr eraill wedi plesio oddi ar hynny: Jackie Kyle, Barry John, Hugo Porta yn chwaraewyr o safon ond dw i ddim yn bwriadu agor hen grachen a cheisio coroni'r gorau ohonynt. Petai gêm bwysig i'w chwarae ar gaeau caled y Veldt yn Ne Affrica yna Phil Bennett, David Watkins, Mark Ella neu Jonathan Davies amdani; os angen rhywbeth mas o'r cyffredin mewn gêm dynn, ddigyfaddawd yna pleidlais sicr i Barry John. Ond i rwygo amddiffynfeydd yn y modd a welwyd yn ddiweddar yng Nghwpan Rygbi'r Byd byddai Cliff Jones ar frig y rhestr.

Treuliodd y maswr saith mlynedd yng Ngholeg Llanymddyfri ac os oedd yna wendidau yn ei chwarae fe lwyddodd un o'r hyfforddwyr gorau a welodd y byd erioed, TP Williams, ei ddarbwyllo, ei gynghori a dylanwadu arno. Yn ddwy ar bymtheg mlwydd oed ac ar ei ffordd i Brifysgol Caergrawnt, roedd Jones yn cael ei gydnabod yn dipyn o chwaraewr.

A Phrifysgol Caergrawnt oedd yr enw mewn cromfachau yn ymyl ei enw ar y rhaglen pan droediodd ar y cae yn erbyn yr Alban ar yr ail o Chwefror 1935 i ennill ei bumed cap. Ac o'r eiliadau agoriadol, roedd Cliff Jones yng nghanol berw'r chwarae – y cais o drigain llath yn un anhygoel. Y cyflymdra eithriadol dros y llathenni cyntaf yn ei ddodi yn y bwlch a'r gallu i barhau â'i rediad yn synnu'r gwrthwynebwyr a'r cefnogwyr. O fewn dim, roedd e wedi creu ail gais i Wilfred Wooller cyn iddo orfod adael y cae ag anaf i'w fraich.

Daeth yr Alban yn gyfartal â dau gais a chael a chael oedd hi a Chymru yn gorfod chwarae â phedwar dyn ar ddeg. A dwy funud yn weddill, daeth buddugoliaeth i Gymru pan lwyddodd Vivian Jenkins â chic adlam. Ond, drigain mlynedd a mwy yn ddiweddarach, campau Cliff Jones sy'n dal yn fyw yn y cof i'r rheiny o'r trigain mil sy'n dal yn fyw.

Len Bevan

COLIN JONES

Cofio cyfarfod â Colin Jones yng nghartre'r bonheddwr Eddie Thomas. Ymchwilio ro'n i ar y pryd, am gasglu ffeithiau, am wybod mwy am hen focswyr fel Jimmy Wilde a Freddie Welsh. Roedd dau ohonom wedi derbyn croeso i barlwr y Tomosiaid, finnau a ffrind agos a chyn-focsiwr amatur, Phil Harris, ac o fewn dim roedd yn rhaid rhannu pryd bwyd chwaethus. Ac o gwmpas y ford, neb llai na Colin, dau *sparring partner* a Mr Thomas ei hun.

Mae dyddiad y digwyddiad wedi pylu yn y cof ond mae rhai ffeithiau yn dal yn glir – Colin ar fin ymladd Kirkland Laing am Bencampwriaeth Pwysau Welter y Byd ar y nos Lun ganlynol a'r pictiwr o'r paffiwr o dref Gorseinon yn dal i greu gwefr; llond corff o egni; llond corff o ystwythder. Cofio dweud, 'dw i ddim wedi gweld neb mor ffit â Colin erioed'. Mae'r atgof o ateb Eddie Thomas wedi'i saernïo yn llyfrgell y cof – 'Fe fydd Colin yn FFIT pan fydd y gloch yn canu am hanner wedi naw nos Lun nesaf.'

Dw i hefyd yn cofio siarad ar y radio ar ôl iddo golli yn ei ornest yn erbyn Don Curry; sylwadau gonest a diflewyn-ar-dafod. Yn sicr, byddai Colin wedi brwydro i'r eithaf, wedi dal ei dir ac o bosib wedi ennill y bleidlais oni bai am yr anaf cwbl erchyll i'w drwyn. Roedd yna bŵer aruthrol yn cael ei drosglwyddo i'w ddyrnau o'i freichiau nerthol, a chlec anfarwol pan fyddai'r faneg yn hyrddio i gyfeiriad gên neu ganol ei wrthwynebydd.

Ac o holl focswyr y bydysawd, fe fu'n rhaid i Colin ddiodde'n dawel pan fyddai'r beirniaid cartref yn ochri â'u ffefrynnau gan anwybyddu cyfraniad cawraidd Colin Jones. Fe ddigwyddodd hyn droeon, ac yn arbennig felly mewn gornest dyngedfennol yn erbyn Milton McCrory. Yn ôl yr holl arbenigwyr, petai'r dyfarnwyr wedi bod yn gwbl ddiduedd a theg, yna'r Cymro fyddai wedi ennill Pencampwriaeth Pwysau Welter y Byd.

Roedd Colin Jones mor awyddus i ymuno â chriw o Gymry dethol a lwyddodd i gyrraedd yr uchelfannau; ni chafodd ei goroni'n bencampwr byd ond serch hynny mae'n dal yn un o'r goreuon. 'Da was, da a ffyddlon.'

Dafydd Hywel

ERIC JONES

Cofleidio a gweini mygiau o de a choffi i ddringwyr o bob cwr o'r byd yn ei gaffi yn Nhremadog a wna dwylo Eric Jones bellach. Ond dyma'r dwylo a wnaeth enw'r dringwr sy'n hanu o Ddyffryn Clwyd yn fyd-enwog. Ymysg y copaon a goncrodd mae Mont Blanc ac wyneb ogleddol yr Eiger. A dim ond y ddraig goch ar ei helmed felen yn gwmni iddo.

Er gwaetha'r campau, gŵr tawel yw'r tad i ddwy ferch sy'n falch o'i wreiddiau ac yn barod ei gymwynas. Unwaith, rwy'n cofio paratoi ar gyfer

taith i wlad Tibet ac fe alwais yn y caffi cyn gadael. Heb oedi dim cynigiodd fenthyg unrhyw offer oedd ei angen a hynny er nad oedd ond yn fy adnabod ers rhai misoedd yn unig. Tra oedd yn dringo ym Mhatagonia sylwodd ar hen losgfynydd nad oedd wedi'i farcio ar unrhyw fap. Ar ôl cyrraedd y copa, rhaid oedd dewis enw. Fe'i henwyd yn Cerro Mimosa ar ôl i Eric sôn wrth ei gyd-ddringwyr am hanes y Cymry a fentrodd i Batagonia ar y llong enwog honno.

Nid yw erioed wedi chwilio am enwogrwydd ond y llynedd daeth i sylw cynulleidfa eang â'i naid anhygoel. Ac yntau'n 63 oed, neidiodd oddi ar raeadr uchaf y byd, sef Angel Falls yn Venezuela. Dychmygwch sefyll ar erchwyn Grib Goch ac yna cymryd cam ymlaen i'r gwacter. Yna disgyn am ddeuddeg eiliad cyn i'r dwylo dynnu'r cortyn a rhyddhau'r parasiwt. Dyna'r math o brofiad a ddaeth i ran Eric Jones cyn i'r parasiwt ei achub o'r creigiau oddi tano.

Ond nid gŵr i fentro'n ormodol yw Eric. Roedd yn fodlon aberthu blaenau ei fysedd neu bodiau'i draed i gyrraedd copa mynydd ond doedd Everest hyd yn oed ddim gwerth colli'i fysedd i gyd. Felly, aros yn ei babell ar 26,000 troedfedd a wnaeth ym 1978 tra gwthiodd Reinhold Messner a Peter Habeler eu hunain i'r copa heb gymorth poteli ocsigen, y cyntaf i wneud hynny. Roedd synnwyr cyffredin Eric yn gryfach na thynfa hudolus Everest, copa sydd wedi swyno degau o ddringwyr profiadol i'w marwolaeth.

Er oes o ddringo mae nifer o gynlluniau ar gyfer y dyfodol ganddo o hyd. Ni fydd ei esgidiau dringo na'i barasiwt yn casglu llwch am beth amser eto!

Llion Iwan

LEWIS JONES

Ym 1950, sgoriodd Lewis Jones holl bwyntiau'r Llynges ym Mhencamp-
wriaeth y Lluoedd Arfog a chafodd ei ddewis fel cefnwr ar gyfer ei gêm
gyntaf dros Gymru yn Twickenham. Wyth munud cyn yr egwyl yn y gêm
honno, maeswyd y bêl gan y cefnwr newydd deunaw oed ar y llinell hanner-
ffordd. Yn lle cicio'n saff am yr ystlys fel y disgwyliai pawb iddo'i wneud, yn
reddfol naturiol cychwynnodd Lewis Jones ar hynt droellog ar draws y cae,
cyn ymsythu a dawnsio trwy'r canol i'r cyfeiriad arall. Roedd Malcolm
Thomas yn ffyddlon wrth ei ysgwydd i barhau'r symudiad a chroesodd y prop
Cliff Davies yn y gornel. Curwyd Lloegr 11-5, yr Alban 12-0 ac yn Belfast
rhoes Lewis Jones bas ddeheuig uchel i Malcolm Thomas groesi am y cais a
sicrhaodd fuddugoliaeth 6-3 a'r Goron Driphlyg gyntaf i Gymru er 39 mlynedd.

Aeth tîm John Gwilliam ymlaen i ennill y gamp lawn, gyda Lewis yn awdur
traean (17) o holl bwyntiau Cymru (50) y tymor hwnnw. Er nad oedd Lewis,
yn rhyfedd iawn, yn ddewis gwreiddiol ar gyfer taith Llewod 1950 i Seland
Newydd ac Awstralia, ymunodd â'r garfan yn ddiweddarach a phrin ei fod

97

wedi disgyn o'r awyren nag y ciciodd saith gôl mewn saith cynnig yn ei gêm gyntaf yn Brisbane a gorffen y daith â chyfanswm o 92 pwynt mewn un gêm ar ddeg. Yn ei gêm brawf yn erbyn y Crysau Duon roedd yn nodweddiadol iddo, ar ei lein ei hun, ryng-gipio pas oddi wrth ei faswr Jackie Kyle i Bleddyn Williams, a rhedeg ar hyd hanner y cae cyn trosglwyddo'r bêl i Ken Jones fynd fel ewig am y cais.

Yna, yn Nhachwedd 1952, cyhoeddwyd y newydd bod Lewis Jones, a oedd erbyn hyn yn chwarae dros Lanelli ac yn gymaint o eilun ar y Strade ag y bu Albert Jenkins yn y 1920au, wedi ymuno â chlwb proffesiynol Leeds am £6,000. Dim ond 21 oed ydoedd a byddai 12 tymor o'i flaen yng Nghynghrair y Gogledd. Yn y cyfnod hwnnw, torrodd bob record gwerth ei thorri. Yn 1956-57, sgoriodd 505 o bwyntiau. Ef oedd y cyntaf erioed i gyrraedd 500 mewn un tymor. Saif ei record (197 gôl, 37 cais) hyd heddiw.

Gareth Williams
(*1905 and all that* GwasgGomer)

JEFF JONES

Jeff Jones yw'r bowliwr cyflymaf a gynrychiolodd Forgannwg erioed. Bowliwr llaw chwith chwimwth ac yn beryglus tu hwnt ar y wicedi caled a geid dramor. Oherwydd anaf, gyrfa gymharol fer a gafodd y gŵr diymhongar o bentref Dafen ger Llanelli ond llwyddodd i ennill parch batwyr gorau'r byd yn ystod yr yrfa honno.

Yn sicr, cyfrannodd yn helaeth at ymdrech Lloegr i gipio'r gyfres mas yn y Caribî yn ystod taith 1967/68 a hynny gyda'i fat! Ffrwynodd Alan Knott a Jeff Jones holl ymdrechion bowlwyr India'r Gorllewin gan sicrhau gêm gyfartal yn y prawf olaf yn Georgetown, Guyana. Roedd gan Lance Gibbs, troellwr gorau'r byd, un belawd yn weddill a'r crwtyn nerfus o Forgannwg, nad oedd fawr o fatiwr, yn sefyll yr ochr arall i'r llain. Angen un wiced ar y gwŷr o'r Caribî, angen i Jeff Jones wynebu a cheisio gwrthsefyll hud a lledrith y troellwr twyllodrus. Am ddrama! A naw yn maesu o fewn dim i fat y Cymro, llwyddodd i aros yno tan y diwedd a sicrhau diweddglo go gyffrous i'r gyfres.

Pan oedd yn chwarae dros Loegr, credai Jeff Jones ei fod yn cynrychioli Cymru. Dyw e ddim yn deall paham nad oes tîm cenedlaethol gennym a fyddai'n cystadlu'n rheolaidd yng Nghwpan y Byd. Byddai hyn yn codi proffil y gêm yng Nghymru. Roedd ganddo ddiddordeb yn y gêm ers yn blentyn. Mae'n cofio mynd lawr i'r Strade i weld Llanelli yn ymarfer ond ni chafodd y cyfle i fowlio. Erys cof ohono'n rhedeg ar garlam ar ôl y bêl ledr goch a'i thaflu'n ôl at y bowliwr.

Ond fe sylweddolodd un o'i athrawon yn Ysgol Stebonheath fod yna dalent arbennig gan y bachgen llathraidd ac awgrymodd Raymond Thomas ei fod yn ymarfer gyda thîm Dafen. Gwnaeth argraff yn syth a chwaraeodd i dîm cynta'r pentref pan oedd ond yn dair ar ddeg oed. Ym 1960 ac yntau'n ddeunaw mlwydd oed, chwaraeodd i dîm cyntaf Morgannwg. Ym 1963 enillodd ei gap rhyngwladol cyntaf pan chwaraeodd i Loegr yn erbyn India mas yn ninas Bombay.

Dewiswyd y Cymro i deithio i Awstralia a Seland Newydd ym 1965/66 yn dilyn ei dymor mwyaf llwyddiannus erioed ym Mhencampwriaeth y Siroedd. Ar ôl dychwelyd o India'r Gorllewin ym 1968 collodd nifer o gêmau tyngedfennol i Forgannwg yn y Bencampwriaeth o ganlyniad i anaf i'w benelin. Dewiswyd Jeff i deithio i'r Dwyrain Pell ym 1968/69 ond bu'n rhaid iddo ddychwelyd i Gymru ar ôl ond un gêm yn unig ym Mhacistan. Roedd yr anaf yn dal i achosi trafferth a phryder iddo a dyna i bob pwrpas oedd diwedd ei yrfa ryngwladol.

Cynrychiolodd dimau lleol am gyfnod hir o flynyddoedd gan arafu'n sylweddol a bowlio o ryw bum cam. Roedd y cyfnod fel bowliwr cyflym wedi gadael sawl craith a'r dyddiau hyn mae e'n dioddef poenau difrifol yn ei gefn o ganlyniad i'r straen aruthrol. Cred fod y cricedwyr cyfoes yn chwarae gormod, 'Dim ond hyn a hyn gall y corff ddioddef,' meddai.

Bellach, mae ei fab Simon ar drothwy gyrfa gyda Morgannwg. Cred Jeff, a oedd yn bowlio ar gyflymdra o 90 milltir yr awr, fod Simon yn gyflymach ac mae'n rhag-weld y gall ddatblygu gyrfa lwyddiannus yn y gêm. Cyn bo hir, mae'n debygol y gwelwn Jones arall yn chwarae dros Loegr, a phwy a ŵyr, Cymru hefyd.

Mansel Thomas

JONATHAN JONES

Rhai blynyddoedd yn ôl roedd llythyra ffyrnig yn y *Tivy-Side*, ein papur lleol ni. Fel erioed, rhai o blaid a rhai yn erbyn. A'r pwnc y tro hwn oedd cychod rasio. Nifer o drigolion tref Aberteifi yn achwyn fod sŵn y cychod ar nosau Sul yn yr haf yn tarfu ar gyrddau'r capeli lleol. Os digwyddai amser y cwrdd chwech gyd-daro â llanw llawn yn yr afon byddai'r cychod yn rhuo i fyny ac i lawr o'r bont i Landudoch gan foddi sain yr emynau. 'Ar fôr tymhestlog' fel petai!

Ac yn waeth na'r cyfan, un o'r 'pechaduriaid' pennaf oedd llanc lleol. Ŵyr i un a fu'n biler cymdeithas yn y dref am flynyddoedd. Hyd yn oed yn faer, os cofiaf yn iawn. Jones, Pen-bont, pobydd a pherchennog busnes llewyrchus, a gŵr nad oedd gan neb ond y gair uchaf iddo.

Fe'i dilynwyd gan Ifor ei fab a estynnodd gylch y busnes i'r broydd cyfagos gymaint nes bod Bara Pen-bont cyn enwoced â Bara'r Betws. Ifor yntau yn batrwm o ddinesydd egwyddorol, llawen, ffraeth.

Ac yn awr dyma barchusrwydd yr olyniaeth fel petai'n cael ei fygwth gan y to ifanc, Jonathan. Scersli bilîf!

Ond mae hynny ers amser bellach. A'r llanc ifanc erbyn hyn mewn swydd sydd bron gyda'r uchaf yng ngolwg Cardi. Banciwr! A pha ryfedd iddo dynnu i gyfeiriad y dŵr yn ei oriau hamdden – ac yntau wedi'i eni a'i draed bron yn yr afon (yn llythrennol felly ar deidiau mawr a llifogydd!)?

Ac os bu proffwyd erioed heb anrhydedd yn ei wlad ei hun, dyma fe. Pencampwr y byd bedair gwaith, ac eto mae canwaith mwy o sôn yn ein papurau cenedlaethol am dîm criced sy'n dod yn ail mas o ddau nag a glywir fyth amdano ef. Mae'n haws cael lotri a denu nawdd masnach i godi creiriau i'r gorffennol nag yw i hybu'r presennol. I bob golwg beth bynnag. Rhyfedd yw ffyrdd y byd, yntê.

Brychan Llŷr

KEN JONES

Cafodd Kenneth Jeffrey Jones ei eni ym Mlaenafon ym 1921, dair blynedd ar ôl i'r Rhyfel Mawr orffen. Tyfodd i fod yn athletwr o fri ac yn asgellwr de heb ei ail i Gasnewydd, Cymru a'r Llewod.

Gwibiwr oedd Ken Jones, ac fel pencampwr sbrintio Cymru a'r AAA ym 1948, aeth ymlaen i gyrraedd rownd gyn-derfynol y ras 100 metr ym Mabolgampau Olympaidd Llundain. Roedd yn aelod o dîm cyfnewid Prydain dros 100 llath, tîm a gipiodd y Fedal Arian yn y Mabolgampau. Rhedodd eto yn Chwaraeon y Gymanwlad yn Vancouver ym 1954 ac yna i goroni'r cyfan, yn hwyrach y flwyddyn honno, fe'i penodwyd yn gapten ar dîm athletau Prydain yn y Chwaraeon Ewropeaidd yn Berne. Roedd hyn yn gydnabydd-iaeth o'i allu aruthrol ar y trac a'r cae rygbi a'r parch a ddangoswyd iddo gan ei gyd-chwaraewyr yn ystod ei yrfa.

Ar y maes rygbi enillodd 44 o gapiau i Gymru. Ymhlith ei rinweddau amlwg oedd yr archwaeth i sgorio ceisiau, ei allu i osgoi anafiadau a'i amddiffyn di-ildio. Sefydlodd ei hun fel un o gymeriadau blaenllaw y pedwardegau a'r pumdegau. Gyda'i wallt du fel yr eboni, ei ffrâm esgyrnog, ei stamina a'i symudiadau gosgeiddig, roedd Ken Jones ar wib yn debyg i jagwar ar y paith.

Sgoriodd ddau ar bymtheg o geisiau i Gymru mewn degawd. Ac fel aelod blaenllaw o garfan y Llewod mas yn Seland Newydd ac Awstralia ym 1950 croesodd y llinell gais un ar bymtheg o weithiau mewn un ar bymtheg o gêmau. Sgoriodd ddau gais mewn tair gêm brawf yn erbyn y Crysau Duon. Roedd yn ffefryn amlwg, ac yn almanac rygbi Seland Newydd fe'i dewiswyd yn un o bum chwaraewr y flwyddyn. Daeth ei yrfa ryngwladol i ben ym 1957. Yn anffodus nid aeth ati i roi pìn ar bapur ac ysgrifennu hunangofiant ond bu wrthi am gyfnod hir o flynyddoedd yn ohebydd rygbi doeth a chraff i'r *Sunday Express*.

Arwel Walters

ROBERT JONES

'Yn y dechreuad . . .'

Na, does 'na'r un cofnod fod seren wib lachar enfawr wedi hyrddio drwy'r nen y noson honno, a 'sdim llawer o gof gen i bod mellt a tharanau a chorwynt a glaw tyrfe di-baid wedi digwydd yn ystod y nos ar y 9fed o Dachwedd 1965, a doedd yr hen Nostradamus ei hun ddim wedi darogan genedigaeth baban arbennig ar y bore canlynol, sef Tachwedd 10fed, 1965, chwaith.

Ond do, fe anwyd baban ar y bore hwnnw yng Nghwm Tawe, sef Robert Nicholas Jones, ail fab i Cliff a Marian, a brawd bach i Anthony, ac aelod diweddaraf 'llwyth' y Joneses yn Swansea Road, Trebannws.

Ym 1969, fe ddechreuodd Robert ei yrfa addysgiadol yn ysgol gynradd y pentref, lle'r oedd ei frawd Anthony eisoes yn ddisgybl a minnau yn un o athrawon yr Adran Iau.

Ar yr olwg gyntaf, gallwn dyngu bod Robert yn hanu o dras Sineaidd, gyda'i lygaid hanner cau, a gwên lydan siriol ar ei wyneb. Ac fe allaf eich sicrhau nad oedd ef, fel ei enw canol, yn sant! Bu raid i mi ei atgoffa ef a'i ffrind Mark Edwards droeon nad lle i ymarfer y ras 100m oedd coridor hir yr ysgol!

Erbyn iddo gyrraedd oed Iau roedd yn amlwg i bawb erbyn hyn bod ganddo sgiliau a thalent arbennig mewn sawl camp. Roedd rhedeg, neidio a thrafod

pêl, o bob siâp a maint, yn weithgareddau cwbl naturiol iddo. Ac roedd y ffaith fod ganddo gymaint o gydbwysedd corfforol a rhythm athletaidd yn ei wneud yn ddawnsiwr gwerin gwych, yn enwedig pan oedd e'n dawnsio gyda Andrea – neu efallai mai ar Tanya, efell-chwaer Andrea, roedd ei lygaid ar y pryd! Mae'r cof yn dechrau pallu, rwy'n ofni!

Cymaint oedd parch bechgyn mawr Standard 3 a 4 at allu'r crwt naw oed yma, cafodd ymuno â nhw yn eu gêmau rygbi a phêl-droed. Roedd hi'n bleser bod ar ddyletswydd iard, dim ond er mwyn gweld Robert yn ffug-basio ac ochrgamu a bron yn gwawdio'r bechgyn mawr yma gyda'i *repertoire* o driciau.

Yn y gwersi gêmau ffurfiol, roedd rhaid gwneud yn siŵr bod y ddau dîm rygbi yn weddol gytbwys, felly roedd 'Syr' ar y naill ochr a Robert ar y llall. Erbyn diwedd y wers, ar iard yr ysgol cofiwch, roeddwn i'n chwys stecs ar ôl ceisio stopo'r crwt anhygoel hwn rhag sgorio cais ar ôl cais, ac yntau'r un modd yn fy rwystro i rhag gwneud unrhyw gyfraniad sylweddol i'r gêm!

Oedden, on'd oedden nhw'n ddyddiau da! Da dros ben. Mae'r atgofion am Robert, ac Anthony a Rhodri hefyd, yn dal yn felys ac rwy'n ei hystyried hi'n fraint o fod wedi cael y cyfle i wneud cyfraniad bach ar ddechrau ei yrfa.

Heb os, dyma ŵr bonheddig ifanc o Gymro sy'n llawn haeddu cael ei gynnwys yn oriel yr anfarwolion ym myd y campau.

Eifion Price

STEVE JONES

Mae'n wir dweud mai Medal Aur Olympaidd yw uchelgais pennaf pob athletwr. Ond mae chwalu record byd yn dipyn o anrhydedd ac yn haeddu'r un clod yn enwedig mewn ras mor arteithiol o anodd â'r Marathon. Dyna'n syml oedd camp Steve Jones.

Ganwyd Steve Jones yn Nhredegar ac ar ôl gadael yr ysgol aeth i weithio fel technegydd gyda'r Awyrlu. Roedd yn rhedwr talentog a daeth i amlygrwydd ym Mhrydain ar y trac dros 5,000 a 10,000 metr. Cynrychiolodd Gymru yn Chwaraeon y Gymanwlad ym 1982; Prydain ym Mhencampwriaethau Ewrop ym 1982, Pencampwriaethau'r Byd ym 1983 a'r Chwaraeon Olympaidd yn Los Angeles ym 1984. Seithfed oedd ei safle gorau.

Ond, ychydig fisoedd ar ôl Chwaraeon Olympaidd Los Angeles a gorffen yn nawfed di-nod yn ras y 10,000 metr, daeth enw Steve Jones yn fyd-enwog.

Yn Chicago, yn y Marathon gyntaf iddo ei chwblhau, fe redodd y pellter o 26.2 o filltiroedd yn gynt na'r un dyn arall erioed. Dwy awr, wyth munud a phum eiliad. Roedd llygaid syfrdan y byd wedi'u hoelio ar y Cymro o Went.

Chwe mis yn ddiweddarach, y fe oedd un o'r ffefrynnau ym Marathon Llundain, a nifer yn amau mai trwy ryfedd wyrth, ffliwc, yr oedd wedi ennill yn Chicago. Fe brofodd yr amheuwyr yn anghywir, a hynny mewn steil. Wrth ennill fe dorrodd record y cwrs, dwy awr wyth munud 16 eiliad, record a barodd tan 1998.

Aeth o nerth i nerth ac yn ôl i Chicago yn Hydref yr un flwyddyn. Fe osododd farc newydd eto ar record Prydain a'r Gymanwlad gan ennill eto mewn dwy awr saith munud 13 eiliad. Yn dorcalonnus, fe fethodd dorri record y byd a hynny o un eiliad fer yn unig.

Daeth Medal Aur flwyddyn yn ddiweddarach, yng nghrys coch Cymru, pan enillodd ras y 10,000 metr yn Chwaraeon y Gymanwlad yng Nghaeredin. Cipiodd Fedal Efydd hefyd ym Mhencampwriaethau Traws Gwlad y Byd, un o'r dynion croenwyn olaf i gyflawni'r gamp.

Mae angen dawn gynhenid i dorri record byd ym myd y Marathon. Oes. Ond mae angen mwy na hynny. Mae angen dewrder. Mae angen cryfder. Mae angen clyfrwch. Mae'r gallu i ddioddef poen corfforol yn hanfodol. Roedd y rhain i gyd yn rhan o gyfansoddiad Steve Jones.

Mae ei enw'n dal ar y rhestr o ddynion sy wedi rhedeg Marathon mewn llai na dwy awr wyth munud. Mewn cyfnod pan fo amheuon cryf ynglŷn â'r defnydd o gyffuriau anghyfreithlon i wella ar berfformiadau rhaid pwysleisio nad oes neb erioed wedi pwyntio bys a chyhuddo Steve Jones. Arwr i redwyr ledled byd ac arwr i ni'r Cymry hefyd.

Angharad Mair

FRED KEENOR

Ysbrydoledig. Gallech ddadlau fod hwn yn ansoddair a gaiff ei ddefnyddio'n rhy aml i ganmol capteniaid timau pêl-droed y dyddiau hyn, ond go brin bod ansoddair gwell i ddisgrifio Fred Keenor y pêl-droediwr a'r person. Yn ôl Ernie Curtis, a chwaraeodd gyda Keenor i Gaerdydd ac i Gymru: 'Doedd Fred Keenor byth yn rhoi'r ffidil yn y to. Wrth i sefyllfa ar y cae waethygu roedd o'n gwella. Fel capten, roedd o rywsut yn gallu ysbrydoli'r tîm i gyd.'

Dyna'n union wnaeth Keenor wrth arwain Caerdydd i fuddugoliaeth dros Arsenal yn Rownd Derfynol Cwpan Lloegr yn Wembley ym 1927 a chadw at ei air wrth wneud hynny. Mae pob cefnogwr pêl-droed gwerth ei halen yn gwybod mai dyna'r unig dro i dîm o Gymru ennill y Cwpan ond 'dyw hi ddim mor wybyddus bod Caerdydd wedi llwyddo ddwy flynedd ar ôl methu yn y Rownd Derfynol yn erbyn Sheffield United ac ar ôl i Keenor addunedu y pryd hynny y bydden nhw'n ôl i wneud iawn am y methiant hwnnw.

Gan fod Caerdydd hefyd wedi dod o fewn trwch blewyn i ennill Pencampwriaeth yr hen Adran Gyntaf o dan ei arweiniad ym 1924, doedd hi ddim syndod bod selogion Parc Ninian wedi dewis Keenor yn arwr mwyaf y clwb o unrhyw gyfnod ym mhôl piniwn *Local Heroes* Cynghrair Nationwide yn gynharach eleni.

Bu'n dipyn o arwr i Gymru hefyd. Gyda Keenor yn gapten, enillodd Cymru Bencampwriaeth y Bedair Gwlad ym 1924, ac roedd o'n tynnu am ei ddeugain oed pan gafodd o'r olaf o'i dri deg dau o gapiau yn yr Alban ym 1933. Ar ôl y gêm honno dywedodd Keenor ei fod o mor flinedig nes y bu bron iddo orfod cropian oddi ar y cae i'r ystafell newid.

Mae hi'n amlwg bod Keenor yr un mor benderfynol ar ôl iddo fo roi'r gorau i chwarae. Er ei fod o'n dioddef o glefyd y siwgwr, bu'n gweithio fel labrwr, gan godi am hanner awr wedi pedwar y bore a cherdded pum milltir i'r safle adeiladu. Ysbrydoledig.

Gareth Blainey

JACK KELSEY

Mantais fawr o gael mab yw fod modd i chi fynd ag ef gyda chi i ofyn am lofnod arwr enwog heb deimlo cywilydd. Mynd i fyny at bêl-droediwr enwog a gofyn am ei lofnod gan ychwanegu, 'I'r mab mae e, wrth gwrs.'

Dyna sut wnes i lwyddo i gyfarfod am y tro cyntaf â Jack Kelsey. Mynd â Dylan, y mab, i Highbury pan nad oedd e ond pedair oed. A chyn y gêm mynnu galw yn siop y Gunners lle roedd Jack, wedi ymddeol, yn rheolwr.

Dyma brynu crys i Dylan a thalu drwy siec gan wybod y byddai'n rhaid i Jack dorri gair. Fe gawsom sgwrs fer wrth i mi lenwi'r siec. Yna dyma Jack yn taflu'r siec ar y cownter i weld a fyddai hi'n bownsio. Yna dyma fe'n ei dal at y golau.

'Mae hi'n edrych yn iawn,' meddai. 'Ond does dim trystio arnoch chi'r blydi Cardis.' A dyna sut fydda i'n cofio Jack. Gweld y cawr o'r Winsh Wen yn sefyll y tu ôl i'r cownter gan ddweud jôcs ar draul y Cardis, y graith a ddioddefodd wrth chwarae pan oedd yn grwt deuddeg oed i'w gweld yn glir ar draws ei wyneb.

Fe ddaeth y cyn-of yn arwr i mi wrth iddo ymuno ag Arsenal ym 1951 gan ddisodli George Swindin ychydig flynyddoedd yn ddiweddarach. Ond y diwrnod y trodd yr arwr bron yn anfeidrol oedd adeg y gêm honno rhwng

Cymru a Brazil yn rownd go-gyn-derfynol Cwpan y Byd 'nôl ar Fehefin 19, 1958. Fe gofiaf fel heddiw wasgu fy nghlust yn erbyn panel yr hen set radio Cossor a'i batris gwlyb a sych, a honno'n critsian fel petai rhywun yn ffrio cig moch lawr y lein.

Cofiaf y llawenydd wrth i Jack arbed ergydion gan Didi, gan Garrincha, gan Santos. A chofiaf y dagrau wrth i Pelé sgorio gydag ychydig dros chwarter awr yn weddill. Do, fe wnes i grio dros Gymru, crio drosof fy hun ac, yn fwy na dim, crio dros Jack. Doedd hi'n fawr o gysur wrth i aelodau'r wasg a oedd yn Sweden ei ddewis fel gôl-geidwad y bencampwriaeth.

Rhwng y diwrnod hwnnw a'r tro cyntaf i mi gwrdd â Jack fe aeth ugain mlynedd heibio. Ond o ymweld â Highbury byddwn bob amser yn galw i'w weld. Bu farw ym 1992 yn 62 mlwydd oed. Ond mae'r cof amdano yn glir fel grisial.

Fe wnes i ofyn iddo unwaith beth oedd i'w gyfrif am ei ddawn anhygoel i ddal pêl heb ei gollwng. Ei ateb oedd y byddai, cyn pob gêm, yn tynnu'r *chewing gum* o'i geg a'i rwbio dros gledrau ei ddwylo. Fe chwarddais. Dim ond wedi iddo farw y gwnes i ddarganfod nad tynnu coes roedd e am unwaith. Roedd Jack yn dweud y gwir.

Lyn Ebenezer

CARL LLEWELLYN

Gofynnwch i unrhyw joci sy'n marchogaeth dros y clwydi beth fyddai ei brif freuddwyd ar ddechrau ei yrfa, ac fe atebir bron yn ddi-ffael mai ennill y *Grand National* yn Aintree yw'r wefr fwyaf y gellir ei phrofi o fewn y gamp. Bellach mae'r ras â'i hud a'i lledrith yn enwog ar lefel ryngwladol, ac mae miloedd o bobol yn tyrru i brofi'r cyffro'n flynyddol. Mae'n ras hirfaith, dros bedair milltir a hanner, ac mae'n rhaid wrth ddewrder, cryfder ac ystwythder ar ran y ceffyl a'r joci i hawlio'r wobr gyntaf. Ond, dros y blynyddoedd, mae lwc wedi chwarae rhan bwysig ynddi hefyd.

Yn y blynyddoedd diweddaraf, gellir dweud mai un o'r jocis mwyaf ffodus yw Carl Llewellyn, brodor o Angle, Sir Benfro. Llwyddodd lle mae jocis megis Peter Scudamore a John Francome wedi methu. Fe gipiodd ruban glas y gamp ac ennill y *Grand National* ar ddau achlysur o fewn yr un degawd. Beth

sy'n rhyfeddol am ei fuddugoliaethau yw nad efe yn wreiddiol oedd i farchogaeth yr un o'r ceffylau.

Ym 1992, blwyddyn Etholiad Cyffredinol, un o'r ffefrynnau ar gyfer y ras fawr oedd *Party Politics*, cawr o geffyl a hyfforddwyd gan Nick Gaslee. Ar ôl nifer o berfformiadau addawol edrychai Andrew Adams ymlaen yn eiddgar at ei farchogaeth dros glwydi mawr Aintree. Ond, yn anffodus, fe dorrodd ei goes ar ôl cwympo mewn ras arall. Bu'n rhaid chwilio am eilydd. Carl Llewellyn a gafodd y cyfle yn ei le, ac fe fanteisiodd ar anlwc Adams yn llawn, gan lywio'r ceffyl i fuddugoliaeth gofiadwy.

Dywed rhai fod ennill y ras o dan y fath amgylchiadau yn gyfle a geir unwaith mewn oes. Ond roedd hanes am ei ailadrodd ei hun yn fuan. Ym 1998, *Earth Summit* oedd y ffefryn. Roedd eisoes wedi ennill y *Grand National* Cymreig yn gynt yn y tymor ac roedd tir gwlyb a thrwm Aintree o'i blaid. Tom Jenks oedd ei joci arferol ond, yn drychinebus iddo yntau, dioddefodd gwymp cas wythnosau cyn y ras fawr ac yn union fel Andrew Adams methodd ar ei gyfle euraidd oherwydd iddo dorri ei goes yn y ddamwain. Unwaith eto, manteisiodd Llewellyn ar yr anffawd a chipiodd y ras yn hawdd ar *Earth Summit*.

Bellach ac yntau yn nesáu at ei ben-blwydd yn 35 oed, nid yw amser o'i blaid i ychwanegu at ei fuddugoliaethau. Ond mae'n ymddangos fel pe bai ffawd ar ei ochr. Felly, pwy a ŵyr!

Wyn Jones

SYR HARRY LLEWELLYN

Eiliadau yn weddill. Y marchog o Gymro yn ei gôt yn cerdded ei geffyl yn ôl ac ymlaen y tu allan i'r cylch neidio anferth. Tybed beth oedd yn mynd trwy'i feddwl? Sut oedd modd canolbwyntio? Y gystadleuaeth hon oedd pinacl ei yrfa. Dyma fe yn wynebu'r rownd olaf un; disgwyliadau aelodau eraill y tîm ac yn wir disgwyliadau cenedl gyfan yn pwyso'n drwm ar ei ysgwyddau cydnerth. Bu Rownd Gynta'r gystadleuaeth yn hunllef llwyr; cyfanswm o 16.75 ffawt yn eu herbyn.

Bu'r rowndiau agoriadol yn hynod siomedig i'r ddau aelod arall o dîm Prydain; y naill a'r llall yn corlannu cyfanswm o bedwar ffawt ar hugain. Doedd pethau ddim yn argoeli'n dda. Llifai'r frawddeg, 'Heb ei fai, heb ei eni' i enau'r marchog . . . roedd yn rhaid gwella'n rhyfeddol ar eu perfformiad; roedd angen anghofio am holl ansicrwydd y Rownd Gyntaf.

Roedd angen cocsio ychydig ar y ceffyl, un o'r anifeiliaid mwyaf yn y gystadleuaeth; cymell, perswadio . . . ie, dyna oedd ei angen. Roedd y cyfle yno i gipio anrhydeddau . . . un rownd ar ôl. Petai dwy ffens yn dymchwel, yna colli fyddai'r hanes. Doedd fawr o syndod fod y cyfrifoldeb yn pwyso'n drwm arno.

Beth aeth o'i le yn y Rownd Gyntaf? Dyn ac anifail yn ystod y cyfnod ymarfer mewn harmoni perffaith, mewn cytgord, yn deall ei gilydd i'r dim. Yr holl oriau o baratoi; lefel uchel o ffitrwydd o ganlyniad i'r holl ymarfer; neidio'r ffensys dro ar ôl tro. Fflachiai lliwiau'r darnau pren o flaen ei lygaid yn galeidoscop cymysglyd.

Bu'r ddau yn cystadlu'n llwyddiannus yn erbyn y goreuon a'u curo. Prynwyd yr anifail, o stoc da, ryw bum mlynedd ynghynt fel ceffyl chwech oed; roedd y ddealltwriaeth yn delepathig, y naill yn parchu'r llall.

Beth aeth o'i le? Beth petai holl brofiadau annymunol y Rownd Gyntaf yn cael eu hailchwarae? Ac yn ystod y ffiasgo honno, bu bron iddo syrthio oddi ar ei gefn!

Er yr holl ddiflastod, llwyddodd y gŵr a eisteddai yn gysurus ar gefn ei geffyl wthio'r holl amheuon i gefn ei feddwl. Camodd yn hyderus i'r cylch. Llwyddodd rywsut i ailddarganfod yr hyder a'r sicrwydd a fu'n sail gadarn i bartneriaeth y gorffennol. Dyn ac anifail yn ymddiried yn ei gilydd; y ddau ar yr un donfedd. Gwthiwyd anhrefn y Rownd Gyntaf o'r neilltu.

Bu'r anifail ufudd yn swmran cysgu ers hynny ond yn awr ar flaenau'i draed, yn ysu am y cyfle i dalu'r pwyth yn ôl. Synhwyrai'r ddau rywfodd fod y parodrwydd a'r awch wedi dychwelyd – dyn ac anifail yn cydweithio; un yn bwydo'r llall.

Wrth ymbaratoi,wrth drotian yn araf deg i wynebu'r her ac i wynebu'r miloedd oedd yn bresennol, sibrydai'r marchog, 'Canolbwyntio yw'r nod. Rhaid amseru, rhaid perffeithio pob un naid.'

I ffwrdd â nhw. Y ddau yn symud mewn undod, yn gwylio pob ffens fesul un, yn mesur eu camau er mwyn cyrraedd y pellter cywir cyn neidio. Y ceffyl â'i glustiau ymlaen, y marchog yn tynnu ac yn rhyddhau'r ffrwyn yn ôl y gofyn. Cynyddai hyder y ddau o ffens i ffens. Hedfanodd y ddau yn urddasol dros yr olaf a chymeradwyaeth y dorf bron â'u byddaru. Ecstatig!

Lleoliad:	Mabolgampau Olympaidd Helsinki 1952.
Y dyn:	Lefftenant-Cyrnol Harry Llewellyn.
Y ceffyl:	*Foxhunter*.
Y canlyniad:	Medalau Aur i dîm Prydain Fawr: Harry Llewellyn – *Foxhunter*; Wilf White – *Nizefella*; Duggie Stewart – *Aharlow* (ceffyl arall o stabl Harry Llewellyn).

Eu lle mewn hanes: Enillodd y ddeuawd 78 o gystadlaethau rhyngwladol. Roedd eu buddugoliaethau yn cynnwys Medal Efydd ym Mabolgampau Llundain ym 1948. Gydol ei yrfa, bu *Foxhunter* yn ffefryn ledled byd.

Graham Williams

TONY LEWIS

Er mai yn Abertawe y ganed Tony Lewis, fe'i magwyd yng Nghastell-nedd, gerllaw maes y Gnoll. Yn yr un modd â nifer eraill o ieuenctid yn ne Cymru, datblygodd ddiddordeb ym myd y campau a thra oedd yn ddisgybl yn Ysgol Ramadeg Castell-nedd, daeth ei ddawn fel cricedwr ac fel chwaraewr rygbi i'r amlwg. Yn ogystal, disgleiriodd mewn meysydd eraill megis chwarae'r ffidil, ac yr oedd yn paratoi i ymuno â thaith haf Cerddorfa Ieuenctid Cymru yn 1955 pan ddaeth yr alwad iddo wneud ei ymddangosiad cyntaf dros Forgannwg ym 1955 yn erbyn Swydd Gaerlŷr yng Nghaerdydd, ac yntau ond yn ddwy ar bymtheg mlwydd oed.

Yn dilyn ei wasanaeth milwrol pan fu'n chwarae criced dros y Llu Awyr a'r Lluoedd Unedig, aeth i Goleg Crist Caergrawnt. Enillodd ei 'Las' rygbi ym 1959 a bu'n chwarae criced dros y Brifysgol rhwng 1960 a 1962 gan fod yn gapten ym 1962.

Dychwelodd i chwarae dros Forgannwg ym 1962 a bu'n un o brif fatwyr y sir. Ar ddiwedd y pumdegau proffwydodd un o gewri Morgannwg, Wilf Wooller, y byddai Lewis yn gapten ar y sir rhyw ddydd a gwireddwyd hyn ym 1967. Bu'n gapten rhwng 1967 a 1972 ac yn ddi-os dyma un o'r cyfnodau mwyaf llewyrchus yn hanes y sir. Ym 1969 enillodd y sir y Bencampwriaeth am y tro cyntaf er 1948. Ni sgoriodd Tony Lewis gant yn ystod tymor buddugoliaethus 1969 er ei fod mewn sefyllfa i wneud hynny ar sawl achlysur. Yn aml bu'n rhaid iddo aberthu ei wiced dros lwyddiant y tîm ac yn ddi-os yr oedd sgorio cyflym y tîm a batio anhunanol y prif fatwyr yn sail i'r llwyddiant. Yr oedd hiwmor Tony Lewis yn nodwedd amlwg o'i gapteniaeth ac mae'n amlwg ei fod yn mwynhau'r cyfrifoldeb. Tymor 1966 oedd yr un

mwyaf llewyrchus i Lewis pan sgoriodd 2,052 o rediadau gan gynnwys sgôr uchaf ei yrfa sef 223 yn erbyn Swydd Gaint yn Gravesend. Yn ystod ei yrfa sgoriodd 20,495 o rediadau dosbarth cyntaf ar gyfartaledd o 32.42 gan sgorio cant 30 o weithiau.

Gwobrwywyd Tony Lewis ym 1972 am ei orchestion dros Morgannwg pan gafodd ei apwyntio yn gapten Lloegr yn lle Raymond Illingworth ar gyfer y daith i India a Phacistan ym 1972/73. Mae'n debyg mai diffyg cysondeb a'i rwystrodd rhag chwarae i Loegr yn gynharach. Bu'n gapten ar Loegr am wyth gêm brawf. Ar ei ymddangosiad cyntaf yn Delhi, sgoriodd 70 heb fod allan yn yr ail fatiad ar ôl iddo fethu â sgorio yn y batiad cyntaf, gan arwain Lloegr i fuddugoliaeth o chwe wiced. Yn ei bedwerydd prawf, sgoriodd 125, ei unig gant mewn gêmau prawf yn Kanpur. Nid yw taith i India a Phacistan yn un o'r rhai hawsaf ond daeth ei rinweddau fel capten i'r amlwg a chyfeiriodd amryw o sylwebwyr at yr awyrgylch hapus a fodolai ymhlith y garfan.

Hywel Owen

MATTHEW MAYNARD

Awst '97. Caerwrangon yn yr haul, yn yr haf. Gwrthgyffur perffaith i wythnos yn yr Eisteddfod Genedlaethol. Yr Hafren yn dolennu'n swrth rhwng dolydd breision tir y gororau, a'r elyrch yn nofio'n braf ar ei dŵr araf, yr Eglwys Gadeiriol yn Seisnig hardd yn y cefndir, a'r cae criced yn symbol perffaith o syberwyd y Sais.

Ac ar y cae, Matthew Maynard yn batio. Yr achlysur? Gêm bedwar diwrnod rhwng Caerwrangon a Morgannwg, a'r ddwy sir yn hwylio tua'r bencampwriaeth.

Caerwrangon yn 476 pedestraidd erbyn diwedd eu batiad. Yna Morgannwg! Steve James yn sgorio 69 cyflym, ond y wicedi'n syrthio a'r sgôr yn 155 am 6. Pob cyfiawnhad dros chwarae'n ofalus, wyliadwrus.

Ond roedd Matthew Maynard yn batio a doedd 'gofalus' a 'gwyliadwrus' ddim yn ei eirfa y dwthwn hwn. Roedd y teirawr nesaf yn wefreiddiol – y batiad gorau a welwyd ar y maes meddai Tom Graveney. Gwrthgyffur i'r Eisteddfod? Dyma beth oedd barddoniaeth a cherddoriaeth yn un. Y rhythmau yn yr ergydio celfydd, y gerdd yn atsain, y bat yn taro'r bêl a'r bêl yn taro'r ffin. Maynard y meistr, y cawr, yr artist a'i amseru'n felfedaidd lyfn. 161 oddi ar 145 o beli. Dyna'r ffaith foel. Ond nid ffeithiau sy'n disgrifio athrylith, nid geiriau chwaith. Profi athrylith a wneir nid ei ddisgrifio. Cael y profiad ysgytiol o fod yn bresennol ar y dydd pan oedd y disglair yn disgleirio.

Y diwrnod olaf – Morgannwg angen 374 mewn 81 pelawd, a James a Morris yn mynd fel bom. Morris yn cael ei redeg allan, Dale yn mynd, Powell yn mynd. Ond pa ots. Wele'r cawr ei hun yn camu i'r maes, yn cerdded gyda'i osgo cyfarwydd – fel ffermwr yn troedio'i ffriddoedd. Lleoli'r bat, edrych o'i gwmpas, setlo, aros i dderbyn y belen gyntaf gan Haynes, a honno'n tasgu'n

syth oddi ar yr ymyl i ddwylo Rhodes y tu ôl i'r wiced. O! y siom i'r ugeiniau o Gymry oedd yno – a Morgannwg yn colli o 54 rhediad.

Ond dyna Maynard. Nid chwaraewr confensiynol llyfr hyfforddi mohono. Nid un o'r lliaws nad oes coffa amdanynt. Na, y cricedwr sy'n colli ei wiced wrth i'w helmed ei tharo, yr athrylith, yr ecsentrig, y gwahanol: dyna Maynard. Rhaid maddau i'r meistr am ei nodweddion gwahanol – ei gamp a'i remp. Ac yng Nghymru, ymhlith dilynwyr selog y gêm, y mae maddeuant i'w gael i Maynard bob amser, am ei fod yn unigryw, yn wahanol, yn gawr, yn oleuni disglair yng nghanol dinodedd y perfformwyr set, saff. I'r Cymro a ddaeth i Gymru yn Sais o Oldham pan oedd yn wyth oed, yr oedd gêm Caerwrangon yn haf '97 yn gameo perffaith o'i yrfa.

Elfyn Pritchard

BILLY MEREDITH

Y mae gan bob chwaraewr athrylithgar ddoniau dwyn-anadl sy'n cyfareddu torfeydd. Un felly oedd Billy Meredith, 'Y Dewin Cymreig' a oedd yn chwedl yn ei oes ei hun ym myd pêl-droed. Asgellwr chwim a chyfrwys ydoedd, a gelwid ef yn 'Old Skin' gan fod ei gorff, yn enwedig ei goesau ceimion, mor fain ac esgyrnog. Yn ei drowsus llac hir, byddai'n loetran ar yr ystlys, gan ddisgwyl i'w gyd-chwaraewyr ei fwydo'n gyson â'r bêl. Pan ddôi'r bêl byddai'n chwyrnellu'n syth ar hyd yr asgell dde cyn canoli'r bêl neu saethu am y gôl. Ond roedd hefyd yn ffefryn y dorf oherwydd fod ganddo lu o driciau annisgwyl i boeni amddiffyn-wyr. Roedd ymhell o flaen ei oes fel driblwr pêl ac, yn ôl un sylwebydd, roedd fel 'penbwl yn ymnyddu'n llithrig trwy bwll o ddŵr brwnt'. Hyd yn oed yn y 1940au, ac yntau'n dafarnwr ym Manceinion erbyn hynny, dywedid ei fod yn dal i ddriblo pêl o amgylch casgenni cwrw yn ei seler! Roedd yn amhosibl rhag-weld beth a wnâi nesaf ar y maes. Doedd neb tebyg iddo am ôl-sodli'r bêl i hanerwr ac un o'i hoff driciau oedd newid traed ar yr eiliad olaf wrth gymryd cic o'r smotyn. Byddai cartwnwyr wrth eu bodd yn darlunio ei arfer ecsentrig o dreiglo deintbyg (*toothpick*) yn ôl ac ymlaen yn ei geg drwy gydol pob gêm. Canai'r torfeydd ar y teras:

Oh I wish I was you Billy Meredith
I wish I was you, I envy you, indeed I do!

Rhoddai o'i orau dros ei wlad bob amser. Roedd eira'n drwch ar faes Highbury ar 15 Mawrth 1920 pan chwaraeodd Meredith ei gêm olaf dros Gymru. Ac yntau'n 46 oed, ef oedd yr hynaf i wisgo crys coch Cymru a go brin y bydd neb yn torri'r record honno mwyach. Er ei fod yn ddewis cyntaf dros ei wlad er 1895, roedd yn dal heb wireddu ei freuddwyd o guro Lloegr. Diolch i goliau gan Stan Davies a Dick Richards, curwyd Lloegr o 2-1 ac wylodd Meredith mewn llawenydd yn yr ystafell wisgo ar ôl y gêm. Rhwng 1894 a 1925 chwaraeodd mewn 1,568 o gêmau, gan sgorio 470 o goliau ac ennill 48 o gapiau dros ei wlad. Ac yntau'n 50 oed pan ffarweliodd â'r gêm am y tro olaf ym 1925, onid yw'n esiampl olau i bawb ohonom?

Geraint H Jenkins

BRYN MEREDITH

Daeth Bryn Meredith i sylw'r genedl tra oedd yn fyfyriwr yng Ngholeg St Luke's yn Nghaerwysg ar ddechrau'r 1950au ac fe gâi ei gydnabod fel Brenin y Bachwyr. Heidiodd cannoedd o fechgyn o Gymru i'r coleg er mwyn dilyn cwrs hyfforddi athrawon gyda'r mwyafrif ohonynt yn arbenigo mewn Addysg Gorfforol. Felly, Cymry oedd asgwrn cefn timau rygbi'r Coleg a bu'r tîm cyntaf yn ddiguro am nifer o flynyddoedd yng nghyfnod Bryn Meredith gan greu pob math o record. Coleg St Luke's ym 1953 oedd y tîm cyntaf i sgorio mil o bwyntiau mewn tymor ac mae rhestr o'r chwaraewyr rhyngwladol a fu'n fyfyrwyr yno yn un faith ac anrhydeddus. Bu'n feithrinfa i dimau Cymru a'r Llewod Prydeinig.

Bryn Meredith yn gapten ar dîm Cymru ym 1960.

Nid yn unig roedd Bryn Meredith yn fachwr heb ei ail ond roedd hefyd yn gryf, yn ffit, yn gyflym ac yn medru trafod y bêl â'i ddwylo cystal â'r olwyr. Ac i goroni'r cyfan roedd yn chwaraewr glân, bonheddig a theg. Mae llawer stori amdano yn ennill y bêl yn erbyn y pen mewn sgrym amddiffynnol a'r olwyr wedyn, mewn un symudiad, yn rhedeg y bêl ar hyd y cae i sgorio cais yn y pen arall – gan bwy? Wel, gan Bryn wrth gwrs!

Ychydig flynyddoedd wedi i Bryn adael y coleg bûm i hefyd yn fyfyriwr yn St Luke's. Er nad oeddwn yn aelod cyson o'r tîm cyntaf, cefais fy newis yn achlysurol, ac yn safle'r bachwr roeddwn innau'n chwarae. Yn ei sgwrs i aelodau'r tîm cyn fy ngêm gyntaf, croesawodd Lyn Jenkins, y capten, fi i'r garfan gan hefyd fy atgoffa fy mod yn dilyn ôl traed neb llai na BV Meredith! Dyna beth oedd anrhydedd ac ysbrydoliaeth!

Mae Bryn Meredith yn gawr ymhlith bachwyr y ganrif – gŵr a fu'n glod i dimau Cymru a'r Llewod. Mae'n un o arwyr mwyaf y gêm yng Nghymru.

John P Davies

JOHN MERRIMAN

Haf 1957 oedd hi a minnau ar drip gyda chriw o Ysgol Ramadeg Dyffryn Aman. Taith ddeng niwrnod ar y trên oedd hon yn cynnwys ymweliadau â dinasoedd Fenis, Fflorens a Rhufain. Yn ystod y dyddiau cyntaf ro'n ni'n aros mewn confent breifat drws nesaf i garchar. Pris y daith oedd £29/19s/6d, ac am unwaith roedd ffawd ar f'ochr oherwydd elwais ar bolisi yswiriant teuluol. Roedd Noble ar y trip!

Gallen i fynd 'mlaen am baragraffau am y daith, yr holl brofiadau! Digon yw dweud i mi fwynhau'n fawr ac yn ffansïo mynd ym 1958 hefyd. Yn anffodus, doedd yr un polisi'n ddyledus a'r tro hwn, fel rhyw fath o gydna-byddiaeth am ganlyniadau arholiadau gweddol, llwyddodd fy nhad i gael gafael ar docynnau yn yr hen 'North Stand' ar Barc yr Arfau a hynny ar gyfer cystadlaethau athletau Chwaraeon y Gymanwald.

Bu sawl arwr tu fewn i'r stadiwm enwog hon yn ystod yr ugeinfed ganrif. Mae'r rhestr o chwaraewyr rygbi yn ddigon i lenwi dau fws deulawr, ond ar y diwrnod hwn ym 1958 athletwr o Gymru wnaeth gynnau'r fflam a thanio'r genedl, a'r gamp oedd y chwe milltir.

Wrth i'r ras fynd yn ei blaen, yr unig ffordd o gadw rhag cysgu oedd darllen y rhaglen, ond wrth i un lap ddilyn y llall roedd yn amlwg fod fest goch yn dal i fod yn rhan o'r pac blaen. Nid yn unig yn rhan o'r pac blaen, ond yn 5ed – 4ydd – 3ydd – ail, ac yn y diwedd roedd mor agos fel y gallai fod wedi dwyn waled yr Awstraliad ar y blaen.

Enw'r Awstraliad oedd Power, ac roedd yn llawn pŵer chwarae teg iddo ond roedd y Cymro yn peri tipyn bach o broblem iddo fe. Cymro ar y blaen!?

Pwy yw e? O ble oedd e'n dod? Ai Cymro yw e? Beth yw ei enw? John Merriman.

Erbyn y lap olaf roedd pawb yn ei gefnogi, a ras a fyddai fel arall wedi bod yn ddi-fflach a di-nod a neb bron yn talu sylw, bellach yn creu cyffro. Tri chan llath i fynd – Merriman yn hedfan, rownd y tro olaf Merriman yn closio at Power ac yn barod i garlamu i'r aur … y dorf yn sgrechian … 'Cer NAWR … BANT Â THI…! HWREEEEEEEEEEE…!!"

Power – Aur. Merriman – Arian. Dyna fel y gorffennodd.

Falle nad yw John Merriman yn un o wir gewri chwaraeon Cymru, ond fe greodd ddiwrnod arbennig iawn yn hanes y campau yng Nghymru. O'r holl arwyr rwy wedi cael y pleser o'u gweld, mae'r atgof o John Merriman yn un pleserus, a hynny am gyfnod o hanner awr yn Chwaraeon Cymanwlad Caerdydd ym 1958.

Roy Noble

CLIFF MORGAN

Archdderwydd maswyr Cymru y pumdegau oedd Cliff Morgan, ac fel sy'n gweddu i archdderwydd, un byr, Cymreigaidd yr olwg arno ydyw, yn debyg iawn o ran corff i'r ddau faswr gwych hynny, Wili (WTH) Davies a Cliff Jones.

Dysgodd ei rygbi yn Ysgol Tonyrefail, chwaraeodd dros Ysgolion Uwchradd Cymru ac ymunodd â chlwb Caerdydd pan ymddeolodd Bili ('Cic') Cleaver. Cafodd ei gap cyntaf yn erbyn Iwerddon ym 1951 ac o hynny ymlaen ef oedd dewisiad cyntaf dewiswyr y tîm cenedlaethol am safle'r maswr.

Chwaraewr bywiog oedd â chryn dipyn o allu gwyrthiol ei gymydog Cliff Jones, maswr enwog Cymru yn y tridegau, yn ei draed chwim, aflonydd, er ei fod yn gryfach o lawer ei gyfansoddiad nag yr oedd Jones. Yn wir bu'n hynod o rydd oddi wrth anafiadau yn ystod ei oes chwarae, er y bu adeg yn ystod ei ymweliad â De Affrica gyda'r Llewod pan oedd 'Migwrn Morgan' mor enwog ymron â 'Phenglin Compton'. Fel ei gymydog hefyd, roedd yn feistr ar holl ystrywiau twyllo gwrthwynebydd – newid cyflymder yn sydyn, ochrgamu, gwyro a ffugbasio.

Yn anad dim, meddai ar y gallu, pwysig mewn maswr, o redeg yn syth. Ar ôl derbyn y bêl o fôn y sgrym, dyweder, gwyrai dipyn i osgoi crafangau ysglyfaethus y blaenesgyll, ac yna âi fel mellten yn syth am y bwlch, a dyna'r amddiffyn wedi ei rwygo!

Roedd yn berchen ar bwll diwaelod o egni. Ar ôl iddo greu agoriad a chael gwared â'r bêl, byddai ei ben yn mynd yn ôl a'i goesau byrion yn ei gludo fel fflach y tu ôl i'w ganolwyr, a gwelech ef naill ai'n ymuno yng nghadwyn y pasio er mwyn bod yn ddyn-dros-ben, neu'n disgyn fel eryr ar bêl a gollasid ac yn ailsaethu i gyfeiriad y llinell gais.

Un elfen yn ei chwarae oedd ei hwyl a'i afiaith, ei fwynhad pendant o fod ar dywarch ac o fewn cyrraedd esgid i'r bêl hirgron. Roedd e'n fwrlwm gloyw glân mewn tîm, a'i frwdfrydedd a'i eiddgarwch yn cydio yn ei gyd-chwaraewyr ac yn eu hysgubo i'r uchelfannau.

Fe'i gwnaethpwyd yn gapten ar y Llewod am y trydydd prawf yn erbyn De Affrica ym 1955 a dywedir i'r sgwrs-cyn-y-gêm i'r tîm eu hysbrydoli i chwarae ar eu gorau. Meddyliwch am ddawn Jubilee Young, ychwanegwch ati huodledd Lloyd George ar ei orau ac fe gewch ryw syniad am effaith araith Cliff y diwrnod hwnnw. Ond yn ei chwarae yr oedd ei bregeth fwyaf, ac ar ôl y gêm honno dywedodd un o'r Springboks, 'Rhowch Cliff Morgan i ni ac mi gewch Simonstown (porthladd y Llynges), a Table Mountain am ddim!'

Portread Howard Lloyd – 'Dewin o Faswr' (yn *Crysau Cochion*, Llyfrau'r Dryw, 1958).

HYWEL MORGAN

Pan anwyd Hywel Morgan i Mr a Mrs Moc Morgan ym Mhontrhyd-fendigaid, fe ddaeth yn amlwg yn gynnar iawn y byddai pysgota'n agos at ei galon pan fyddai'n hŷn. Yn wir, bu ril bysgota ei dad yn fwy o degan iddo pan oedd yn fabi nag unrhyw dedi bêr!

Erbyn iddo gyrraedd ei dair oed, roedd ganddo wialen bysgota ei hun a buan iawn y daeth ei ddawn naturiol i'r amlwg. Wrth i'r blyn-yddoedd fynd heibio, rhaid oedd ehangu'r ddawn hon ymhellach ac aeth castio â'i fryd yn ei arddegau. Er tebygrwydd y gamp hon i bys-gota, mae castio yn galw am grefft arbennig ac agwedd broffesiynol.

Meithrinwyd y ddau beth hyn ynddo o dan arweiniad Jack Martin, castiwr gorau Prydain a enillodd Bencampwriaeth Castio'r Byd chwe gwaith. Byddai bob amser yn mynnu'r gorau gan ei fyfyrwyr a dysgodd Hywel am bwysigrwydd techneg gywir. Cyfaddefodd Hywel ei hun na fyddai wedi cyrraedd y fath lefel o fedrusrwydd heb yr hyfforddiant trylwyr hwn.

Tair ar ddeg oed oedd Hywel pan ddechreuodd gystadlu mewn cystad-laethau castio a *Game Fairs* ond cymaint oedd ei lwyddiant a'i gasgliad o dlysau, cafodd ei atal rhag cystadlu – i roi cyfle i rywun arall! Tair blynedd yn ddiweddarach, roedd Hywel wedi ei sefydlu ei hun fel castiwr gorau Prydain a hyd yn oed heddiw, mae'n meddu ar bedair record ar ddeg ar lefel Brydeinig. Ei record Castio Pellter, gyda rod sengl sy'n 80 metr 50 sentimetr o hyd, yw'r cast hwyaf ag un llaw a wnaed erioed o dan reolau Castio Rhyngwladol. Mae'n annhebygol iawn y gellir gwella ar y pellter hwn.

Tua'r un cyfnod, teithiodd Hywel i Baris am y tro cyntaf i gystadlu mewn twrnameintiau Castio Ewropeaidd ac enillodd y Fedal Aur yn y Gystadleuaeth Pellter. Yna, fe aeth i 'drial ei lwc' ym Mhencampwriaeth Castio'r Byd yng Nghanada. Hywel oedd yr unig gystadleuydd o Brydain ac o ganlyniad ef oedd y Capten, y Rheolwr, cludwr y bagiau a chwifiwr baner Jac yr Undeb. Yn syml, ef *oedd* tîm Prydain ac fe ddaeth yn bedwerydd yng Nghamp Castio Pellter. Yn wir, dim ond o ychydig gentimetrau y methodd ag ennill medal ym Mhencampwriaeth Hŷn y Byd.

Daeth Ewrop yn wynfa i Hywel a'i stôr o fedalau a thlysau yn cynyddu'n barhaol. Ym 1987, enillodd y Bencampwriaeth Ewropeaidd ym Merlin yng nghamp Castio Pellter ac enillodd y Gystadleuaeth Cywirdeb yng Ngêmau'r Byd yn yr Iseldiroedd ym 1993. Yn ogystal â hyn, llwyddodd i gael y Fedal Arian yng nghamp Castio Pellter yng Ngêmau'r Byd yn Llundain ym 1995 a buan iawn y sylweddolodd bod ei steil o gastio yn dod yn boblogaidd iawn. Yn wir, bu'n gryn syndod i Hywel pan glywodd fod y Tseciaid wedi gwneud fideo ohono yng nghamp y Castio Pellter. Gofynnodd un aelod o dîm y wlad honno iddo, tra oeddent ar y podiwm yn derbyn eu medalau, a fyddai'r Frenhines yn ymweld â'i gartref i'w longyfarch. Dyna ddangos bod rhai gwledydd yn cymryd castio o ddifrif ac yn anrhydeddu'r rheini sy'n llwyddo yn y gamp!

Yn ddiweddar, mae Hywel wedi dechrau castio â sawl gwialen ac ar y rhaglen deledu *Record Breakers*, a ffilmiwyd yn Rhufain, fe'i gwelwyd yn creu Record y Byd drwy gastio 66 gwialen ar yr un pryd (33 ym mhob llaw).

Eilir Owen

KELLY MORGAN

Gosgeiddig ac ysgafndroed yw'r geiriau i ddisgrifio symudiadau slic a chyflym Kelly Morgan ar y cwrt badminton. Mae'n Gymraes sy'n falch o'i bro a'i chenedl ac fe'i gwelir yn aml ar ddiwedd cystadleuaeth dramor yn dathlu buddugoliaeth â'r ddraig goch yn glogyn tyn o'i hamgylch.

Pan oedd yn blentyn llanwyd ei hamser â gwersi dawnsio tap, modern a ballet. Fodd bynnag, roedd chwaraeon yn rhan o ddiwylliant yr aelwyd, a naws gystadleuol yn y tŷ. Fe'i cyflwynwyd i'w champ wrth iddi gael ei llusgo gan ei rhieni i edrych ar gêm o fadminton rhwng y teulu a ffrindiau. Taniwyd ei brwdfrydedd.

Flwyddyn yn ddiweddarach, a hithau'n ddeg oed, yr oedd yn nhreialon Cymru. Er iddi golli pob gêm, roedd wedi denu sylw'r hyfforddwyr. Yr oedd hi ar y llwybr.

Datblygodd yn raddol dros flynyddoedd ffurfiannol yr arddegau. Yna cyrhaeddodd drobwynt arall. A hithau'n dangos addewid, doedd dim min ar ei chwarae. Cafodd bregeth ddiflewyn-ar-dafod gan ei hyfforddwr. Yr oedd hwnnw'n argyhoeddedig y gallai fod yn bencampwraig, ond iddi ymroi.

Ffarweliodd â phob camp arall ac ymlafniodd. Blodeuodd y ddawn. Gwireddwyd yr hen ddihareb, haearn a hoga haearn, wrth iddi dreulio dwy flynedd yn Ffrainc yng nghanolfan y tîm Olympaidd yn un o'r partneriaid ymarfer.

Dilynwyd hynny gan flwyddyn yn Nenmarc yn chwarae i glwb Højberg. Ymunodd wedyn â'r clwb Almeinig Regensberg.

Cyn bo hir roedd yn bencampwraig Prydain. Enillodd y Fedal Arian ym Mhencampwriaethau Ewrop. Ar ddiwedd Chwaraeon y Gymanwlad yn ninas Kuala Lumpur '98 roedd Kelly'n gwisgo'r Fedal Aur.

Yn ninas Copenhagen fe'i gwelwyd yn trechu'r gorau yn y byd, sef Ye Zhaoying o Tseina. Er nad enillodd y ferch o Bontypridd y gystadleuaeth honno, dangosodd ei bod yn barod i gymryd y brif ran ar lwyfan badminton y byd. Fel pe bai'n cymryd rhan yn nawns y blodau, cododd y medalau a'r tlysau yn gyson ar hyd ei thaith. Na, dyw'r ddawns ddim drosodd.

Ion Thomas

HUGH MORRIS

Dydd Sul, 5ed o Fehefin 1994 – Abertawe

Taro'r bêl yn rymus *ar hyd y llawr* i'r ffin. Dyna un o nodweddion batio Hugh Morris yn ystod ei yrfa lewyrchus gyda Morgannwg o 1981 hyd at y diwrnod hwnnw yn Taunton ym 1997 pan wireddwyd ei freuddwyd o fod yn rhan o dîm yn ennill y Bencampwriaeth.

Rhyfeddod, felly, yw nodi enw'r cyn-gapten sy'n gydradd â Roy Fredricks a Majid Khan am record y clwb Cymreig o sgorio saith 6 mewn un batiad ar y Sul. Richards neu Maynard, falle, ond Hugh Morris?

Roedd y diwrnod oer hwn yn agoriad llygad i lawer a hynny ym mhresenoldeb yr hen gyfaill, Viv Richards, oedd yn digwydd bod ym Mhrydain am ychydig ddyddiau ac wedi ildio i'r demtasiwn o dreulio prynhawn 'nôl yng Nghymru. Dim amheuaeth nad oedd amseru Morris yn berffaith!

Roedd gwynt cryf a glaw trwm wedi dinistrio'r gêm Bencampwriaeth yn erbyn Surrey dros y tridiau blaenorol a thenau iawn oedd y gobeithion am ganlyniad yn y gêm undydd hefyd. Y dorf wedi'u mwfflo yn erbyn yr oerfel gaeafol wrth i Morris a Steve James oeri pethau'n fwy fyth drwy gymryd 27 pelawd i gyrraedd 100. Dim bai arnynt ar ddiwrnod mor arw.

James mas yn fuan wedyn ac Adrian Dale yn dod at y llain i gyflawni gwyrth a throi ei gapten o fatiwr sidêt yn glatsiwr peryglus! Efallai iddo glywed neges o'r cymylau'n addo glaw? Y dorf amyneddgar yn disgwyl am rywbeth i'w cynhesu?

Er nad oedd Richards wedi dod â thipyn o wres Antigua i

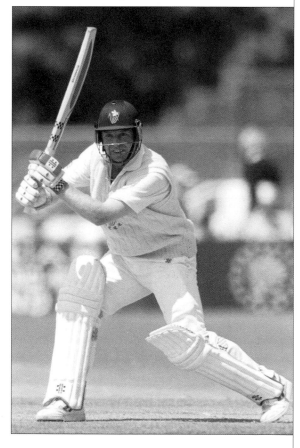

125

Abertawe, gwelwyd tipyn o griced calypso wrth i Hugh Morris daro'r bêl i bedwar ban. *yn yr awyr*! Roedd y llewpart wedi newid ei smotiau dros dro. Ond glaw a enillodd y dydd gan rwystro Surrey rhag cael cyfle i ymateb. Ond diwrnod Hugh Morris oedd hwn. Rwy'n dal i deimlo gwres y saith 6 'na!'

Androw Bennett

GILBERT PARKHOUSE

Ym 1948, daeth Morgannwg i frig Pencampwriaeth y Siroedd am y tro cyntaf, ac roedd 1,204 rhediad Gilbert Parkhouse, yn ei dymor cyntaf, yn allweddol yn y fuddugoliaeth honno. Yr un mor allweddol oedd campau ei faesu clòs.

Cyflawnodd y gamp o sgorio mil o rediadau mewn pymtheg tymor. Ym 1950, fe wnaed sylw gan un cefnogwr ffraeth fod tîm Morgannwg wedi treulio'r rhan fwyaf o dymor yr haf hwnnw'n eistedd yn y stafell wisgo yn gwylio naill ai Parkhouse yn batio, neu'r glaw'n pistyllu! Y flwyddyn honno y chwaraeodd ei gêm gyntaf i Loegr, a siom iddo yntau a'i gefnogwyr oedd mai saith cyfle yn unig a gafodd i ddangos ei grefft fel agorwr celfydd ar y maes rhyngwladol.

Er iddo greu record wrth rannu sgôr o 146 am y wiced gyntaf yn erbyn India ym 1959, ac iddo sgorio 17 a 49 yn y gêm ddilynol, ni chafodd chwarae i Loegr byth wedyn. Tybed a fyddai ei yrfa ryngwladol yn wahanol pe bai'n chwarae i sir dros Glawdd Offa?

Yr unig dro i mi dorri gair ag ef oedd wrth wylio un o gêmau'r NatWest yng Ngerddi Soffia, pan gefais i a 'nhad, un o'i edmygwyr selocaf, seiat fendigedig yng nghwmni'r arwr. (Gyda llaw, roedd y banc mor hael y diwrnod hwnnw, pan ofynnwyd i 'nhad, ar ôl cyrraedd tŷ ni, pwy enillodd, a hynny gan aelod o'r teulu y mae treulio diwrnod cyfan yn gwylio criced yn ddirgelwch llwyr iddi, fe atebodd â gwen gellweirus, 'Pwy enillodd? 'Merch fach i, sa i'n gwbod pwy o'dd yn whare!') Yn ystod y seiat fe gefais i'r cyfle i dynnu coes Parkhouse ei fod ef yn rhannol gyfrifol am beryglu fy ngyrfa yn Ysgol Llandysul. Roedd Morgannwg yn chwarae gêmau yn Llanelli y pryd hwnnw, ac fe'm temtiwyd i a'm cyfaill Dai Griffiths i fynd yn slei bach i weld ein harwyr. Trwy ddirgel ffyrdd, fe glywodd y prifathro am ein mitsho, a bu ond y dim i ni gael ein diarddel o'r ysgol. Ond nid oedd hynny, hyd yn oed, cynddrwg â gorfod cyfaddef fy nghamwedd wrth Mam, pan ofynnodd, a minnau newydd gyrraedd adref o'r gêm, sut y cefais liw haul mor danbaid mewn clasrwm! Fe gefais faddeuant yn y diwedd, er bod fy hunangyfiawnhad yn ddirgelwch iddi, sef i mi dorheulo yng ngwres dewinol gêm o griced, a bod Gilbert Parkhouse yn un o'r dewiniaid.

T James Jones

BERWYN PRICE

Prynhawn gwlyb, gwyntog ar drac rhedeg Prifysgol Cymru, Aberystwyth, ym 1969 a'r gwynt cryf yn chwythu'n ddidostur o gyfeiriad Bae Ceredigion. Mae'r sesiwn ymarfer wedi hen ddechrau a'r hyfforddwr, Gwyn Evans, yn profi doniau dau athletwr dros y clwydi. Mae Graham Gower, yr hynaf o'r ddau, gyda'r gorau ym Mhrydain yn y ras cant a deg metr dros y clwydi. Berwyn Price yw'r llall, glasfyfyriwr tal, tenau a chanddo goesau hirfain.

Ar ôl cwblhau eu hymarferion ystwytho a chynhesu, bu Gwyn Evans yn gwylio'r bychan yn hedfan dros y clwydi; gwaelod ei dracwisg llac yn sgubo yn erbyn y rhwystrau. Wrth i'r ddau redeg yn erbyn ei gilydd, bu'n rhaid i'r athletwr profiadol roi cant y cant mewn ymgais i gael y gorau ar y crwtyn newydd.

Ganed Berwyn Price yn Nhredegar ym 1951 ac fe'i haddysgwyd yn Ysgol Lewis, Pengam. Hyd yn oed bryd hynny, ac yntau'n fachgen deunaw oed, roedd Berwyn yn argoeli'n dalent ar gyfer y dyfodol. Ymhen amser bu i'r sesiynau ymarfer beunyddiol o godi pwysau, gwibio, techneg a driliau dros

dwyni tywod Ynyslas ddwyn ffrwyth.

Bu'r flwyddyn gyntaf honno ym Mhrifysgol Aberytwyth yn un brysur eithriadol i Berwyn Price. O fewn dim o dro fe ragorodd ar ei gydymaith, Graham Gower, a'i guro ym Mhencampwriaethau Prifysgolion Cymru yn Abertawe. Ym 1970, ac yntau'n laslanc o hyd, fe gynrychiolodd Cymru yn Chwaraeon y Gymanwlad yng Nghaeredin. Yna ym Mharis fe gipiodd goron Pencampwr Iau Ewrop yn y 110 metr dros y clwydi. Bellach, a ninnau'n byw yn oes yr athletwyr proffesiynol, mae'n werth nodi y bu i Berwyn raddio mewn Economeg tra bu'n cystadlu dros Gymru a Phrydain yng Ngêmau Ewrop, Chwaraeon y Gymanwlad a'r Mabolgampau Olympaidd ym Montreal ym 1976.

Cipiodd goron Alan Pascoe fel Pencampwr Prydain ac fe'i hawliodd am chwe thymor yn olynol rhwng 1973 a 1978. Ef hefyd oedd deilydd record Cymru, Prydain a'r Gymanwlad. Ym 1973 fe ychwanegodd deitl Pencampwr Gêmau Myfyrwyr y Byd at ei gasgliad o anrhydeddau.

Ei awr fawr fodd bynnag oedd ym 1978 yn Edmonton, Canada, yn Chwaraeon y Gymanwlad. Ac yntau'n gapten Cymru, fe arweiniodd trwy esiampl, gan gipio'r Fedal Aur yn ei gamp. Aeth ymlaen i arwain tîm athletau Prydain Fawr ym Mabolgampau Olympaidd Montreal ym 1976. Rhwng 1970 a 1982 fe gynrychiolodd ei wlad ym mhob un o'r pedwar Chwaraeon y Gymanwlad. Fe redodd yng Ngêmau Ewrop dair gwaith rhwng 1971 a 1978 ac fe wisgodd fest Prydain mewn dros hanner cant o gystadlaethau rhyngwladol.

Roedd ei hyfforddwr, Gwyn Evans, a fu farw cyn ei amser ym 1988 yn 57 oed, o'r farn y byddai Berwyn wedi rhagori yn y ras 400 metr dros y clwydi yn yr un modd. Gwrthod y syniad ar ei ben a wnaeth Berwyn fodd bynnag gan honni mai gwibiwr ydoedd a dim byd arall. Yn wir fe fyddai'n cwyno wrth ei athro yn feunyddiol fod rhedeg dros bellter yn ei ladd. Ond daeth tro ar fyd ac fe ddaeth rhan fechan o freuddwyd yr hyfforddwr yn wir wrth i Berwyn gyflawni Marathon Llundain ddwy waith ym 1994 a 1995 – tipyn o gamp i wibiwr!

GRAHAM PRICE

Rhodri Evans

Ymroddgar, gwâr, yn darw,
Yn daer, yn frwd heb dwrw,
Llysgennad diwyd dros y ddraig
A chraig yng ngwres y berw.

Ym Mhont-y-pŵl ei wreiddiau
A'i ddawn, meithrinle'r gorau,
Ei ddoe, ei nawr, ei sail a'i dŷ
Ac yfory ei lwybrau.

Yn un o driawd nerthol,
A'r tri yn un arwrol,
Rheng flaen di-syfl yr oes aur
Yn fyr, yn gaer chwedlonol.

Nid arian ei ysgogiad
Nac elw chwaith ei gennad,
A'i yrfa'n batrwm gwych, di-staen,
A graen oedd ei gyfraniad.

Ei roi yn rhoi heb ofyn,
Ei ymdrech yn ddiderfyn
Dros dîm y Llewod, clwb a gwlad,
A'i fwriad – rhoi pob gronyn.

Nid bri asgellwr gwibiog
A'i geisiau'n gwau'n odidog,
Ond braint a chlod o wisgo'r crys
Llond chwys a gaed yn dalog.

O gipio cyfle'n effro
Fe sgoriodd gais i'w chofio,
Ond creu cyfleoedd oedd ei werth,
A'i nerth yn dŵr heb wyro.

Yr oedd i'w dîm yn rhuddin
Yn arwr glew, yn frenin,
Ar dir ei wlad a thros y môr

JOHN PRICE

Gyda'i holl lwyddiant ym myd bowls yn y nawdegau, mae'n anodd credu fod John Price wedi colli yn rownd gyntaf ei dwrnamaint cyntaf. Dyna oedd hanes y bachgen boch-goch o Bort Talbot a hynny yn Sgiwen o bob man. 1973 oedd y flwyddyn ac yntau'n ddeuddeg oed.

Ganwyd y bowliwr dawnus ar y 14eg o Fedi 1960 i Harri a Margaret Price. Derbyniodd ei addysg yn Ysgolion Glan-y-môr a Sandfields. Bu'n bêl-droediwr brwdfrydig am gyfnod ond oherwydd y dylanwad teuluol, gwelwyd John yn ymarfer yn gyson gyda'i dad a'i ddau dad-cu ar lawnt ysblennydd yr Ynys ym Mhort Talbot.

Wedi gadael ysgol yn ddeunaw oed, ymunodd â'r gwasanaeth sifil a threuliodd ugain mlynedd yn Adran y Gwasanaethau Cymdeithasol. Erbyn hyn mae'n rheolwr gwerthiant i gwmni bowls adnabyddus ac yn trin a thrafod yn feunyddiol yr hyn sy'n fêl ar ei fysedd.

Dyn ei filltir sgwâr yw John Price ac yn ei elfen ymhlith ffrindiau bore oes. Ar nosweithiau hafaidd mae wrth ei fodd yn herio hen gyfeillion ar lawnt yr Ynys gan anghofio am holl densiwn a thyndra'r cystadlaethau cenedlaethol. O fod yn bencampwr senglau Port Talbot yn bedair ar ddeg oed, datblygodd i gynrychioli ei wlad am y tro cyntaf a hynny mewn cystadleuaeth dan-do yn erbyn Iwerddon bum mlynedd yn ddiweddarach.

Un o uchafbwyntiau gyrfa John Price oedd ennill Pencampwriaeth Parau Prydain Fawr ym 1982 a'i dad, Harri, yn gymar iddo. Mae nifer fawr mewn sawl camp yn gallu brolio eu bod wedi chwarae gyda neu yn erbyn eu tadau ond sawl un, tybed, sy'n gallu dweud eu bod wedi cipio pencampwriaeth gyda'u rhieni?

Daeth enw John Price yn adnabyddus ledled byd yn y nawdegau cynnar pan gipiodd Mr Bowls, Port Talbot, bencampwriaeth dan-do y byd. A chyda'r teledu yn rhoi mwy a mwy o sylw i'r gamp, yn enwedig y cystadlaethau dan-do, fe ddaeth y bowliwr o Ddyffryn Afan yn dipyn o arwr ac yn dipyn o *role model*. Roedd yna restr hir o anrhydeddau – pencampwriaethau senglau dan-do Prydain ym 1993 a 1996, pencampwriaethau Cymru rhwng 1993 a 1996.

Partner John erbyn hyn yw Stephen Rees, ac mae'r cyfuniad yn un llwyddiannus; y ddau yn deall ei gilydd fel wats, ac ym 1999 enillwyd pencampwriaeth dan-do y byd. Fe ddaeth medalau arian ym Mabolgampau'r Gymanwlad yn Victoria a Kuala Lumpur ac un o'r gêmau mwyaf cofiadwy oedd honno yn erbyn Rowan Brassey o Seland Newydd. Roedd Price ar ei hôl hi o 9–19 ond brwydro i'r eithaf a wnaeth y Cymro a sicrhau buddugoliaeth ryfeddol. John Price – gwir bencampwr.

Mel Morgans

TOM MALDWYN PRYCE

Bregus yw byd pob arwr. Beckham neu Best, Bubka neu Borg, fe ŵyr pob pencampwr taw lle peryglus o simsan yw'r pinacl. Tenau yw'r ffin rhwng llwyddo a methu, rhwng ennill a cholli, ac mae'r gwahaniaeth rhwng naill ochr y ffin a'r llall mor ddigamsyniol bendant â'r gwahaniaeth rhwng du a gwyn.

Pan oeddwn i'n grwtyn cefais y fraint o gael fy magu ar aelwyd lle roedd sŵn yn weddol amlwg. Nodau diwylliedig piano a thelyn fy mam yn y parlwr, a sŵn llai diwylliedig Cortina GT fy nhad yn y garej. I mi, bryd hynny, roedd mwy o gyffro yn y gwaed pan fyddai 'nhad yn gwasgu throtl y car na phan fyddai Mam yn gwasgu pedalau'r piano. A does ryfedd yn y byd i mi gael fy swyno'n ifanc iawn gan y nodau hudol a ddeuai o berfeddion ceir Fformiwla Un. A gyrwyr y ceir hynny oedd fy arwyr i: Jochen Rindt, Graham Hill, Jackie Stewart, Pedro Rodriguez.

Buan y deuthum i sylweddoli peth mor frau oedd bywyd yr arwyr hynny, ac roedd dagrau yn aml ar yr aelwyd pan ddown adre o'r ysgol a chlywed fy nhad yn sôn bod un arall o'r cewri wedi cael ei ladd.

Byd yr eithafion yw byd Fformiwla Un, lle mae popeth yn bodoli ar ryw erchwyn siarp y mae pawb yn ymwybodol ohono, erchwyn y mae'n anodd gwybod ar brydiau pa mor agos ato y dylid mentro, erchwyn nad yw'n ddoeth gamblo arno. Mae modd colli llawer mwy mewn ras Fformiwla Un na jest y ras ei hun. Wrth gamu o'i gar ar ddiwedd unrhyw ornest mae pob gyrrwr, ar ryw olwg, wedi ennill.

Yn y saithdegau fe ddaeth *aficionados* y traciau yn gyfarwydd â gweld gyrrwr ifanc yn gwisgo helmed wen ac arni bump o streipiau duon, a'r sôn oedd taw'r gyrrwr hwnnw oedd un o'r gyrwyr mwyaf naturiol a welwyd ers tro byd wrth olwyn car Fformiwla Un.

Ei enw? Tom Pryce. Roedd ganddo enw arall, yr enw a arferid ganddo gartre ac ymhlith ei ffrindiau, sef Maldwyn, ond roedd yr enw hwnnw yn ormod o lond ceg i'r *jet set* rhyngwladol a fynychai'r mannau cyfarfod o Silverstone i'r Nurburgring a'r tu hwnt. Ta waeth am hynny, roedd Maldwyn Pryce ar ei ffordd i gyfeiriad y brig – Cymro Cymraeg o Nantglyn ger Rhuthun, a roesai ei fryd yn ifanc iawn ar fod yn bencampwr rasys ceir, ac a gafodd bob cefnogaeth gan ei rieni – Jack a Gwyneth Pryce, y plismon lleol a'r nyrs. Fe feistrolodd Maldwyn y grefft o reoli pedair olwyn yn gynnar – tra oedd yn gweithio ar rownd fara leol! Cynilodd bunt ar ôl punt ar ôl punt er mwyn talu am lapiau o hyfforddiant ar drac Castle Coombe. Roedd yn benderfynol o lwyddo a chyrraedd pen draw ei uchelgais – Fformiwla Un. Roedd hynny'n golygu symud ymhell o gartref, o'r cynefin clyd yng nghysgod Moel Famau, i Swydd Gaint yn ne-ddwyrain Lloegr, cartref trac enwog Brands Hatch.

Brands oedd y lle delfrydol i gwblhau ei brentisiaeth. Dyma'r amser y bu'n rhaid i Maldwyn fynd yn Tom. Fe osodwyd y streipiau du ar yr helmed wen, ac fe ddechreuodd y gŵr ifanc tawel a diymhongar osod ei farc ar draciau rasio ledled Ewrop. Wedi iddo ennill ras Fformiwla Tri o amgylch strydoedd goludog Monaco, roedd rheolwyr y prif dimau yn awyddus i gael yr enw 'Tom Pryce' ar un o'u cytundebau. Y tîm a lwyddodd i sicrhau'r llofnod oedd Shadow.

Roedd enw'r tîm yn addas oblegid am rai tymhorau fe fu'r car du yn rhedeg yng nghysgod y ceir gorau. Ond roedd pawb bellach yn cymryd diddordeb yn y gyrrwr ifanc a wisgai'r helmed wen drawiadol â'i streipiau duon – a'r Ddraig Goch ar yr ochr. Ac roedd pawb yn dechrau adnabod steil y Cymro wrth iddo lywio'i Shadow rownd y corneli mwyaf bradwrus gyda sicrwydd a meistrolaeth naturiol hyderus fel pe bai yr un mor gyfforddus ar erchwyn y limit ag ydoedd y tu ôl i olwyn fan y *baker* yn Nantglyn slawer dydd.

Trac i'r gyrrwr ysbrydoledig yw Brands Hatch, ac yno, ym 1976, fe yrrodd Tom Maldwyn Pryce y Shadow du allan o'r cysgodion i dderbyn baner deuliw y buddugol yn yr ornest flynyddol *The Race of Champions*.

Fe fu'r perfformiadau cyson yn ddigon i ddenu sylw Colin Chapman, perchennog tîm Lotus. Ei fwriad ef oedd cyfnewid Tom â gyrrwr Lotus ar y pryd, sef Ronnie Peterson. Wedi hir bendroni fe benderfynodd Tom aros gyda Shadow oherwydd dyna lle roedd ei ffrindiau a'r bobl roedd e'n eu hadnabod orau.

Y tymor wedyn fe aeth Lotus ymlaen i ennill Pencampwriaeth y Byd ac, yn nhyb llawer Tom Pryce ddylai fod wedi bod yn sedd y gyrrwr. Ond welodd Tom Pryce mo ddiwedd y tymor hwnnw. Ym mis Mawrth 1977, ar drac Kyalami ger Johannesburg, fe lithrodd y Cymro i sedd gyfyng car rasio am y tro olaf. Wrth geisio osgoi diffoddwr tân ifanc oedd yn croesi'r trac i achub gyrrwr arall fe gafodd Tom Maldwyn Pryce ddamwain erchyll a'i lladdodd ar unwaith. Roedd yn 27 mlwydd oed.

Fe dalwyd iddo lawer teyrnged:

> 'He was an out and out racer who was going to go on to even greater things.' (Ron Dennis, Perchennog Maclaren)

> 'He was obviously a great ambassador for his country. He managed to perform on the international stage without ever having to compromise his affections for his roots.' (Alan Henry, Gohebydd F1 *The Guardian*)

> 'He was just the boy from Wales, nothing ever changed him.' (Ian Phillips, Jordan F1)

> 'I thought the guy was going to be World Champion.' (Frank Williams, Perchennog Williams F1)

Ond efallai mai geiriau ei hen gyfaill, Cledwyn Ashford, yw'r geiriau pwysicaf:

> 'Roedd 'na dri pheth yn bwysig iddo, cariad ei fam a'i dad, rasio yn Fformiwla Un, ac ennill Pencampwriaeth y Byd. Roedd dau o'r tri yn saff ac oni bai am y ddamwain ofnadwy honno fe fyddai wedi sicrhau'r trydydd hefyd.'

Deuddeg oed oeddwn i pan laddwyd Tom Pryce. Bellach mae'r crwtyn hwnnw wedi tyfu'n ddyn ond mae clefyd y ceir wedi para. Wrth deithio dramor i ddilyn syrcas Fformiwla Un mi fydda i'n galw o bryd i'w gilydd mewn mynwent dawel yn Otford, Swydd Gaint, i ddwys fyfyrio am funud neu ddau yn ymyl un bedd arbennig. Fel y streipiau duon ar yr helmed wen gynt, mae 'na eiriau duon ar y garreg wen yn coffáu arwr o Gymro – Tom Maldwyn Pryce.

Geraint Rowlands

MARILYN PUGH

Yn ddeunaw oed, a hithau o'r braidd wedi gadael bro ei mebyd yn Nyffryn Aman, fe gynrychiolodd Marilyn ei gwlad allan yn India'r Gorllewin. Tipyn o gamp i unrhyw ferch ysgol dybiwn i, ond nid dyna'r tro cyntaf i Marilyn Morgan, bryd hynny, chwarae dros Gymru. Ym 1973 yr enillodd y cyntaf o'r 90 o gapiau a ddaeth i'w rhan, a hynny yn Limerick yn erbyn Iwerddon. Yr atgof cynharaf sydd ganddi o'r gêm honno yw ei braw o weld cyflwr y cae – roedd fel petai JCBs wedi bod yn tyrchu ffosydd ynddo – tipyn o her i asgellwraig ddawnus fel Marilyn oedd wedi hen arfer gweu patrymau cymhleth rhyngddi hi a'r amddiffyn. Ond nid dyna ddechrau'r stori. Fel unrhyw chwaraewr gwerth ei halen fe ddatblygodd Marilyn ei chrefft yn raddol.

Suzanne Bowen, ei hathrawes yn Ysgol Ramadeg Ystalyfera ac yna yn Ysgol Cwmtawe a'i hysgogodd i gymryd y gêm o ddifrif. Fe gynrychiolodd dimau'r sir, tîm Ysgolion Cymru a'r tîm dan un ar hugain cyn iddi gael ei dewis i chwarae i dîm B y wlad a hithau'n dal yn groten ysgol. I'r clwb hoci merched lleol yng Nghwmtawe y chwaraeai o ddydd i ddydd a hynny er gwaetha'r ffaith i nifer o'i chymdeithion symud i Benarth, y tîm gorau ar y pryd. Ond glynu at ei gwreiddiau a'i theyrngarwch i'r gymuned leol a wnaeth Marilyn.

Ym 1978 fe gafodd y fraint o gael ei dewis i gynrychioli tîm hoci merched cyntaf Prydain. Cafodd y tîm ei sefydlu er mwyn cystadlu ym Mabolgampau Olympaidd Moscow ymhen dwy flynedd. Ond os mai'r gorfoledd o gael ei dewis oedd un o uchafbwyntiau'i gyrfa, suro a wnaeth y sefyllfa wedi hynny. Am resymau gwleidyddol ni welodd Marilyn erioed mo Moscow. Gyda llywodraeth Thatcher yn gwrthwynebu'r ffaith i Rwsia ymosod ar Affganistan fe benderfynodd gweinyddwyr y gêm hoci ym Mhrydain dynnu'n ôl. Mynd a wnaeth gweddill y timau ar wahân i'r tîm marchogaeth. Mae Marilyn ei hun yn cyfaddef petai eu safiad hwy wedi gwneud unrhyw wahaniaeth ni fyddai'r siom wedi effeithio arni gymaint ond realiti'r sefyllfa oedd hyn: fe aeth Sebastian Coe i'r gêmau, ennill Medal Aur dros Brydain a'r flwyddyn ganlynol fe dderbyniodd fedal yr OBE gan y Frenhines.

Ffrwynodd y profiad annifyr hwnnw ddim o'i hawch at chwarae, fodd bynnag. Fe enillodd bump ar hugain o gapiau dros Brydain, fe deithiodd i bedwar ban byd, o Frasil a'r Ariannin i Singapore a Kuala Lumpar, o'r Iseldiroedd a'r Almaen i Ganada ac America. Ond er gwaetha'r holl deithio hyn, yn nhraddodiad y Cymry, y profiad sy'n sefyll yn y cof yw curo Lloegr; y tro cyntaf ym 1979 yng Nghwpan y Byd yn Vancouver pan oedd Cymru'n bedwerydd yn y byd – un safle'n uwch na'r Saeson! – a'r tro arall ar Barc y Strade yn Llanelli pan lwyddodd Marilyn a gweddill y tîm i gipio cystadleuaeth y pedair gwlad. Diau petasai'r cyfryngau yn talu cymaint o sylw i hoci merched ag y maent i rygbi a phêl-droed, fe fyddai enw Marilyn Pugh i fyny yno gyda Gareth Edwards, Barry John a John Charles.

Lowri Wyn Bevan

PAUL RADMILOVIC

Fe'i ganed ar y 5ed o Fawrth 1886, yng Nghaerdydd, a bu farw ar y 29ain o Fedi, yn Weston-Super-Mare. Yn ystod ei yrfa enillodd y Fedal Aur am chwarae Polo Dŵr ym 1908, 1912 ac ym 1920. Ym 1908 yn ogystal enillodd Fedal Aur yn y ras gyfnewid dull rhydd 4 x 200 metr.

Yn fab i Roegiwr a Gwyddeles, fe gystadlodd Paul Radmilovic dros Brydain yn y Mabolgampau Olympaidd chwech o weithiau, sy'n record, a bu'n gapten ar y tîm Polo Dŵr bedair gwaith. Mewn gyrfa eithriadol lwyddiannus, fe ddaeth ei awr fawr yn y rownd derfynol ym 1920 pan sgoriodd y gôl a sicrhaodd fuddugoliaeth i Brydain yn erbyn Gwlad Belg dair munud cyn y chwiban olaf. 1906 oedd y tro cyntaf iddo gystadlu yn y Mabolgampau Olympaidd; bryd hynny fe gyrhaeddodd rowndiau terfynol y 100 metr a'r 400 metr dull rhydd. Fel gŵr deugain a dwy oed y gwnaeth ei ymddangosiad olaf a hynny ym 1928 fel aelod o'r tîm Polo Dŵr.

Yn Weston-Super-Mare y treuliodd 'Raddy' ran fwyaf ei oes. Bu'n nofio ac yn aelod o'r tîm Polo Dŵr lleol. Er iddo gipio naw teitl dull rhydd y Gymdeithas Nofio (ASA), ac er i'w yrfa rychwantu 30 o flynyddoedd, fel chwaraewr Polo Dŵr yr enillodd y clod mwyaf. Ym 1967 ef oedd y Prydeiniwr cyntaf i'w urddo yn neuadd y nofwyr enwog yn Florida. Roedd hefyd yn dipyn o olffiwr ac yn chwaraewr pêl-droed dawnus; fe fu hefyd yn rhedeg gwesty'r Imperial yn Weston am gyfnod. Ar ôl iddo farw, fe gymerodd ei fab yr awenau ac yno y cafodd y llu o dlysau a enillodd yn ystod ei yrfa eu harddangos.

Siwan Griffiths

KEVIN RATCLIFFE

Yn ystod yr wythdegau, heb amheuaeth, roedd yna un chwaraewr disglair o Gymro yn ei amlygu'i hun ynghanol amddiffynfa un o glybiau mwyaf llwyddiannus y cyfnod. Everton oedd y tîm a Kevin Ratcliffe oedd y seren.

Fe'i ganwyd ym mhentref di-nod Mancot yng ngogledd-orllewin Cymru ac ef oedd capten disgleiriaf Everton erioed. Chwaraeodd dros 300 o gêmau i'r clwb yn safle'r sgubwr. Ym 1984, yn dair ar hugain mlwydd oed, enillodd Everton Gwpan y Gymdeithas Bêl-droed pan arweiniodd Ratcliffe ei dîm i fuddugoliaeth dros Watford o 2-0 a'i wneud y capten ieuengaf i godi'r cwpan ers Bobby Moore rhyw dair mlynedd ar hugain ynghynt.

Am gyfnod o dri thymor roedd record Ratcliffe a'i dîm yn un i'w ganmol – ennill Cwpan Pencampwyr Ewrop, cipio dwy bencampwriaeth ac ymddangos ddwywaith yn Rownd Derfynol Cwpan y Gymdeithas (Cwpan yr FA).

Siom fawr, serch hynny, oedd y gwaharddiad a roddwyd ar glybiau o Loegr rhag chwarae yn Ewrop oherwydd trychineb Haysel a phetai Everton wedi cystadlu yng Nghwpan Pencampwyr Ewrop, yna'n ddiamau byddai'r tîm wedi cystadlu'n effeithiol a herio'r goreuon.

Fel chwaraewr meddai ar y ddawn o ddarllen gêm yn ddeallus ac roedd ganddo gyflymdra tebyg i filgi a'i alluogai i ddyfalbarhau pan fyddai aml i bêl-droediwr arall wedi rhoi'r ffidil yn y to. Chwaraewr troed chwith naturiol oedd Ratcliffe, yn basiwr cywrain a greddfol â'r gallu prin i chwarae gêm syml. Yn aml, mae chwaraewyr yn cadw meddiant o'r bêl am ormod o amser gan golli cyfle i fanteisio ar y sefyllfa. Ond roedd Ratcliffe wedi perffeithio'r grefft o wneud y pethau syml yn effeithiol a dyna oedd allwedd ei lwyddiant.

Cynrychiolodd ei wlad ar bob lefel ac enillodd bron i 60 cap. Yn anffodus methodd â chyrraedd rowndiau terfynol Pencampwriaethau'r Byd ac Ewrop lle byddai ei ddoniau wedi cael eu gwerthfawrogi ar lwyfan ehangach. Ers iddo ymddeol o'r maes rhyngwladol mae Cymru wedi methu dod o hyd i unrhyw chwaraewr dylanwadol o'i safon ef yn y safle allweddol amddiffynnol.

Bellach mae'n rheolwr ar glwb Amwythig ar ôl treulio cyfnod o brentisiaeth yng Nghaer. Bu'r clwb ar lannau'r Dyfrdwy mewn trafferthion dybryd ond dangosodd ei gariad at y gêm drwy dalu biliau allan o'i boced ei hun. Mae Kevin Ratcliffe yn un o nifer o gyn-chwaraewyr Everton sydd wedi symud ymlaen i faes rheoli a phroffwydaf ddyfodol disglair iddo.

Tomi Morgan

RAY REARDON

Doug Mountjoy (chwith) a Ray Reardon.

Ar wawr y mileniwm newydd gwelwyd adfywiad snwcer yng Nghymru gyda llwyddiannau cyson i chwaraewyr megis Mark Williams, Matthew Stevens a Darren Morgan. Erbyn heddiw cydnabyddir snwcer fel un o'r campau cyfoethocaf o ran arian, lle gwelir y goreuon yn ennill miloedd o bunnoedd am bob buddugoliaeth ac yn filiynyddion cyn cyrraedd diwedd eu hugeiniau. Gellir dweud â sicrwydd mai'r trobwynt yn y gêm oedd dyfodiad y teledu lliw fel cyfrwng poblogaidd. Wedi'r cwbwl, sut y gellir cael mwynhad o wylio'r gêm mewn du a gwyn? Gwaith dyfalu fyddai hanner y sialens i wylwyr.

Gyda'r gwelliannau ariannol yn y gêm, cred llawer mai chwaraewyr heddiw yw goreuon y byd erioed, gydag enwau fel Jimmy White a Stephen Hendry ar frig siartiau poblogrwydd sylwebwyr cyfoes a'r cyhoedd. Hawdd iawn felly fyddai anghofio sêr y gorffennol. Wrth siarad â llawer o'r genhedlaeth hŷn ynglŷn â'r pwnc, daw un enw i'r amlwg yn anad neb arall sef Ray Reardon.

Pwy? Ray Reardon, un o arloeswyr snwcer Cymru, gŵr yn enedigol o Dredegar yng nghymoedd glofaol y de. Dyn ifanc a ffarweliodd â'r cymoedd a'u cyfleoedd prin gan ddefnyddio'i dalent eithriadol i chwarae snwcer yn broffesiynol a chyrraedd yr uchelfannau. Yn wir gwelwyd ef yn ennill chwe Pencampwriaeth Byd rhwng 1970 a 1978. Bu'n cystadlu ar y lefel uchaf drwy gydol y cyfnod hwnnw ac ennill nifer fawr o bencampwriaethau eraill.

Erbyn heddiw gwelir Reardon yn ymddangos yn aml ar raglenni adloniant ysgafn megis *Big Break* yng nghwmni John Virgo. Mae ei lais pryfoclyd a'i hiwmor sych yn cyfoethogi sylwebaethau ar y gêm a gwerthfawrogir ei sylwadau craff a'i wybodaeth fanwl. Daeth teyrnasiad Reardon i ben ar ddiwedd y saithdegau ond yn ôl nifer fawr o'r gwybodusion, mae'r dewin o Dredegar yn un o wir gewri'r gamp.

Esyr Jones

DAI REES

Heb os nac oni bai, dyma was priodas golff yr ugeinfed ganrif! Er iddo ennill 28 o bencampwriaethau, nid enillodd yr un oedd bwysicaf iddo, sef yr *Open* Prydeinig. Daeth yn ail deirgwaith ac yn drydydd, ond methodd â dod i'r brig er iddo'n aml fod ar y blaen ar ddechrau'r rownd olaf.

Roedd fel pe bai'r duwiau yn ei erbyn ar y diwrnod ola ym mhob *Open*. Er enghraifft, ym 1954 roedd angen *par* arno ar y twll olaf i rannu'r wobr. Wrth nesáu at y twll, tarodd ei bêl yn erbyn darn o raean a sgrialu oddi ar wyneb y lawnt ... cyfle arall wedi'i golli.

Ystyrir ef fel y golffwr gorau erioed i beidio ag ennill yr *Open*. Ond yn ddi-os, cysylltir enw Dai Rees â Chwpan Ryder. Ef oedd capten tîm PGA Prydain a enillodd y Cwpan ym 1957 – y tro cyntaf er 1933. Daeth hyn â llawer o anrhyddeddau i'w ran gan gynnwys CBE a theitl 'Personoliaeth Chwaraeon y Flwyddyn y BBC'.

Dros gyfnod o 24 blynedd, rhwng 1937 a 1961, chwaraeodd naw o weithiau yn y gystadleuaeth hon: cyfanswm a fyddai'n uwch oni bai am ymyrraeth y rhyfel. Sawl chwaraewr heddiw fedrai gadw ar y brig am gyfnod mor faith?

Ond roedd golff yng ngwaed Dai Rees, gan fod ei dad hefyd yn chwaraewr proffesiynol. Yn wir, gwrthodwyd statws amatur i Dai oherwydd y credid iddo gael ei or-ddylanwadu gan ei dad. Dysgodd Dai ei grefft pan fu'n gynorthwyydd iddo yng Nghlwb Aberdâr rhwng 1929 a 1934.

Daliodd i chwarae golff gydol ei oes. Bu farw yn 70 oed ym 1983, o ganlyniad i anafiadau a gafodd mewn damwain ffordd wrth ddychwelyd o weld ei hoff dîm Arsenal yn chwarae. Cyn Ian Woosnam, Dai Rees oedd wyneb golff Cymru.

John Thomas

LEIGHTON REES

Dim digon o ddawn i greu argraff ar gae pêl-droed a gweddol yn unig ar faes rygbi – un felly oeddwn i yn fy arddegau cynnar ac felly, er bod Phil Bennett, Gerald Davies a Mickey Thomas yn arwyr i mi, roeddwn i'n methu uniaethu'n llwyr â nhw a'u doniau athletaidd disglair.

Ar y llaw arall dyna i chi Leighton Rees – un o fawrion ein cenedl yng ngwir ystyr y gair!

Gosgeiddig – nac oedd.
Heini – nac oedd.
Llwyddiannus – OEDD.

Yr arwr amherffaith, perffaith i'w edmygu a'i drysori.

Allwch chi ddim gosod pris ar y balchder a deimlodd Cymro un ar ddeg oed wrth weld y Ddraig Goch yn cael ei chwifio'n falch ar y teledu, a chwys llafur a llwyddiant yn llifo oddi ar dalcen y gŵr addfwyn o Ynys-y-bŵl, wrth iddo gipio Pencampwriaeth Dartiau'r Byd am y tro cyntaf 'nôl ym 1978.

Cymro crwn yn ben ar y byd i gyd yn grwn!

Pwy fuasai'n meddwl y byddwn i'n sefyll yn stafell fyw ei gartre yn Ynys-y-bŵl, bymtheng mlynedd wedi i'w wên lydan a'i lawenydd ef lenwi fy stafell fyw i.

Nid gweld yr arwydd 'Leighton Rees Close' yn anwesu cornel y stryd oedd uchafbwynt yr ymweliad i mi, na chwaith gweld y lluniau ohono'n gwisgo'i grys dartiau coch ar ddiwrnod ei briodas yn addurno'r wal, ond yn hytrach y croeso cynnes, diffwdan a gafodd cyw o ohebydd chwaraeon ar bentan cyn-bencampwr byd.

Efallai nad oedd y taflwr dartiau dawnus yn athletwr perffaith o bell ffordd ond mae Leighton Rees yn parhau hyd heddiw i fod yn fonheddwr perffaith ac mae'n bendant yn parhau i fod yn arwr i mi.

Gwyn Derfel

DICK RICHARDSON

Y teitl yn y fantol – Pencampwriaeth Pwysau Trwm Prydain a'r Gymanwlad – a'r lleoliad: tref glan môr Porthcawl. Y Cockney hyderus, Brian London – y bwystfil, y cythraul a'r bwli – yn herio'r Cymro Dick Richardson. Deugain mlynedd yn ddiweddarach, rydw i'n dal i ryfeddu 'mod i wedi bod yn dyst i un o'r gornestau mwyaf dadleuol a *bizarre* yn hanes y gamp.

Yn ystod y pumdegau a'r chwedegau cynnar, roedd Porthcawl, Llandudno, y Rhyl, Aberystwyth a Dinbych-y-pysgod yn 'Fecca' i deuluoedd glowyr a chwarelwyr. Ac i Borthcawl aeth y Joneses o Frynaman adeg y gwyliau blynyddol, i Trecco Bay a bod yn ddaearyddol gywir a minnau'n grwt deuddeg oed eithaf diniwed. Ychydig o blant Dyffryn Aman oedd yn hyderus a *streetwise* yn y cyfnod hwnnw.

Wrth adeiladu ambell gastell ar y tywod, wrth daro peli tennis i gyfeiriad y tonnau, ro'n i'n ymwybodol o bresenoldeb rhyw fodau arallfydol; nid criw a fyddai, fel arfer, yn torheulo ar y traethau. Cofiaf dreulio awr fach un prynhawn yn pipo i mewn i gampfa dros dro un prynhawn yn ymyl un o

stondinau tombola'r ffair. Yno, roedd Dick Richardson yn mynd trwy'i bethau – yn ergydio yn erbyn bagiau lledr, trwchus; yn diodde'n gorfforol wrth dderbyn pêl enfawr i'w stumog; yn paffio am ei fywyd yn erbyn partner a dderbyniai pob dim yn ddi-gŵyn.

Ac yna i noson y ffeit. Roedd yna awydd ac ysfa i ddilyn llwybrau'r dorf ond roedd pob tocyn wedi'i werthu. Wedi dweud hynny, roedd y pris yn afresymol i grwtyn ysgol a'r gamp yn wrthun i fachgen a fagwyd ym Mrynaman lle roedd y capeli yn dal i reoli â gafael feis. Serch hynny, roedd yna si ar led fod pregethwr ein capel ni, Moriah, y Parchedig Eirian Davies, yn dwli ar focsio ac yn wrandawr cyson ar sylwebaethau Raymond Glendenning ac Eamon Andrews.

A'r glaw yn disgyn, derbyniais ganiatâd fy rhieni i dreulio awr yn y ffair. Roedd hanner coron yn ffortiwn. Cyfle i fwynhau. Ond roedd y lleoliad wedi'i drawsnewid yn llwyr ar gyfer y frwydr. O ganlyniad i'r glaw trwm roedd nifer o'r stiwardiaid wedi diflannu ac er 'mod i'n ddidocyn llwyddais i gamu i'r pafiliwn ac eistedd yn y cefn o dan y 'ffigar-êt' – hwnnw yn segur am y noson.

I lygaid plentyn roedd y ddau baffiwr filltiroedd i ffwrdd ond teimlais o'r cychwyn cyntaf fod yr awyrgylch yn afreolus, yn aflonydd, yn ymfflamychol a thanllyd. Doedd dim angen gallu a deallusrwydd Einstein i sylweddoli fod rhywbeth allan o'r cyffredin ar ddigwydd.

Defnyddio'i dafod yn hytrach na'i ddwrn oedd tacteg y gŵr o Lundain – rhegfeydd yn tasgu o'i wefus ac yn amlwg am greu elfen o ansicrwydd yng nghyfansoddiad y paffiwr o Gasnewydd. Ac ar ôl i'r gloch ganu nid oedd pall ar yr anhrefn – y rheolwyr, yr hyfforddwyr ffitrwydd ac eraill yn dringo i'r sgwâr a chreu hafoc.

Erbyn hyn roedd sawl gornest o fewn y sgwâr. Hyrddiwyd cadeiriau at y criw afreolus cyn i'r swyddogion a'r heddlu arwain y fintai i'r stafelloedd newid. A'r dyrfa'n graddol ddiflannu, sylwais ar y gohebyddion (heb lap-top!) yn teipio'r penawdau. Noson a hanner!

Bleddyn Jones

SIÂN ROBERTS

Cymraes o'r enw Siân Roberts o Fron Aber ger Trawsfynydd gipiodd deitl Pencampwriaeth Beicio Mynydd Merched Prydain yr haf hwn – lai na phum mlynedd wedi iddi ddechrau reidio o ddifri mewn camp sydd wedi ysgubo trwy wledydd Prydain.

'Pan ti'n dod lawr mynydd rhaid i chdi jest gael yr hyder i fynd hefo'r beic a gwthio cymaint â ti'n gallu,' meddai. 'Ti oddi ar dy sedd yn cael dy ysgwyd yn galed er gwaetha'r *suspension* ac yn ceisio cadw dy rhythm tra bod y beic yn mynd yn gyflymach a chyflymach. Ar y fath sbîd gall jest un garreg olygu codwm ac felly rhaid dewis dy lein ar y llwybr yn ofalus iawn.'

Mae Siân Roberts, 29 oed, yn cael ei noddi i rasio ers pedair blynedd bellach ac eleni, gyda beic PACE gwerth £3,000, fe gipiodd brif deitl y merched wedi cyfres o rasys caled ledled gwledydd Prydain, gan gynnwys un ger Beddgelert. Ond, oni bai am anaf i'w chlun bum mlynedd yn ôl efallai na fyddai erioed wedi mentro ar y llwybr i fod yn un o feicwyr mynydd gorau gwledydd Prydain.

'Dipyn o slob fues i a deud y gwir tan ro'n i yn 21 oed, a doedd gen i fawr ddim diddordeb mewn chwaraeon tan hynny,' meddai. 'Ond mi o'n i ishio stopio smocio o ddifri ac i helpu mi wnes gychwyn rhedeg mynydd a dal ati am dipyn tan yr anaf. Roeddwn wrth fy modd allan ar y mynyddoedd ac felly roedd yn ddigon naturiol wrth chwilio am rywbeth arall i'w wneud fy mod yn dewis beicio.'

Sefydlodd hi, ei gŵr Dafydd a ffrind, Siôn Parry, siop Beics Betws ym Metws-y-coed ar yr un pryd, yn wreiddiol i hurio beics i bobol. Tyfodd poblogrwydd beicio gymaint fel eu bod yn gwneud mwy o fusnes yn eu gwerthu a'u trwsio. Erbyn heddiw, Siôn Parry sy'n rhedeg y siop tra bod Siân a Dafydd Roberts wedi cychwyn busnes hurio beics arall ger Trawsfynydd.

'Os nad ydych chi wedi beicio'ch hun yna mae'n anodd disgrifio'r teimlad a'r wefr sydd i'w gael wrth fod allan ac ar ôl dod yn ôl,' meddai. 'Mae'n gallu bod yn flinedig iawn gan eich bod yn canolbwyntio'n galed yn feddyliol ac yn gwthio'ch corff i'r eitha yn aml iawn. Ond does dim rhaid rasio i fwynhau eich hun gan fod cyfle i chi weld llawer mwy oddi ar y lôn yn seiclo'n ddigon hamddenol. Ac, wrth gwrs, rydach chi'n siŵr o gael eich gorchuddio â mwd,' meddai wedyn gan chwerthin.

Llion Iwan
(erthygl a gyhoeddwyd yn y cylchgrawn *Golwg*, 1993)

IAN RUSH

1981 oedd hi a Lerpwl yn ailchwarae rownd derfynol Cwpan y Gynghrair ar Barc Villa yn erbyn West Ham. Sgoriodd o ddim ond dyna'r tro cyntaf i mi ddod ar draws gŵr oedd i ddatblygu'n arwr nid yn unig i mi, ond i filoedd eraill o ddilynwyr Lerpwl.

Gŵr swil, diymhongar o'r Fflint, yn un o ddeg brawd a chwaer, gŵr yn brin o eiriau oedd yn gwneud ei holl siarad ar y cae. Ac i feddwl ei fod mor ansicr o'i ddyfodol gyda Lerpwl iddo drafod ei yrfa gyda'r rheolwr ar y pryd, y Bob Paisley craff. Bod yn fwy hunanol oedd geiriau'r hen ben. Dwi'n credu rywsut fod Rushie wedi gwrando.

Yn yr wythdegau doedd yna ddim tîm gwell na Lerpwl a doedd yna neb gwell o flaen gôl nag Ian Rush. Fe boenydiodd amddiffynwyr yn gyson ac yn ôl llawer ei bartneriaeth gyda Kenny Dalglish fu'r mwyaf effeithiol erioed. Roedd gêm Rush yn fwy na sgorio'n unig. Roedd ei gyd-chwaraewyr yn ei ddisgrifio fel yr amddiffynnwr gorau yn y tîm, canmoliaeth am ei waith caled pan nad oedd ganddo'r bêl. Am gyfnod, pan oedd Rush yn sgorio, doedd Lerpwl ddim yn colli. Y record yn dod i ben pan gollodd Lerpwl yn erbyn Arsenal yn rownd derfynol Cwpan Littlewoods ym 1987 cyn iddo ymuno â Juventus. Fe elwodd yn ariannol yn yr Eidal ond nid gyda'i bêl-droed. Ond bai yr Eidalwyr oedd hynny.

Ac i Rush mae'r fraint o sgorio'r gôl bwysicaf a mwyaf cofiadwy yn hanes y tîm rhyngwladol. Ym 1991 yn erbyn Pencampwyr y Byd, yr Almaen, ar y

Maes Cenedlaethol, gôl fydd yn aros yn y cof am byth. Trueni na welwyd ei dalent ar lwyfan Cwpan y Byd neu Bencampwriaeth Ewrop. Roedd o'n haeddu hynny yn sgil yr holl amser a'r ymroddiad a roddodd pan oedd yn chwarae dros ei wlad.

Fel person dyw Rushie ddim wedi newid. O hyd yn swil a diymhongar, yn gadael i eraill wneud y siarad ac yn cymryd amser cyn cynhesu at unigolion. Tra bydd pêl-droed yn bod, Rush fydd arwr y Kop, yn disodli enwau mawr fel Billy Liddell a Roger Hunt. Er fy mod yn ei adnabod yn dda mae o'n arwr o hyd i mi. Er fuaswn i byth yn dweud hynny wrtho chwaith!

Ian Gwyn Hughes

ALF SHERWOOD

Yn y blynyddoedd pan oeddwn i'n tyfu i fyny yn y pedwar a'r pumdegau, fy eilun pennaf o'r holl chwaraewyr pêl-droed oedd y cefnwr dawnus Alf Sherwood. Gwyddwn amdano wrth ddarllen adroddiadau yn y papurau newydd a gwrando sylwebaeth ar y radio, cyn dyddiau dangos pêl droed ar y teledu.

Un o Aberaman oedd Alf ac fe enillodd dri chap i dîm pêl-droed Ysgolion Cymru tra oedd yn yr ysgol. Yna, fe aeth i weithio yn y pwll glo gan chwarae i Aberaman. Ond, ym 1941 ac yntau ond 17 oed, cafodd wahoddiad i ymuno â thîm Caerdydd, ac arferai deithio ar ôl gorffen ei shifft, bob nos Fawrth a nos Iau, i'r ddinas i ymarfer am dair awr. Roedd y clwb yn rhoi pwyslais ar ddarganfod talentau lleol, ac ar gefn y dalent honno y dringodd Caerdydd i'r uchelfannau.

Fel cefnwr chwith y chwaraeodd Alf i Gaerdydd, a chymaint y gefnogaeth i'r tîm fel ar ddydd Llun y Pasg 1947 daeth 51,621 o bobl i weld y gêm yn

Alf Sherwood yn perffeithio'i dacl; Tom Finney yn ildio'r meddiant.

erbyn Dinas Bryste. Roedd Alf Sherwood ynghanol y bwrlwm ac ar ddiwedd y tymor dyrchafwyd Caerdydd i'r Ail Adran gan gasglu 66 o bwyntiau, sgorio 93 gôl ac ildio dim ond 30, gan golli chwe gêm yn unig drwy'r tymor. Roedd cyfraniad Alf fel amddiffynnwr cadarn yn ffactor bwysig yn y llwyddiant hwnnw.

Yn yr un tymor cafodd gynnig i ymuno â Newcastle gyda'r gobaith o wneud gwell bywoliaeth o fewn y gêm. Ond, gan mai merch o Aberpennar oedd Joan ei wraig, a chan i Gaerdydd drefnu iddo gael swydd ran amser dda, perswadiwyd Alf i aros ac i barhau i chwarae dros yr 'adar gleision'.

Gwelodd y rheolwr Cyril Spiers fod Sherwood yn arweinydd naturiol a dewisodd ef yn gapten ar y tîm, ac o dan ei gapteiniaeth dyrchafwyd Caerdydd i Adran Gyntaf Cynghrair Pêl-Droed Lloegr yn nhymor 1951-52, a hynny am y tro cyntaf ers 23 blynedd.

Cyn iddo ymadael â Chaerdydd ym 1956 roedd Alf wedi chwarae 353 o gêmau i'r clwb (75 gwaith yn ddi-fwlch), gan sgorio 15 gôl o'r smotyn. Yna, fe ymunodd â thîm Casnewydd gan chwarae iddyn nhw dros 200 o weithiau. Yn dilyn hynny ymfudodd i chwarae a hyfforddi yn Efrog Newydd am ddau dymor.

Yn y cyfamser, rhwng 1946 a 1957 enillodd 41 o gapiau dros Gymru gan wneud 33 ymddangosiad yn ddi-fwlch eto yn y crys coch, ac yn gapten llawer tro. Cawsai ei ystyried yn un o gefnwyr gorau'r wlad. Roedd ei gyflymdra a'i daclo cadarn a'i ddawn i fod yn y man iawn ar yr eiliad iawn wrth amddiffyn yn rhwystr llwyr i bob ymosodwr. Cymaint felly nes y llwyddai i ddal ei dir yn erbyn y dewin o asgellwr Stanley Matthews. Cadwai'n glòs ato a'i daclo'n galed nes bod Matthews yn dechrau pwdu gan y gwyddai'r Cymro mai collwr gwael oedd yr asgellwr gorau a welodd Lloegr erioed.

Yn ein dyddiau ni gyda'r holl gardiau melyn a choch yn amlwg ar y meysydd pêl-droed, anodd credu na chafodd yr un dyfarnwr achos i rybuddio Alf Sherwood na'i yrru oddi ar y cae drwy gydol ei yrfa ddisglair.

Fel y dywedodd Geraint Jenkins amdano yn ei lyfr *Cewri'r Bêl-droed yng Nghymru* – 'Ni all neb amau ymroddiad llwyr Alf Sherwood i achos pêl-droed yng Nghymru a chofiwn amdano fel cefnwr o athrylith eithriadol.' Bu farw ym Mawrth 1990 yn y Bont-faen yn 67 oed.

Peter Hughes Griffiths

DON SHEPHERD

Yr wyf i yn perthyn i genhedlaeth sy'n fwy cyfarwydd â chlywed llais Don Shepherd ar ddarllediadau criced *Radio Wales* na'i weld ar faes criced. Ond er na chefais y profiad o'i wylio yn perfformio mae'r ystadegau rhyfeddol sydd rhwng cloriau hanes a'r parch amlwg sydd gan chwaraewyr cyfoes, cyn-chwaraewyr, aelodau o'r wasg a chefnogwyr tuag ato, yn ddigon i'm hargyhoeddi mai dyma un o'r chwaraewyr gorau i gynrychioli Morgannwg erioed.

Ym 1927 y'i ganed yn fab i deulu adnabyddus ym Mhort Einon, ym Mro Gŵyr lle'r oedd ei dad yn berchennog siop groser a'i dad-cu yn bostmon ac, yn bwysicach efallai, yn sgoriwr y tîm criced lleol. Dyma egin y diddordeb mewn criced, ond ni ddisgleiriodd y Don Shepherd ifanc nes iddo ymuno ag Awyrlu'r Llynges ym 1947. Yn rhyfeddol, Swydd Gaerwrangon roddodd y cyfle cyntaf i Shepherd ddilyn gyrfa fel cricedwr ond yn ddigon buan sicrhaodd Morgannwg ei wasanaeth gan ei ddanfon ym 1948 ar brentisiaeth gyda'r MCC yn Lord's.

Chwaraeodd ei gêm gyntaf dros Forgannwg ym 1949, yn erbyn tîm yr Awyrlu Prydeinig ac, yn rhyfeddol, yn yr un gêm ag y chwaraeodd ei gyd-droellwr ymhen blynyddoedd i ddod – Jim Pressdee – ei gêm gyntaf yntau. Pum mlynedd yn ddiweddarach, yn bump ar hugain oed, derbyniodd ei gap, wedi iddo gymryd cant a phymtheg o wicedi.

Ym 1956 gwnaeth benderfyniad a'i trawsnewidiodd o fod yn fowliwr da i fod yn fowliwr rhagorol wrth iddo newid o fowlio'n lled-gyflym i droelli'r bêl. Llwyddodd, fodd bynnag, i wneud hyn heb golli fawr ddim ar ei gyflymdra gyda'r wicedwyr yn parhau i sefyll lathenni y tu ôl i'r wiced wrth iddo fowlio. Y tymor dilynol cymerodd 168 o wicedi (wyth yn brin o record JC Clay) gyda pherfformiadau nodedig fel 8 am 33 yn erbyn Hampshire yng Nghaerdydd, 7 am 61 yn erbyn Swydd Nottingham yn Trent Bridge a 7 am 67 yn erbyn Swydd Gaerhirfyn yn Old Trafford, ffigurau y byddai'r 'troellwr' cyfoes hwnnw, Muralitharan, yn falch ohonynt! Yn ystod ei yrfa cymerodd 2,174 o wicedi ar gyfartaledd o 20.95 gan gymryd 100 o wicedi mewn tymor ddeuddeg o weithiau, pum wiced mewn un gêm dros gant o weithiau, ac nid oedd yn anghyffredin iddo fowlio dros fil o belawdau'r flwyddyn.

Yn y gêm ble pan enillodd Morgannwg y Bencampwriaeth ym 1969 cymerodd Don ei 2,000ed wiced dros Forgannwg, a hyd heddiw ef yw'r unig chwaraewr dros y sir i gyrraedd y nod hwnnw. Wedi cipio'r wiced gwelwyd golygfa hynod wrth i un o aelodau Pwyllgor y Sir gamu i'r maes i gyflwyno glasied o siampên iddo i ddathlu'r achlysur. Yn rhyfeddol, er yfed y siampên, llwyddodd Don i gadw'i annel a chymryd y wiced olaf a sicrhaodd y Bencampwriaeth i Forgannwg!

Er gwaetha dawn amlwg Shepherd, mae'n siŵr y byddai ef ei hunan yn cyfaddef iddo fod yn ffodus i chwarae mewn tîm oedd yn cynnwys maeswyr arbennig fel Peter Walker, Allan Watkins, Billy Slade, Jim Pressdee a Wilf

Wooler. Roedd hefyd wicedwyr medrus y tu ôl i'r ffyn yn Haydn Davies, David Evans ac Eifion Jones.

Yn ogystal â'i ddawn fel bowliwr roedd yn fatiwr ymosodol effeithiol. Wrth iddo gerdded at y llain i fatio gwyddai'r cefnogwyr y byddent yn siŵr o gael eu diddanu a phrin y siomid hwy. Ym 1961 sgoriodd hanner cant yn erbyn Awstralia yn San Helen gydag ond un ar ddeg ergyd oddi ar y bat (record byd ar y pryd) oedd yn cynnwys 6 chwech, 3 pedwar, 1 dau ac 1 sengl.

Roedd hefyd yn faeswr sicr gyda thafliad cryf a phâr diogel o ddwylo. Llwyddodd â 251 daliad yn ystod ei yrfa.

Ni fu'n gapten parhaol ar Forgannwg ond roedd capteiniaid fel Tony Lewis yn dibynnu'n gryf ar ei gyngor a'i brofiad. Fodd bynnag, ym 1968, Shepherd oedd y capten dros dro wrth i Forgannwg drechu Awstralia a sicrhau mai hwy oedd y sir gyntaf i ennill ddwywaith o'r bron yn erbyn Awstralia.

Er gwaetha'i berfformiadau cyson fel bowliwr, batiwr a maeswr, fel yn achos cynifer o chwaraewyr Morgannwg dros y blynyddoedd, ni chafodd y cyfle i ddangos ei ddawn ar y lefel uchaf. Fe'i hanwybyddwyd gan Loegr wrth iddynt hwythau ffafrio Jim Laker a Bob Appleyard. Don Shepherd yw'r bowliwr sydd wedi cymryd y mwyaf o wicedi dosbarth cyntaf na chafodd ei ddewis gan Loegr, ac mae'r darlledwr Richie Benaud yn nodi Shepherd fel un o'r bowlwyr gorau iddo ei weld erioed na chafodd gyfle mewn gêm brawf.

Mae'r ystadegau yn datgan mai dyma'r bowliwr mwyaf llwyddiannus yn hanes Clwb Criced Morgannwg. Mae'r ffaith iddo gael ei anwybyddu gan Loegr yn annealladwy ond yn fawr o syndod o ystyried penderfyniadau cyffelyb dros y blynyddoedd diwethaf. Fe enynnodd barch cefnogwyr Morgannwg fel chwaraewr ac fel personoliaeth gynnes, ffraeth – nodweddion sy'n sicrhau mwynhad gwrandawyr *Sunday Cricket* ar *Radio Wales*.

Tomos Owen

NEVILLE SOUTHALL

Roedd yr un achlysur hwnnw'n croniclo'r cyfan amdano. Nid cyfweliad cyffredin mohono. Yn hytrach, cyfweliad pwysicaf ei fywyd. Safodd yno'n chwys diferol gan adael i lygad y camera syllu i fyw ei enaid. Agorodd ei galon a datgan na fu ganddo uchelgais mwy na'r dyhead i fod yn rheolwr ar dîm pêl-droed ei wlad. Yn ŵr balch, roedd o yno ar ei liniau o flaen y miloedd

fyddai'n gwylio yn ymbil am y cyfle gan obeithio y byddai'r rhai yr oedd ganddynt glustiau yn gwrando. Gwnaeth Neville Southall hynny yn nhraed ei sanau!

Na, doedd dim ffrils o gwmpas y gôl-geidwad gorau i gynrychioli Cymru erioed. Fel gweithiwr ac nid fel seren yr ystyria'i hun. Iddo ef doedd sefyll rhwng dau bostyn, rhwyd yn gefn iddo ac o flaen rhai o flaenwyr gorau'r byd ar lwyfannau amlyca'r byd yn ddim gwahanol i gario brics ar ei gefn i fyny ac i lawr ysgol fel y gwnaeth filoedd o weithiau cyn troi'n bêl-droediwr proffesiynol. Job o waith oedd bod yn gôl-geidwad. Yn ei gyfnod doedd 'na neb a wnâi'r gwaith yn well.

Yn ôl Peter Schmeichel, Neville Southall, ar ei orau, oedd gôl-geidwad gorau'r byd ac, er mai Neville ei hun fyddai'r cyntaf i gydnabod y cymorth amhrisiadwy a gafodd o chwarae ar lefel clwb a gwlad y tu ôl i gyflymdra llesmeiriol Kevin Ratcliffe, prin yw'r rhai fyddai'n anghytuno. Er bod chwedloniaeth yn adrodd iddo ildio tair ar ddeg o goliau mewn un gêm pan oedd yn chwarae i un o dimau bro ei febyd yn Llandudno, aeth ymlaen i gynrychioli ei wlad ar y lefel uchaf 93 o weithiau, yn amlach nag unrhyw un arall yn hanes pêl-droed Cymru.

Roedd Neville Southall yn ormod o gymeriad i'w alw'n fewnblyg. Ond, roedd 'na gragen o gwmpas y chwaraewr lledrithiol ac oddi mewn iddi fe drigai yn ei fyd bach ei hun. Yn ddisgybledig i'w ryfeddu, roedd o'n rhan o bopeth ond eto ar wahân. Y fo fyddai'r cyntaf ar y bws wedi gêm – eisteddai yno'n ddigon hapus ar ei ben ei hun, waeth pa mor hir yr aros am y gweddill i ddod o'r bar. Mae hanes amdano'n gyrru'n syth adref o Wembley i Ogledd Cymru yn union wedi i'w glwb Everton ennill Cwpan yr FA yn hytrach nag ymuno yn rhialtwch y dathlu. Denodd sylw'r wlad gyda'i brotest un dyn adeg y cyfnod tywyllaf yn hanes ei glwb. Bryd hynny gwrthododd adael y cae ar hanner amser un o gêmau Everton gan ddewis, yn hytrach, eistedd yn erbyn ei bostyn o flaen pawb gydol yr egwyl. Fyddai neb wedi meiddio ymyrryd.

Byddai gwylio fideo o arbediadau gorau Neville Southall yn brofiad cyffrous i'w ryfeddu. Byddai canran uchel o'r arbediadau hynny yn rhai dros Gymru. Ni wisgwyd crys ein gwlad yn amlach gan unrhyw bêl-droediwr ac ni fu neb yn falchach o'i wisgo. Prin fu'r rhai, os bu rhai erioed, fu'n well chwaraewyr dros Gymru.

Mae'n debyg nad oes neb a all amgyffred maint ei siom pan wrthodwyd ei gais i fod yn rheolwr. Nid anghytuno â'r penderfyniad hwnnw yw mynegi, serch hynny, nad oedd Neville Southall, o bawb, yn haeddu cael ei siomi gan Gymru.

Nic Parri

MATTHEW STEVENS

O'n dwy sedd yma heddiw
Un werdd lawnt, sy'n fwrdd o liw,
A gwelwn yn y gwaelod
Am egwyl yn disgwyl dod
Dau gawr yn eu du a'u gwyn
Yn ddeuliw, yn ddau elyn,
Ac un yn deg ac yn dal –
Ef yw'n Stevens dihafal!
Serchog dawedog ydyw
Ond ar gae gwyrdd ein draig yw.

Hwn ddaw â'i ffon yn ei ddwrn:
Tawelodd llawr y talwrn.
Ongli coch o'r triongl cain
Â gwyriad ei fraich gywrain,
Yna'r llall i'r bwrdd gerllaw
I osteg y llain distaw;
Yn y dorf synhwyrwn don
O bryder yn sibrydion:
Wedi maith oedi a methu,
Ochenaid o lygaid lu.

151

Stevens, a sylw'r stafell
Tua'r bêl yn troi o bell,
At ei waith eilwaith yn ôl
Yn drydanu dirdynnol.
Drwy'r neuadd daw'r hen awel
I'w ddeffro fel cyffro cêl;
Hwn yw Stevens y dyfal:
Â llaw ddeheuig llwydda i ddal
Fel pryfyn ei elyn o
O fewn gwe ei fain giwio.
Englynwr onglau anwel
Ffiniau'r bwrdd yn ffonio'r bêl;
Â llaw rwydd, y lliwiau red
O'i bicell at y boced,
Hwylio trac y peli tro
Â meddyliau'i chwim ddwylo
A'i gelaidd ddiogelu
Mewn un man o dan y du.

Nid yw 'di-glem', dyw 'go lew'
Na 'methu' 'ngeirfa Matthew;
Mae'r Crochan yn gân i gyd
I Stevens, ei dŷ hefyd!
Mae'n ei hawlio iddo'i hun,
Ei gael drwy daro'r gelyn,
A phot ar ôl pot, bob pêl
Ganddo'n union ei hannel.

Daw snwcer ei hyder rhydd
Drwy ei giw yn dragywydd;
Golud cof oedd gweled camp
Ei ddwylo dan y ddwylamp.

Tudur Dylan a John Gwilym Jones
(cywydd a ymddangosodd yn y cylchgrawn *Golwg*, Mai 2000)

JIM SULLIVAN

6 Mehefin 1932 oedd hi. Roedd Awstralia a Phrydain wrthi unwaith eto – yn brwydro am fersiwn rygbi'r gynghrair o'r Llwch yn y prawf cyntaf ar faes Criced Sydney. Roedd y stadiwm yn llawn dop – 70, 204 a bod yn gwbl gywir gyda degau o filoedd o gefnogwyr eraill wedi'u troi oddi yno i'r strydoedd

cyfagos. Yn wir, cymaint oedd awydd rhai cefnogwyr i weld y gêm drostyn nhw'u hunain, fel y bu iddyn nhw dorri i mewn i'r Maes Amaeth a thyrru i do yr eisteddle.

Wrth i'r gêm fynd rhagddi, mynnodd un cefnogwr ar y tu allan fod y rhai a fedrai ddilyn y gêm yn gweiddi adroddiadau i lawr atyn nhw. Yna'n sydyn, aeth pethau'n draed moch gyda'r cefnogwyr y tu mewn yn colli arnyn nhw'u hunain yn llwyr. Roedd y lle'n ferw gwyllt. Yn ei benbleth, mynnodd y cefnogwr hwnnw y tu allan gael gwybod beth a ddigwyddodd – oedd Awstralia wedi sgorio? A'r ateb? 'Na, Sullivan sy wedi methu cic at y pyst!'

Roedd Jim Sullivan yn feistr ar gicio at y pyst. Roedd yr adegau prin hynny pan fyddai'n methu yn destun sgwrs. Yn wir, gellid dweud mai Sullivan oedd ciciwr gôl gorau'r mileniwm, yn y naill gêm a'r llall yn y ddwy hemisffer. Mae cenedlaethau o ddilynwyr taer rygbi'r gynghrair wedi tyngu mai Sullivan oedd cynnyrch gorau Cymru, a pham dylen ni eu hamau? Chwaraeodd mewn 60 gêm ryngwladol, sy'n record. Bu'n gapten ar Gymru, Gwledydd Eraill, Prydain a Lloegr hyd yn oed. Ef oedd capten Wigan pan enillon nhw'r Cwpan Her cyntaf yn Wembley ac ef oedd y chwaraewr cyntaf i sgorio cais yn y stadiwm.

Gallai fod wedi bod yn destun rhaglen gyfan o'r sioe blant honno, *Record Breakers*. Does yr un chwaraewr rygbi'r gynghrair wedi chwarae cynifer o gêmau ag y gwnaeth e (928) nac ychwaith wedi cicio cynifer o goliau (2,867). Sgoriodd 6,022 o bwyntiau (1921-46) a chiciodd gant o goliau mewn 18 tymor yn olynol. Ym 1922 ciciodd 22 gôl i Wigan mewn gêm gwpan ac yn 1933-34 ef oedd y person cyntaf i sgorio dros 400 o bwyntiau mewn tymor.

O ie, cyn i mi anghofio. Ef hefyd oedd y person ieuengaf erioed i gynrychioli'r Barbariaid yn 17 oed a 26 diwrnod pan chwaraeodd iddyn nhw yn erbyn Casnewydd ym 1920. Mae e hefyd yn oriel Enwogion Rygbi'r Gynghrair ac enwyd stryd ar ei ôl yn Wigan yn ogystal â bar ar y maes yno ac fe ymddangosodd ar stamp ar gyfer dathliadau canmlwyddiant Rygbi'r Gynghrair ym 1995 ac ar ben hynny dim ond £750 y talodd Wigan amdano. A dim ond tamaid i aros pryd yw hyn!

Robert Gate

HAYDN TANNER

Sticky wicket. Cyn dechrau sôn am Haydn Tanner, fi'n gwbod yn nêt 'mod i ar *sticky wicket.* Un o ffrindiau gorau'r wraig yn Ysgol Ystalyfera yn y chwedegau, pan oedd pawb yn yfed Tizer ac yn mynd i Borthcawl ar eu gwyliau oedd Maureen, sef gwraig Gareth Edwards. Ac mae pawb yn gwybod am gyfraniad GO Edwards i'r gêm; rhai yn ei ddisgrifio fe fel un o'r chwaraewyr gorau erioed.

A dyma fi, Garth Morgan, yn penderfynu sgrifennu gair am Haydn Tanner, mewnwr Cymru cyn ac ar ôl yr Ail Ryfel Byd. Ond mae 'na reswm pam y cytunais. Ga i ddefnyddio geiriau 'Nhad, y diweddar Meurig Morgan, 'Do's neb nawr a fydd neb mewn can mlynedd yn ffit i laso sgitshe Haydn Tanner!' Roedd 'nhad yn dwlu ar ei rygbi. Os oes 'na nefoedd a bod 'na rygbi'n cael ei chware 'no, yna bydd gan Meurig Morgan *season ticket.*

A thra o'n i'n amal yn canmol Gareth a Barry a Gerald a Merv, roedd e'n ail-fyw yr hen ddyddiau ac yn mynnu mynd mla'n a mla'n am Tanner, Cleaver, Bleddyn a Rees Stephens. Ond yn anffodus, lle roedd Meurig yn y cwestiwn, doedd yna ddim fideo ar gael o'r *Hundred Best Tries* o'r tridegau yn WH Smith! Yn ôl Mam a Beti, fy chwaer, petai testun traethawd yr 11+ wedi cynnwys disgrifiad a hanes un o sêr byd y campau yn hytrach na hunangofiant dime, byddai McNabs wedi hedfan i mewn i'r Grammar School yn Rhydaman!

Favourite 'y nhad oedd Tanner. Rwy'n clywed ei eiriau fe nawr, 'Pas dda, taclwr heb ei ail, y gallu i ddarllen y gêm, chwaraewr gonest.' Ond o'r holl ddisgrifiadau, ma' 'na ambell ddisgrifiad yn sefyll mas, un y byddai e'n ei ailadrodd fel tiwn gron. 'Unwaith… dwywaith ar y mwya' y bydde fe Tanner yn torri mewn gêm. Yr *opposition* yn rhyw feddwl eu bod nhw wedi llwyddo i gadw fe'n dawel ac yna, WOOSH . . . bant â fe fel bollt o din gŵydd.'

Fe chwaraeodd Haydn Tanner i Gymru dros gyfnod o bedwar tymor ar ddeg gan wisgo'r crys coch am y tro cynta tra oedd yn ddisgybl yn y chweched dosbarth yn Ysgol Ramadeg Tre-gŵyr a Chymru'n ennill o bwynt yn erbyn XV cryf Jack Manchester. Cyn hynny, fe ddewiswyd Tanner a'i gefnder, WTH

Davies, i Abertawe yn erbyn y Crysau Duon. Meddyliwch, dau o dîm ysgol yn rhedeg mas ar San Helen yn erbyn yr All Blacks. Anhygoel.

Efallai mai Gareth Edwards oedd y meistr ond rwy'n dal i glywed llais 'y nhad. 'Do's neb yn ffit i laso sgitshe Haydn Tanner.'

Garth Morgan

CLEM THOMAS

Nid o ddewis y byddech yn oedi wrth ymlwybro i fyny'r bryn o gae San Helen. Mae'r Mwmbwls yn cwato y tu ôl i resi tai blith draphlith. Ni allai holl gynllunwyr trefol gwaradwyddus Abertawe hyd yn oed fod wedi creu'r fath haenau undonog, llwydaidd hyn.

Islaw mae llifoleuadau'r clwb rygbi yn torri'r tywyllwch uwchben y toeon, a gwrandawaf ar Clem yn myfyrio ar y diweddaraf ar gyflwr y byd rygbi. Y mae newydd ddychwelyd o Hemisffer y De ac mewn hwyl fyfyrgar.

Mae'r ddifrïaeth a'r hanesion ganddo mor fyw ag erioed – ond mae'r traddodi yn llesg. Mae'n gwaelu. Llifa'r geiriau yn rhugl oddi ar ei wefusau ond rhaid iddo bwyso ar y rheiliau i gael ei anadl. Ymhen amser distewa, a daw gwên i'w wyneb wrth iddo weld y pryder yn fy llygaid. Mae tŷ Clem yn De la Beche Street fel petai filltiroedd i ffwrdd.

Mae amser yn cerdded a'n sgwrs yn troi at Frynaman yn y pumdegau; fy mhlentyndod a chyfnod euraidd Clem. Cofiwn am deulu a chyfeillion. Cawn chwerthin wrth gofio am ddiwrnod yn lladd-dy ei dad lle bu tad a mab, tebyg iawn i'w gilydd, yn ymaflyd codwm fel dau frawd. Cwympodd y cawr rygbi rhyngwladol fel snoben i'r llawr wedi ergyd i'w ganol.

Mae'n siarad am roddion rygbi iddo – y cyfeillion, y teithio, yr hwyl. Rwyf unwaith eto yng nghwmni'r blaenwr ymosodol hwnnw a oedd i faswyr penna'r byd yn ddim ond terfysgwr. Gwelaf y blaenasgellwr o fri na ellir gwerthfawrogi'n llawn ei fawredd mewn archifau ffilm niwlog. Gwelaf y chwaraewr rygbi meddylgar a arweiniodd Abertawe a Chymru. Dylai fod wedi arwain y Llewod. Rwyf eto yn y dre gyda'r gŵr a yrrai'n galed ac oedd yn byw ei fywyd i'r eithaf. Mewn bywyd, fel gyda rygbi, roedd Clem yn ŵr ymhell o flaen ei amser.

O'r diwedd rydym yn ymadael â'n gilydd. Mae Clem yn araf ailgychwyn ei siwrnai tua thre. Syllaf arno am ennyd a chaf fy atgoffa na ddylem fodloni i'n harwyr a'n gwroniaid heneiddio. Erys eu medrau a'u campau gyda ni. Ni sydd ar ein colled o'u hanghofio hwy.

Ron Jones

DAVE THOMAS

Beth, dybiech chi, fyddai dymuniad y mwyafrif o'r rheiny, gwryw neu benyw, sy'n chwarae golff? Wel, ie – bwrw/taro/cledro/clatsho'r bêl yn bellach 'na maen nhw'n arfer ei wneud! Dyna beth oedd cyfrinach Dave Thomas – y gallu i yrru'r bêl fach wen o'r *tee* am bellter eithriadol; cyfuniad o dechneg, amseriad a bôn braich yn gyfrifol am ddelwedd y golffwr ymhlith ei gyfoedion.

A bod yn onest, roedd gweddill y cystadleuwyr yn teimlo'n is-raddol cyn gadael y stafelloedd newid. Thomas yn dipyn agosach i'r twll a'r fantais seicolegol yn perthyn i'r Cymro.

Fe'i ganwyd yn Newcastle, Gogledd Lloegr; ei dad wedi cynrychioli Cymru ar y meysydd rygbi a'i fam yn chwaraewraig snwcer o fri. Roedd hi'n anochel bron y byddai genynnau ei rieni yn dylanwadu'n fawr ar ddyfodol y mab.

O'r crud, golff oedd yn hawlio'i sylw. Ffarweliodd â'r ysgol yn bymtheg oed er mwyn ceisio perffeithio'r grefft – nid fod neb wedi, cofiwch, perffeithio'r grefft hyd yn hyn! Ymhen rhai blynyddoedd, profodd yn ddigon galluog i ymuno â'r criw proffesiynol ac ennill ei fara menyn ar y gylchdaith Ewropeaidd. 'If only he could chip' oedd y cymal a ddarllenais droeon yng nghylchgronau'r cyfnod. Yn ôl yr arbenigwyr, petai Dave Thomas wedi llwyddo i wir feistroli'r elfennau sy'n gysylltiedig â'r gêm fer, byddai wedi anfarwoli'i hun a hynny ledled y byd.

Dioddefodd, drwy gydol ei oes, boenau difrifol yn ei gefn ond wedi datgan hynny fe lwyddodd i ddod yn ail yn yr *Open* ddwywaith. Cipiodd gystadlaethau yn gyson yn Ewrop; fe chwaraeodd dros Brydain Fawr yn y Cwpan Ryder ar bedwar achlysur. Cynrychiolodd Gymru yng Nghwpan Canada (Cwpan y Byd) ar ddeg achlysur a bu'n bencampwr *Match Play* Prydain yn y chwedegau. 'If only he could chip!'

Yn fachgen ifanc treuliais ddiwrnod bythgofiadwy yn yr *Open* a hynny yn Royal Birkdale. Un o aelodau hŷn Clwb Golff Aberystwyth, Meirion Kyffin, oedd yn gyfrifol am drefnu pob dim ac yno y gwelais Dave Thomas am y tro cyntaf – gŵr tal, cydnerth yn gwisgo sbectol â thint dywyll. Y pictiwr sy'n ymddangos o hyd yw perffeithrwydd dreifio'r Cymro – pob owns o egni a grym y golffwr yn cael eu hyrddio a'u trosglwyddo o'r corff i gyfeiriad y bêl; heb unrhyw amheuaeth Thomas oedd John Daly neu Tiger Woods y cyfnod.

Ces i fy hypnoteiddio gan ddawn y Cymro y diwrnod hwnnw ac am fisoedd ar ôl hynny plediais am set o glybiau Goudie 'Dave Thomas' gan feddwl y byddai'r hud a lledrith rywsut yn trawsblannu'n ddewinol i chwarae G Evans o Glwb Aberystwyth.

Yn ddiweddarach, yng nghwmni Pennaeth Adran Chwaraeon y BBC, Onllwyn Brace, treuliais brynhawn arall cofiadwy yn ei ffilmio a'i gyf-weld o gwmpas Cwrs y Belfry yn Sutton Coldfield. Braf oedd sgwrsio a chymdeithasu ag arwr personol – cawr ym myd golff.

Geraint Evans

IWAN THOMAS

Yr adrenalin yn llifo yng ngwythiennau'r actor ar lwyfan yn Stratford; y
gantores opera yn cyrraedd y nodau uchel yn gwbl ddiymdrech yn La Scala
ym Milan; y geiriau yn diasbedain fel bwledi mas o enau un o sêr y sgrîn fawr
a hynny o flaen ribidires o gamerâu; yr athletwr yn setlo ac yn barod i ymateb
i'r ddryll mewn Rownd Derfynol Cystadleuaeth Olympaidd; athro neu
ddarlithydd yn hawlio sylw mewn ystafell ddosbarth; asgellwr yn derbyn y bêl
ar faes y Mileniwm ac yn synhwyro'r bwlch lleiaf.

Rhaid derbyn a rhaid cydnabod fod angen i'r rhain berfformio a hynny ar y lefel uchaf. Mae gofyn swyno; gofyn creu hud a lledrith er mwyn cyfareddu miloedd os nad miliynau. Dyna sy'n gyfrifol am ddawn yr artist. Trwy ddewiniaeth ar yr eiliad dyngedfennol mae yna fflach yn ymddangos yn y llygaid… dyna gyfrinach Syr Anthony Hopkins, Y Fonesig Judi Dench, Bryn Terfel, Ryan Giggs a Marian Jones. Pan fo'r llen yn codi fe berthyn i'r cewri rywbeth magnetig.

At y rhestr uchod, rhaid ychwanegu enw arall. Cymro sy'n araf gyrraedd entrychion y byd athletau. Bellach mae Iwan Thomas yn adnabyddus ledled byd; hyd yn oed yr Americanwyr yn ymwybodol o'i allu anhygoel ac yn cydnabod ei fod e'n un o'r ychydig sy'n debygol o fygwth Michael Johnson yn y ras 400 metr ym Mabolgampau Olympaidd Sydney.

Mae rhedeg Thomas yn gytbwys artistig; mae yna rythm a phenderfyniad ym mhob cam. Nid un i ddiflannu i wres Florida a ffarwelio â'i ffrindiau yw'r gŵr o lannau'r Solent. Gellir dweud ei fod yn dal i gymdeithasu â'i gyfeillion o fore oes ac er mai yn Lloegr y cafodd ei eni a'i fagu, mae yna dân yn ei fol dros Gymru a thatŵ o'r ddraig goch wedi'i gerfio ar ei galon.

Mewn cyfnod o ansicrwydd ym myd athletau a hynny oherwydd y cwestiynu parhaol ynglŷn â'r defnydd o gyffuriau, mae'n braf dod ar draws unigolyn sy'n gwbl ddiffuant a gonest. Mae dulliau Iwan Thomas a'i hyfforddwr yn syml a hen-ffasiwn: codi pwysau, ymarfer cyson ar y trac, dewis diet doeth a pharatoi'n feddyliol ar gyfer yr her.

Mae gweld y gwallt *peroxide* o olau yn gwibio yn un o rasys anodda'r byd athletau yn cyflymu curiad y galon… ei ymroddiad a'i frwdfrydedd yn creu cyffro. Yn sicr, nid yw Iwan Thomas yn bwriadu ildio i neb, ddim hyd yn oed i Michael Johnson.

Ioan Gruffudd

JOHN GREGORY THOMAS

Pe bai R. Williams Parry wedi byw i weld gyrfa dalfyredig John Gregory Thomas, tybed nad hynny yn hytrach na'r llwynog enwog a fyddai wedi cael y clod am ysbrydoli'r llinell anfarwol—'Digwyddodd, darfu, megis seren wib'. Prin 12 mlynedd o yrfa griced broffesiynol, 106 o gêmau dosbarth cyntaf, a gafodd Greg Thomas. Fel bowliwr agoriadol cymerodd 525 o wicedi ar gyfartaledd o 31. Ni lwyddodd erioed i gymryd 50 o wicedi mewn tymor. Pam felly fod gyrfa griced Greg Thomas o Drebannws yn esgor ar gymaint o drafodaeth?

Roedd 'psyche' Greg yn perthyn i oes arall; oes cyn i'r chwaraewr proffesiynol modern esblygu; roedd yn hynod o gyflym—ond yn aml yn gwbl ddiddisgyblaeth a gwyllt. Cynrychiolai ddelweddau o George Best a Stan Colleymore mewn *flannels* gwyn.

Mewn cyfnod lle'r oedd gwreiddiau pob bowliwr cyflym yn y Caribî, roedd sylweddoli fod y bowliwr gwyn cyflymaf ar wyneb daear yn hanu o Drebannws, yn siarad Cymraeg ac yn chwarae i Forgannwg yn andros o ysbrydoliaeth.

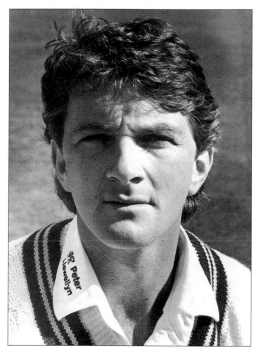

Yn ystod haf 1985 roedd Greg ar ei anterth; yn dychryn batwyr mwyaf profiadol siroedd Lloegr. Ac yn Southampton daeth wyneb yn wyneb â Mark Nicholas a'r diweddar Malcolm Marshall. Roedd y llain wrth fodd Greg. Hyrddiodd y lledren goch atynt gan eillio blewiach ambell fatiwr. Wedi cleisio a tharo Marshall droeon, camodd Greg i lawr y llain a'i lygaid yn pefrio gan ddweud, *'Come on Marshy. You're not such a giant when the ball's up your nose!'*

Roedd ei dalent mor amlwg erbyn hyn fel na allai dewiswyr Lloegr ei ddiystyried ac fe'i dewiswyd i deithio i'r Caribî yn ystod gaeaf 1985. Bu bron i'w gyflwyniad i griced rhyngwladol fod yn un dramatig. Daeth o fewn trwch blewyn i gipio wiced Desmond Haynes â'i belen gyntaf ac oni bai i Peter Willey ollwng daliad yn y gwli o'i ail belen, mi fasai Cymru bellach yn dathlu gŵyl gyhoeddus ychwanegol sef Gŵyl Sant Gregorius ar Ragfyr y 10fed bob blwyddyn.

Daeth hoffter Greg am fatwyr o'r Caribî i'r amlwg eto ym 1987. Morgannwg yn wynebu Gwlad yr Haf —a Viv Richards—yn Taunton. Y dewin o Drebannws yn achosi problemau i'r brenin. Collodd Greg ei limpyn a chamu i lawr y llain gan ddweud, *'It's red, hard and round. Try hitting it.'* Ymbwyllodd Viv gan gnoi ei Wrigley's arferol. Ar ôl cyfarwyddo â'r llain am ychydig, ffrwydrodd y meistr a tharo pêl Greg ymhell dros ei ben i'r afon Tome. Camodd yn araf i gyfeiriad Greg ac adrodd y geiriau bythgofiadwy, *'You know what it looks like. Now go get it maaaaaaan!'*

Owain Llywelyn

PARRY THOMAS

Bwrw tua Chaerdydd yr oeddem; Siân a minnau a'r Siôn Holwr o grwt ifanca
yn y sedd gefn. Chwap wedi dringo Rhiw Nant-y-Caws dyma waedd o'r gwt,
'Beth yw hwn'co?' Ac ar glos garej ar y chwith i ni roedd treler ac arno gar
rasio glas a gwyn, a'i gwt pigfain hir tuag atom.

'Babs!' gwaeddais innau, lawn mor gyffrous â'r un bach. 'Babs yw hwn'na!'
A gwyddwn nad oedd llonydd i fod bellach. Byddai'n rhaid i mi arllwys fy
nghwd. Ac ar unwaith roeddwn yn ôl yn Ysgol Aberteifi'n cael hanes rasys
Pentywyn gan fy nghyfaill Denzil Thomas. A stori Parry Thomas yn arbennig.
Yn ail neu'n drydydd llaw mae'n wir, ond yn gymaint â hynny'n flasusach.

Roedd Rhys, tad Denzil, yn fecanig i Arthur Brough – perchen a
chynllunydd y Brough Superior, moto-beic 1000cc ac un o'r rhai cyflyma'n y
wlad yr adeg honno. Yn wir, roedd Rhys ei hunan wedi reidio'r beic ar dros
120 milltir yr awr dros y Flying Mile – yn agos iawn i'r record ar y pryd. Yn
ddiweddarach gwelais y beic hwnnw'n ddarnau ar storws Dyffryn-bern.

Ond beth bynnag am hynny, roedd Rhys yn gwybod ei bethau. Ac roedd e
ar draeth Pentywyn y diwrnod tyngedfennol hwnnw, Mawrth 4ydd 1927.
Roedd sôn wedi bod ers wythnosau bod Parry Thomas yn bwriadu trio torri
record y byd yn Babs unrhyw ddiwrnod, cyn y byddai Seagrave yn medru rhoi
cynnig arni yn Daytona yn yr Amerig. Ond roedd y tywydd wedi bod yn ei
erbyn, ac yntau'i hun ynghanol y ffliw.

Wedi gohirio fwy nag unwaith, roedd Babs eisoes wedi gwneud y cwrs ryw ddwywaith yn go agos i'r record y bore hwnnw, a'r mecanics wedi bod yn gwneud rhyw welliannau bach i hyn a'r llall cyn rhoi un cynnig arall arni. Ond aeth rhywbeth o'i le ar y gadwyn a yrrai'r car ac mae'n debyg i Parry Thomas roi'i ben allan dros y drws i weld beth oedd yn bod. A'r eiliad honno fe dorrodd y gadwyn gan ei daro a'i ladd.

Claddwyd Babs ar bwys y traeth ac aeth dros ddeugain mlynedd heibio cyn i mi daro llygad ar wrthrych y drasiedi fawr.

Dic Jones

KIRSTY WADE

Ei champ oedd yr 800 metr. Kirsty Wade oedd yr athletwraig gyntaf erioed o Gymru i ennill Medal Aur yn Chwaraeon y Gymanwlad. Kirsty Wade oedd yr athletwraig gyntaf erioed i adennill coron ei champ yn Chwaraeon y Gymanwlad. Kirsty Wade oedd y gyntaf hefyd i gipio dau fedal aur yn yr un Chwaraeon yn yr 800 metr a'r 1500 metr. Heb unrhyw amheuaeth Kirsty Wade yw athletwraig fwyaf llwyddiannus Cymru.

Daeth i amlygrwydd am y tro cyntaf ym 1975. McDermott oedd ei henw morwynol ac enillodd yr 800 metr i ferched dan bymtheg oed ym Mhencampwriaeth Cymru. Daeth yn bencampwraig Prydain hefyd ac fe'i coronwyd yn bersonoliaeth chwaraeon ifanc y flwyddyn. Aeth yn ei blaen i gipio pencampwriaethau Cymru o dan ddwy ar bymtheg oed gan ddechrau rhediad anhygoel o ddeuddeng mlynedd fel brenhines yr wyth can metr yng Nghymru.

Roedd 1982 yn flwyddyn arwyddocaol. Blwyddyn Chwaraeon y Gymanwlad yn ninas Brisbane yn Awstralia. Bu'n dymor

163

cystadlu hir a blinedig gyda'r Chwaraeon yn cael eu cynnal ym mis Hydref. Doedd dim disgwyl iddi gyrraedd y safon angenrheidiol a hithau'n chweched yn unig ym Mhencampwriaethau Prydain rai misoedd ynghynt. Syfrdanwyd pawb pan enillodd y Gymraes ifanc prin ugain oed y Fedal Aur i Gymru ar dir y gelyn.

Rhyw dair blynedd yn ddiweddarach fe chwalodd record Cymru, Prydain a'r Gymanwlad gan redeg yr 800 metr mewn 1:57:42; llwyddodd i redeg o dan ddwy funud, amser a fu'n rhwystr seicolegol i gynifer o athletwyr. Bu'r amser hwn yn record am ddegawd ac yn rhyfedd dim ond un ferch ym Mhrydain sydd wedi rhedeg y ras yn gyflymach.

Roedd ei pherfformiadau yng Nghaeredin ym 1986 yn gwbl anhygoel. Y Gymraes oedd y ffefryn yn yr 800 a gwireddwyd proffwydoliaeth y gwybodusion. Ond wedi ennill un ras, penderfynodd gystadlu yn y 1500 a chyflawni'r dwbwl. Yn sicr, mae Kirsty Wade yn athletwraig heb ei hail.

Angharad Mair

NIGEL WALKER

Mae cardiau plastig yn bethau handi, yn enwedig i blentyn deuddeng mlwydd oed. Hon oedd blwyddyn gyntaf *Telethon* a minnau'n gwrando ar gynigion a ddeuai o enau'r cyflwynydd o stiwdio gysurus yng Nghroescwrlwys. A'r teulu wedi dianc i Tesco, clywais lais un o'r cyflwynwyr yn disgrifio fest redeg Nigel Walker a honno'n fest a wisgwyd gan y rhedwr 110 metr dros y clwydi ym Mabolgampau Olympaidd Los Angeles ym 1984.

Ymhen pythefnos wele fest yn cyrraedd yn y post ac ymhen chwe mis gwelwyd cyfraniad Nigel i apêl blynyddol HTV yn cael ei gwisgo ar drac y 'Welfare' yng Nglyn-nedd!

Er i Walker fethu â chyrraedd Rownd Derfynol y Mabolgampau Olympaidd, enillodd fedalau niferus gan gynnwys Pencampwriaeth Dan-Do Ewrop. Mawr yw'r parch iddo yn y byd athletau. Roedd y gwibiwr yn dipyn o arloeswr ac yn ysbrydoliaeth i redwyr cyfoes gan gynnwys Jackson, Baulch, Malcolm a Turner.

Daeth â chwistrelliad o garisma yn ogystal â chyflymdra i dimau rygbi Caerdydd a Chymru gyda'i goesau chwimwth yn brasgamu ar hyd yr ystlys. Petai ei gyd-chwaraewyr a'i hyfforddwyr wedi rhoi'r bêl iddo'n amlach

byddai wedi creu embaras llwyr i amddiffynwyr ffwndrus wrth gamu'n ddiymdrech o'u cwmpas.

Y gêm olaf a chwaraewyd ar y Maes Cenedlaethol oedd honno rhwng yr hen elynion, Caerdydd ac Abertawe, yn Rownd Derfynol y Cwpan. Ymhen blynyddoedd bydd cefnogwyr y ddau dîm yn dal i ramantu am un cais a sgoriwyd gan Nigel Walker. Derbyniodd y bêl rhwng yr hanner a'r llinell ddwy ar hugain ac o fewn pum metr i'r ystlys. I bob pwrpas doedd yna ddim perygl; roedd llinell amddiffynnol Abertawe yn drefnus ac yn barod i ffrwyno'r ymosodiad. Yna, mewn fflach roedd yr asgellwr wedi synhwyro'r bwlch lleiaf. Llwyddodd i wyro'n gelfydd i'r dde ac yna i'r chwith. A phum metr ar hugain i'r llinell gais, newidiodd gêr gan wasgu ar y sbardun. Gyda chydbwysedd acrobat ar y wifren uchel a chyflymdra ewig croesodd yn y gornel. Y cais perffaith i ddiweddu cyfnod!

Trystan Bevan

PETER WALKER

Ef sydd â record Morgannwg am y nifer uchaf o ddaliadau gan faeswr mewn gêm ddosbarth cyntaf – 8 daliad yn erbyn Swydd Derby yn Abertawe 1970.

Ystyrid Peter Walker fel troellwr defnyddiol, batiwr a allai sgorio'n uchel a daliwr agos i'r wiced heb ei ail. Ac yntau ond yn ddwy oed ymfudodd ei deulu o Fryste i Dde Affrica ac i ddinas Johannesburg, a thra oedd yn ddisgybl yn Ysgol Uwchradd Gogledd Highlands daeth o dan ddylanwad chwaraewyr Morgannwg, Dai Davies ac Allan Watkins, a oedd yn hyfforddwyr criced yn yr ysgol honno ar y pryd. Yn y cyfnod hwn roedd perthynas agos rhwng tad Peter a'r ddau Gymro ac mae hynny'n siŵr o fod wedi arwain Peter i Forgannwg.

Diddorol yw nodi sut y daeth i Forgannwg. Ar ôl gadael ysgol, ymunodd â chriw llong olew o Sweden, ac yn ystod un o'r mordeithiau cyraeddasant ddociau'r Barri, a thra oedd yno gwyliodd dîm Morgannwg yn chwarae.

Y flwyddyn ganlynol ffawd-heglodd ei ffordd o Dde Affrica i Gymru – yno cyfarfu ag Allan Watkins ei gyn-hyfforddwr, ac ar ôl batio a bowlio am gyfnod cynigiwyd cytundeb dwy flynedd iddo fel chwaraewr proffesiynol iau. Pan ddaeth ei gytundeb i ben, awgrymodd Wilf Wooller, a oedd â chryn ffydd yn ei allu, y dylai ddod yn ôl ar gytundeb dros yr haf.

Fe wnaeth hynny, ac fe'i gwelwyd ym 1957 fel batiwr yn rhengoedd Morgannwg a chymerodd 33 o wicedi yn ogystal. Erbyn 1959 roedd wedi datblygu fel cricedwr aml-ddoniog gan sgorio 1540 o rediadau, cymryd 70 wiced a dal 54 o ddaliadau. Cofir amdano yn dal daliadau anhygoel fel slip-goes ac oddi ar ei fowlio ei hun.

Yn 1960 fe'i dewiswyd i gynrychioli Lloegr yn erbyn De Affrica yn Edgbaston – sgoriodd 9 a 37 (sgôr ucha'r ail fatiad); yn Lords sgoriodd 50 ac yna 30 yn y Trydydd Prawf.

Cafodd flwyddyn lwyddiannus iawn ym 1961 – roedd y mwyafrif o'i 67 daliad oddi ar fowlio Don Shepherd, a dyma'r flwyddyn y cyflawnodd y 'trebl' – rhediadau 1300, wicedi 101, daliadau 67. Er ei aml-ddoniau, fel maeswr agos i'r wiced y cofir amdano – yn effro, yn canolbwyntio'n gyson, a'i ddewrder wrth faesu mor agos i'r bat.

Ar ddiwedd tymor 1962 ymadawodd â'r Sir gan feddwl ymsefydlu yn Ne Affrica ond dychwelodd i Forgannwg ym Mehefin 1963 am resymau iechyd ei briod. Parhaodd fel aelod o dîm Morgannwg hyd at 1972, hyd nes iddo ymddiswyddo ym 1973, er mwyn cychwyn gyrfa fel newyddiadurwr.

John Evans, Clydach

CYRIL WALTERS

Prin iawn yw'r Cymry a edmygwyd ar y llain griced i'r un graddau â Cyril Walters. Ef oedd y Cymro cyntaf i fod yn gapten ar dîm Lloegr. Roedd ganddo ddawn gynhenid, ac yn ifanc, carai chwaraeon yn gyffredinol. Yn ystod ei lencyndod dwy brif gêm a chwaraeai yn ein hysgolion, rygbi yn y gaeaf a chriced yn yr haf. Disgleiriodd ar y ddau faes.

Cafodd ei eni ym Medlinog ar 28 Awst, 1905, ond symudodd y teulu i'r gorllewin. Roedd yn fab i feddyg a mynychodd yr ysgol uwchradd yng Nghastell-nedd. Tra oedd yn ddisgybl yn yr Ysgol Ramadeg datblygodd ei sgiliau fel batiwr celfydd, ac ar y cae rygbi trafodai'r bêl hirgron yn grefftus. Yn y cyfnod hwn gwelodd dewiswyr Morgannwg fod ganddo dalent naturiol, yn ogystal â'r awydd i wella'i berfformiad. Diolch bod ganddynt y weledigaeth i weld chwaraewyr 'cartre' yn cael eu meithrin. Gwireddwyd breuddwyd Cyril tra oedd yn dal yn yr ysgol pan enillodd ei le yn nhîm Morgannwg i chwarae yn erbyn Swydd Caerhirfryn. Mae'n rhaid ei fod ar gefn ei geffyl – roedd cael ei ddewis yn dipyn o anrhydedd i rywun yn y chweched dosbarth. Bryd hynny roedd Morgannwg yn chwarae ar Barc yr Arfau, Caerdydd. Fodd bynnag, cafodd ddechrau anffodus ar y lefel sirol. Sgoriodd un rhediad yn y batiad cyntaf a deuddeg yn yr ail. Druan ohono, rhaid bod hyn yn glatsien ddifrifol i rywun mor ifanc. Eto, ni ddigalonnodd a pharhaodd i lwyddo fel batiwr yn nhîm yr ysgol a'i glwb. Chwarae teg i Forgannwg, cafodd ail gyfle, ac yn ddiweddarach yn y tymor chwaraeodd chwe gêm arall i'r Sir o dan gapteiniaeth 'Tal' Whittington.

Bryd hynny roedd nifer o amaturiaid yn nhîm Morgannwg a nifer ohonynt bellach heb fod mor gyflym ag y buont yn eu blynyddoedd iau. Roedd steil Cyril yn dal llygaid y dewiswyr a'r tymor canlynol fe'i dewiswyd eto. Cymerodd ddau dymor arall cyn iddo sgorio ei gant cyntaf. Digwyddodd hynny ar faes San Helen yn erbyn Swydd Warwick, a phythefnos yn ddiweddarach sgoriodd 114 heb fod allan yn erbyn Swydd Caerhirfryn. Yn wahanol i heddiw, roedd yn rhaid i gricedwyr y cyfnod ennill eu bara menyn mewn swyddi eraill. Bu'n rhaid i Cyril ddatblygu ei ddoniau fel pensaer er mwyn hybu ei yrfa, ac er mwyn i'w fusnes lwyddo bu'n rhaid rhoi'r gorau i dîm Morgannwg ym 1927. Dychwelodd y tymor canlynol ond prin fu ei arhosiad. Fe'i penodwyd ar ddiwedd y tymor fel Ysgrifennydd Swydd Caerwrangon. Chwaraeodd 137 o weithiau iddynt dros saith tymor. Bu'n agor y batio ac yn y cyfnod hwn y gwelwyd ei fatio gorau. Yn ddi-os ei dymor gorau oedd 1933. Batiodd yn wych yn erbyn Caint a chafodd ei sgôr uchaf – 226 o rediadau. Roedd cyfanswm ei rediadau y tymor hwnnw yn 2292 gan gynnwys 100 rhediad mewn naw batiad. Does dim rhyfedd iddo gyrraedd tîm Lloegr y tymor hwnnw gan chwarae yn erbyn India'r Gorllewin yn yr haf a theithio i'r India yn y gaeaf. Ymddengys iddo gamu'n esmwyth o lefel sir i'r gêmau prawf, ac mewn un gêm bu'n gapten ar Loegr. Tybed a fyddai wedi cael y cyfle hwn petai wedi aros gyda thîm Morgannwg?

Doedd hi ddim yn hawdd ar gricedwyr y cyfnod. Doedd yr arian ddim yn llifo ar y maes chwarae fel ag y mae heddiw, ac felly ym 1937 ac yntau ond yn 30 oed, daeth chwarae Cyril i ben. Does dim dwywaith petai'n chwarae yn ein dyddiau ni byddai wedi cael gyrfa hir ar y llain. Gobeithio y daw Cymry eraill o'i galiber i'r brig. Mae gwir angen ein help ar dîm Lloegr.

Iestyn Davies

STEVE WATKIN

Yn ddi-os mae Steve Watkin yn un o fowlwyr mwyaf cyson ei genhedlaeth. Mae ar y ffordd i gyrraedd mil o wicedi a hynny ar gyfartaledd sy hyd yma o dan 18.00. Ffaith arall sy'n dangos pa mor gywir yw ei annel yw bod un o bob chwech o'i wicedi yn wicedi coes o flaen y wiced. Nodwedd gref arall o'i fowlio cyson a thyn yw bod nifer mawr iawn o'i wicedi yn ganlyniad batwyr yn cyffwrdd ac yn cael eu dal gan y wicedwr. Mae cant a hanner o wicedi Watkin yn ganlyniad daliadau gan Metson. Bowliodd nifer enfawr o belawdau i'w sir ac mae'n enwog am ei barodrwydd i gymryd y bêl yn ddirwgnach hyd yn oed pan fydd y tîm arall ar sgôr uchel a'r llain yn cynnig dim cymorth. Enillodd dri chap dros Loegr ond does dim yn well ganddo na chwarae i Forgannwg, ei sir enedigol, ac mae'n ystyried hynny fel chwarae dros ei wlad.

Dros y blynyddoedd bu'n hael ei ddiolch i Lloyd Davies Maesteg a Tom Cartwright, Morgannwg, am fod yn allweddol yn ei ddatblygiad, ond fe dalodd ymdrech y rheiny ac eraill yn ôl ar ei ganfed. Cafodd ei eni yn y Caerau, Dyffryn Llynfi, a'i fagu yn Nyffryn Rhondda yng Nghwm Afan, lle nad oedd natur y tirwedd o ddim cymorth i fagu cricedwyr, ond manteisiodd ar bob math o lecynnau anaddawol i feithrin ei fowlio. Ers blynyddoedd nawr, ac yntau wedi colli ond dyrnaid o gêmau, mae ei draed chwarter i dri, ei arddull rwydd, ei wên lydan braf a'i agwedd ddiymhongar wedi ei wneud yn ffefryn mawr gyda dilynwyr Morgannwg. Cafodd ei anrhydeddu gan Gymdeithas y Cricedwyr ym 1993 drwy'i enwi yn chwaraewr y flwyddyn a'r flwyddyn ganlynol gwnaeth 'Wisden' ef yn un o bum cricedwr y flwyddyn, a'r lleill i gyd o Awstralia.

A ddylai fod wedi cael chwarae mwy o gêmau prawf? Pum wiced yn ei brawf cyntaf a Lloegr yn ennill gartref am y tro cyntaf ers sbel. Nifer o wicedi wedyn yn erbyn Awstralia yn y prawf olaf ym 1993. Ond cafodd yr un driniaeth ag y cafodd Alan Jones o'i flaen. Ond dyw'r driniaeth a gafodd ddim wedi ei suro mewn unrhyw ffordd ac fe sicrhaodd ei Gymreictod dwfn taw pinacl ei yrfa hyd yn hyn oedd ennill y bencampwriaeth gyda Morgannwg.

Aled Gwyn

ALLAN WATKINS

Roedd e'n rhoi'r argraff ei fod e ryw owns neu ddwy yn rhy drwm, ei fod e'n cario'r mymryn lleia o gnawd di-alw-amdano. Argraff yn unig oedd hynny, mae'n siŵr, ac argraff anghywir efallai. Os oedd John Clay'n denau fel rhaca, roedd Allan Watkins yn fwndel crwn o egni solet. Fe fu unwaith – medden 'nhw' – eiriau anghyfeillgar rhyngddo fe a Denis Compton yn Lords, ac fe dorrwyd y ddadl pan luchiwyd y *Brylcreem Boy* yn ddiseremoni gan Watkins drwy ryw ddrysau neu baneli gwydr yng nghyffiniau'r Ystafell Hir. Fe allai'r stori fod yn wir oblegid doedd dim prinder nerth ym mreichiau ac ysgwyddau'r Cymro. Gwir ai peidio, roedd hi'n stori a apeliai'n fawr at bob crwt ysgol o gricedwr yn niwedd y pedwardegau.

I ninnau a fatiai'n llaw chwith yn nhîm Ysgol Ramadeg Pontardawe yn y cyfnod hwnnw, Watkins oedd yr eilun, a cheisiem ei efelychu o ran golwg os nad perfformiad. Mae gennyf lun ohonof fy hun yn gwneud fy ngorau glas i ymdebygu i'r arwr – y cap ar yr ongl iawn, stans perffaith, a dwy swetar drwchus i roi'r argraff o soletrwydd crwn. A dyna ddiwedd ar y tebygrwydd. Ond roedd yno ryw fath o debygrwydd arall hefyd. Roedd dau neu dri ohonom yn y tîm criced yn chwarae pêl-droed i dîm lleol yn y gaeaf yn hytrach na chwarae rygbi i ysgol lle'r oedd socyr yn anathema. Ond wfft i bawb; onid oedd Watkins yn bêl-droediwr medrus ar yr asgell i Plymouth Argyle? Ar ben hynny, roedd e'n dod o Fryn Buga. Ac onid oedd wicedwr Pontardawe, Mel Fry, yn dod o'r un man? Roedden ni'n nabod Mel – roedd e wedi priodi merch oedd yn aelod yn yr un capel â ni – ac fe deimlem ein bod, drwyddo fe, yn nabod Allan yn ogystal!

Allan Watkins, y cricedwr crwn – y batiwr pwerus, y bowliwr abal, a'r maeswr anhygoel. Does dim dwywaith fod Jonty Rhodes yn faeswr i'w ryfeddu, ond yn agos i'r bat ar ochor y goes, tydw i ddim yn meddwl i mi weld neb tebyg i Allan Watkins, gan gynnwys Peter Walker. Wrth sôn am dîm Lloegr yn Ne Affrica ym 1948/49 mae Dudley Nourse yn cyfeirio at chwaraewr Morgannwg. 'Watkins has been described as one of the best fielders at close range in the world. His performances at silly-leg proved his reputation to be well-founded.' Ac fe ddylai Nourse wybod; yn y gêm brawf gyntaf fe ddaeth ei fatiad cyntaf i ben pan ddaliwyd ef gan Watkins oddi ar bêl gan Doug Wright – daliad un llaw a'r maeswr ei hun yn hedfan drwy'r awyr fel saeth. Yn y drydedd gêm brawf, fe welodd Nourse fod Watkins yn fwy na maeswr yn unig. Roedd y Cymro'n wynebu Dawson, ac fe syrthiodd un bêl ryw fymryn yn fyr. 'In a flash Watkins had shifted ground and hooked the ball to the square-leg rails with a shot which made the ball travel like a bullet. It was a stroke to remember and Watkins was obviously going to be a menace both as a close-in fielder and as a batsman. Watkins could bowl as well.'

Ie, Watkins y cricedwr crwn. Crwn mewn mwy nag un ystyr. Ef oedd y cawr i mi, a bod yn debyg iddo oedd y freuddwyd fawr. Pan ymddeolodd ym 1962 fe gafodd swydd am gyfnod fel warder yng nghanolfan Borstal ym Mryn Buga. Mi fuaswn wedi cael fy nhemtio, 'taswn i yn yr oedran iawn bryd hynny, i ddrwgweithredu er mwyn cael y fraint o'm cloi yn fy nghell gan un a roddodd gymaint o wefr i mi ar faes San Helen slawer dydd. A chael cadarnhad ganddo fod y stori amdano fe a Compton yn stori wir!

Dafydd Rowlands

DAVID WATKINS

Mae 'na rwbeth amboiti *outside halves*… a 'nôl yn y pumdegau ar iard darmac ysgol dop Brynaman roedd bron pawb (dim y merched, roedd pob un ohonyn nhw'n gob'itho dilyn llwybrau Marilyn Monroe ac ishe concro Hollywood) yn breuddwydio am wisgo'r crys rhif 6. Beckham, Tendulkar a Lomu yw'r arwyr presennol… 'nôl yn y pumdegau Ivor Allchurch, Don Shepherd a Raymond Jones (*outside half* Brynaman) oedd ein *superstars* ni.

Y nhw oedd y *glamour boys*, yn cyrraedd y stafell newid ar brynhawn gwlyb pan fyddai'r cae yn dishgwl yn debyg i gae tato… heb farc ar eu *shorts* a'r Brylcreem yn dal i shino. A beth oedd mor sbeshal amdanyn nhw? Wel, am un peth ro'n nhw'n cael mwy o'r bêl na neb arall; nhw oedd yn gwneud y

penderfyniadau pwysig, yn sgori'r *points* ac yn derbyn y *champagne* a'r medalau yng nghino blynyddol y clybiau ar ddiwedd y tymor. Ac yn ôl Garth Morgan (un o asgellwyr gorau Brynaman [yn ôl Garth Morgan!] a'r gŵr a sgorodd dri chais i'r clwb pan oedd e ar y *sick*) y nhw oedd yn cael gafel ar y merched perta lawr yn y Palais ar nos Sadwrn.

Doedd 'na ddim lot o chwaraeon ar y teledu ar y pryd ac, a bod yn onest, do'n ni'n gwbod dim am Cliff Morgan, Carwyn James, Bev Risman a Mike English. Enwau o'n nhw! Mas yn cico pêl o'n ni fechgyn Brynaman ar brynhawn Sadwrn, nid gwrando ar y *wireless*.

Ac yna un prynhawn Sadwrn, fe welon ni David Watkins yn chwarae i Newport yn y Snelling Sevens ar San Helen yn Abertawe. Dala'r *twenty to ten* o Frynaman, peil o *sandwiches* yn y bag, tishen dorth, Vimto a thri Wagon Wheel. Mae rhai yn dal i gofio ffilms y cyfnod... Richard Burton yn *Y Robe*, y merched smart 'ny yn *South Pacific* ond fi'n dal i weld y cameos o chwaraewyr Cymru yn trio'u gorau glas i gael gafael yn Dai Watkins! Y coesau'n symud 'nôl a 'mlaen fel pistons Ford Zephyr, y *side steps* yn achosi pen tost i'r timau eraill a'r maswr o Flaina yng Ngwent yn 'neud *mess* o'r *defence*. A phwy oedd 'nôl yn safio'i dîm pan fydde ishe... yn taclo, yn cwmpo ar y bêl ac yn dechrau *counter attack* o'i lein ei hun? Ie, Dai!

Roedd sêr eraill yn y tîm: Brian Jones, Bob Prosser, Brian Price ond roedd Dai ar blaned arall. Ar y bws ar y ffordd 'nôl roedd pob un ohonon ni'n siarad am Dai ac yn yr ysgol ar y bore Llun roedd pawb yn *side steppo*, yn rhedeg fel y *Mail*, y pen yn yr awyr a'r bêl o dan ein cesel. Roedd *fan club* i Dai Watkins ym Mrynaman.

Yn hwyrach fe roiodd yr *outside half* o Newport bleser i ffans yr holl fyd... o Nant-y-glo i New Plymouth. Fe chwaraeodd e i Gymru, i'r Llewod, i'r Barbarians ac i dimau rygbi *league* Salford a Phrydain. Mae 'na un cof arall; ei weld e'n sgori dau gais i Gymru yn erbyn Sgotland yng Nghaerdydd ym 1966. Y cae fel pwdin, dŵr ar y llawr a phawb yn slipo bob yn ail gam... ond am Dai! Fe lwyddodd e i aros ar ei draed ac roedd sgori dau gais yn y cyfnod yn dipyn o gamp! Dai Watkins = Roy of the Rovers.

Edward Francis

FREDDIE WELSH

Freddie Welsh (chwith), T Thomas, Jim Driscoll—bocswyr o fri.

Nid hanes o *rags to riches* mewn gwirionedd oedd bywyd Freddie Welsh yn ôl y ddelwedd o arwr dosbarth gweithiol. Tipyn o anomali oedd y gŵr a ddaeth o deulu cefnog ym Mhontypridd ac a gafodd addysg breifat ym Mryste cyn cyfnod fel cardotyn yn yr Unol Daleithiau. Er nad oedd, o bosibl, yn cael ei ystyried yn yr un golau â phaffwyr ysgafn ei gyfnod fel Jim Driscoll a Jimmy Wilde, roedd yn gawr yn y cylch, yn baffiwr arloesol ac yn Gymro i'r carn.

Ymladdodd bron ei holl ornestau yn yr Amerig a chael ei drechu ond unwaith mewn 60 o ornestau ond, fel nifer o Gymry alltud y ganrif, bu'n driw i'w wreiddiau. Yn wir, roedd Frederick Hall Thomas am alw ei hun yn Freddie Cymro yn y cylchoedd paffio, ond barnodd ei wraig na fyddai neb yn gallu deall yr enw a dewisodd alw ei hun yn Freddie Welsh.

Dihangodd i'r Amerig i geisio llwyddiant yn y Byd Newydd a mabwysiadodd ddulliau gwyddonol newydd wrth hyfforddi. Ymladdodd Freddie Welsh yn yr ornest gyntaf am Wregys Lonsdale ym 1909 yn erbyn Jonny Summers, a denwyd sylw'r byd. Ar ddiwedd ugain rownd galed, Welsh oedd y buddugwr clir. Enillodd y Goron Ewropeaidd yn Awst 1909 yn Aberpennar yn erbyn Ffrancwr o'r enw Piet Hobin o flaen deng mil o wylwyr. Ei ornest olaf y tu allan i'r Amerig oedd yn Olympia pan gipiodd Bencampwriaeth y Byd yn erbyn Willie Ritchie ym Mehefin 1914 cyn y Rhyfel Mawr. Yn nodedig, ef oedd yr unig lysieuydd hysbys i ennill Pencampwriaeth Byd ym myd paffio.

Un o'r gornestau mwyaf a welodd Cymru erioed oedd yr un rhwng Freddie Welsh a Jim Driscoll yn yr American Ice Rink yn Westgate Street. Y noson honno bu rhyfel cartref yng Nghaerdydd oherwydd cnôdd Jim Driscoll Freddie Welsh ar ei foch a bu twrw mawr o amgylch Caerdydd am dri neu bedwar diwrnod.

Paffiwr amddiffynnol gwych oedd Welsh a ymladdai mewn dull gwbwl Americanaidd ac a gafodd ei reoli'n effeithiol a chanddo noddwyr cyfoethog. Roedd yn ddyn cyfoethog wedi ei ymddeoliad ond, yn eironig, bu farw'n fethdalwr, mewn fflat ar ei ben ei hun ym 1927 wedi methiant ei fferm iechyd yn Efrog Newydd. Bu'n rhaid i'w wraig werthu ei Wregys Byd a fu'n wobr i Tony Canzoneri a drechodd Kid Chocolate yng ngornest Pwysau Ysgafn y Byd ym 1931. Diflannodd y gwregys wedi hynny, ond dylai chwedl unigryw Freddie Welsh barhau.

Alun Gruffudd

JIMMY WILDE

Wythnos cyn y Nadolig, 1916. Y niwl yn dew o gwmpas Stadiwm Holborn yn Llundain. Lampau wedi'u goleuo er ei bod hi'n gynnar yn y pnawn. Sŵn metel tramiau ar eu traciau, sŵn carnau ceffylau, sŵn miloedd o draed ar y stryd. Dynion â chapiau brethyn a myfflar. Arogl cwrw a sigaréts. Bwcis o Bermondsey a Bow yn brysur. Iddewon cyfoethog Golders Green, cotiau coleri *astrakhan*. Arogl sigârs. Milwyr o ffosydd Fflandyrs yn eu caci.

Yng ngholuddion y Stadiwm mae Jimmy Wilde yn anniddig. Bocsiwr tenau, llwyd pum troedfedd a thair modfedd. Mae o i fod i ymladd er dau o'r gloch y pnawn, ond mae bellach yn chwarter wedi pedwar. Teils gwyn, bwcedi, arogl chwys a gwaed ac eli. Mae yna ornest newydd orffen. O'r diwedd dyma alw ar Jimmy Wilde. Mae o'n dringo'r grisiau yn ysgafn droed a Teddy Lewis, ei reolwr, efo'r bag bach, fel arfer.

Mae'r miloedd yn Holborn yn sgrechian. Jimmy Wilde ydi'r arwr. Mae pawb am weld y Cymro bach rhyfeddol.

'F'Arglwyddi! Foneddigion! Gornest am Bencampwriaeth Pwysau Plu y Byd! Yn pwyso saith stôn a deg pwys, Pencampwr Pwysau Plu Prydain Fawr! Pencampwr Ewrop! A Phencampwr Pwysau Plu y Byd! O Tylorstown, Sir Forgannwg, Jimmy Wilde!'

A dacw'r Zulu Kid o America yn y gongl arall. Mae o'n fyrrach na Jimmy Wilde, pum troedfedd, ond yn sdwcyn cryf. Yn hyderus iawn. Ac mae America yn hawlio mai fo ydi'r pencampwr.

Mi gawn weld y pnawn 'ma. Mae'r ddau yn barod. Rownd un a'r Kid yn cadw'n agos at Jimmy. Dyrnau i'r stumog. Ond mae breichiau Jimmy yn ddiddiwedd fel cyllyll hirion. Jimmy'n dawnsio a'r Kid yn afrosgo. Rownd dau a Jimmy'n trywanu'r bol, a'r pen. Y Kid ar y cynfas. Dechrau cyfrif a'r gloch yn ei achub.

Deunaw rownd arall yn ôl y rhaglen. Rownd Tri a Jimmy mor galed ag erioed. Roedd o'n gweithio yn y pwll glo yn y Rhondda yn naw oed. Mae dyrnau Jimmy yn galeidosgob lloerig. Y Kid yn sdwcyn styfnig. Rownd chwech… rownd naw. A'r Kid yn gwasgu asennau'r Cymro. Ond mae o'n swrth. A Jimmy yn arian byw.

Rownd un ar ddeg a miloedd Stadiwm Holborn yn gweld yr anochel. I'r chwith, i'r dde, i fyny ac i lawr. A Jimmy yn cyflymu fesul rownd. Y breichiau haearn hir. Taro, picellu, rhaeadru a tharo… eto.

Ac mae'r Kid ar y cynfas. Diolch byth. Yr 'hwrê' yn codi'n gordiau o fainc i fainc, o res i res o'r llawr i'r to. Mae golwg druenus ar y Kid, ei hyder yn y bwced poeri. A Jimmy yn gadael y ring yn ysgafn droed. Fu dim angen i Teddy Lewis agor ei fag bach unwaith yn ystod yr ornest.

Jimmy Wilde oedd y pencampwr pwysau plu gorau a fu erioed. Bu'n bencampwr byd am fwy o flynyddoedd na neb arall. Fe drawodd fwy o ddynion i'r llawr na'r un bocsiwr pwysau plu arall. Rhwng 1910 a 1923 fe fu Wilde yn ymladd 175 o ornestau swyddogol. Byddai'n bocsio, felly, yn greulon o reolaidd. Ym Medi 1913, er enghraifft, fe ymladdodd bum gwaith yn swyddogol. A rhwng yr achlysuron ffurfiol hyn fe arferai focsio mewn ffeiriau mawr a bach. Mae'n debyg iddo ymladd rhagor na 700 o frwydrau o'r math hwn yn ystod ei yrfa. Ac yn aml yr oedd ei wrthwynebwyr yn ddynion llawer mwy a llawer trymach nag o.

Fe arafodd pethau ar ôl y Rhyfel Mawr. Chwefror 1921 oedd y tro olaf iddo ymladd yn swyddogol yng Nghymru. Roedd hynny flwyddyn gwta cyn iddo godi'i goron yn erbyn Pancho Villa yn Efrog Newydd. Bu Jimmy Wilde farw yng Nghaerdydd ar 10 Mawrth 1969.

R Maldwyn Thomas

BLEDDYN WILLIAMS

Yn rhinwedd ei alluoedd rhyfeddol fel ymosodwr a fedrai ochrgamu heibio'r amddiffynfa fwyaf cadarn, ac oherwydd ei urddas boneddigaidd ar y maes a'i awdurdod tawel dros ei gyd-chwaraewyr, bernir mai Bleddyn Williamsyw'r canolwr mwyaf caboledig erioed i chwarae dros Gymru a'r Llewod. Enillodd ei 22 o gapiau rhwng 1947 a 1955, a bu'n gapten ar Gymru bum gwaith, heb golli'r un tro.

Ganed yn Ffynnon Taf, i'r gogledd o Gaerdydd, ar 22 Chwefror 1923, ac enillodd ysgoloriaeth i Ysgol Rydal yng ngogledd Cymru lle y bu rhwng 1937 a 1941 cyn ymuno â'r Llu Awyr. Yn ystod blynyddoedd yr Ail Ryfel Byd caniatawyd i amaturiaid a chwaraewyr proffesiynol rygbi'r gynghrair i gyd-chwarae, a manteisiodd Bleddyn ar gwmni sêr y gêm dri ar ddeg fel WTH Davies a Gus Risman i chwarae rygbi agored, ymosodol a chyflym. Tyrrai cefnogwyr i weld gêmau rhyngwladol y Lluoedd Arfog a sgoriodd Bleddyn dri chais yn erbyn Lloegr ym 1943.

Pan ddaeth heddwch ym 1945 ymunodd â chlwb Caerdydd a chyfrannu at y cyfnod mwyaf llwyddiannus yn ei hanes; diolch i ddisgleirdeb sêr fel Haydn Tanner, Jack Mathews, Billy Cleaver a Bleddyn ei hun enillwyd 140 gêm allan o 166 mewn pedwar tymor rhwng 1945 a 1949. Er i Bleddyn ennill ei gap cyntaf ym 1947 fel maswr, yn safle'r canolwr y daeth i fri. Un cydnerth, cyhyrog ydoedd, gyda morddwydydd fel dau foncyff. Roedd yn gryf a thrwm, a chyfrannai hyn at ei gadernid yn y dacl. Gallai gicio'n effeithiol â'i ddwy droed ac roedd yn feistr ar ryddhau ei gyd-chwaraewyr y tu allan iddo, naill ai trwy amseru ei bàs yn berffaith i'r asgellwr neu trwy gic fach bwt ymlaen ar ei gyfer.

Yn ystod ei yrfa ryngwladol cafodd hwyl neilltuol ym Murrayfield, lle sgoriodd ym 1947, 1949 a dwywaith eto ym 1953. Oherwydd mân anafiadau, prin oedd ei gyfraniad i'r ddwy gamp lawn a enillodd Cymru ym 1950 a 1952, ond yn ystod haf

1950 bu ar daith yn Awstralia a Seland Newydd gyda'r Llewod, a bu'n gapten arnynt mewn tair gêm brawf. Barnai'r Springboks, ar sail yr hyn a welsant hwythau yng ngwledydd Prydain ym 1951/52, mai Bleddyn oedd y canolwr gorau yn y byd. Er i Gymru golli 6-3 iddynt, sgoriodd Bleddyn gais campus ar ôl sisyrnu'n ddeheuig â'i gyd-ganolwr Malcolm Thomas.

Blwyddyn fawr Bleddyn Williams oedd 1953 pan oedd y Crysau Duon ar daith yng ngwledydd Prydain a cholli dwy gêm yn unig. Ar Barc yr Arfau y bu'r colledion hynny, i Gaerdydd (8-3) a Chymru (13-8). Bleddyn oedd y capten y ddau dro; ei gynllunio manwl, ei astudiaeth drwyadl ymlaen llaw o gryfderau a gwendidau'r gwrthwynebwyr, a'i grebwyll tactegol yn ystod y gêm ei hun yn cario'r dydd i'r Cymry. Bleddyn Williams, felly, yw'r olaf i arwain y Cochion i fuddugoliaeth dros y Crysau Duon ymron hanner canrif yn ôl. Fyddai neb yn hapusach na Bleddyn i weld y record hwnnw'n cael ei dorri!

Gareth Williams

FREDDIE WILLIAMS

Pencampwr y byd—Freddie Williams.

Pencampwr! Mae pob un ohonom, rywbryd yn y gorffennol, wedi teimlo'r wefr o groesi'r llinell o flaen y gweddill; ym mhencampwriaeth Athletau'r Sir efallai neu mewn ras llwy-ac-wy yn yr Ysgol Feithrin. Cipio'r Cwpan yng Nghystadleuaeth Saith-Bob-Ochr yr ardal. Arbed ergyd nerthol yn yr eiliadau olaf i sicrhau tarian hoci arall i glwb y pentref; fflachio heibio i'r faner sgwarog ar drac Penbre – pencampwyr rhanbarth, pencampwyr sirol efallai a'r dathlu yn mynd yn ei flaen am oriau os nad diwrnodau.

Ond meddyliwch am y fraint a'r anrhydedd o gael eich coroni'n bencampwr byd. I'r rheiny ohonom sy'n rhamantu, mae perfformio ar feysydd chwarae Wimbledon, Wembley, Old Trafford, St Andrews yn ffantasi bur, yn annhebygol o droi'n realiti. Ond ar ôl darnau caws Brie, Caerffili neu Lanboidy i swper, mae'r dychymyg yn dawnsio, y meddwl yn cynhyrfu i'r byw, yr anrhydeddau'n pentyrru – ond y gwir plaen amdani yw mai breuddwyd wag yw'r cwbl.

Nid profiad felly a ddaeth i ran Freddie Williams o dre Port Talbot. Ei dad Fred Williams oedd yr ysbrydoliaeth; hwnnw'n ymddiddori mewn beics modur o'i grud a phan aned y plant roedd trin a thrafod beics o'r fath yn rhan naturiol o'u bywydau. Ar gaeau a thwyni tywod eu milltir sgwâr ym Margam clywyd sgrechfeydd cyson y peiriannau, gwelwyd y beics pwerus yn tasgu a sgrialu yng nghysgod yr orendy a'r abaty.

Ar ôl meistroli'r grefft, penderfynodd Freddie gystadlu ar borfa. Roedd y teulu'n aelodau o Glwb Cerbydau Castell-nedd ac yn ymddiddori'n fawr yn y maes. Daeth tro ar fyd a byddai rhai yn dadlau fod ffawd ar waith. Roedd rasio beiciau modur (*speedway*) yn boblogaidd ym Mhrydain a nifer fawr o wledydd eraill yn y cyfnod cyn yr Ail Ryfel Byd. Ond ym 1946 penderfynodd Syr Arthur Elvin, perchennog Wembley, ail-greu tîm y stadiwm; tîm a fyddai'n herio gweddill y byd. Ond roedd yna amod. Byddai'n rhaid i bob un o'r beicwyr fod yn Brydeinwyr. Roedd nifer yn amau ei ddoethineb. A fyddai'r beicwyr yn ddigon medrus i herio a chystadlu yn erbyn goreuon y byd? Penodwyd Eric Jackson o Bellevue yn rheolwr ac aethpwyd ati i ddisgwyl am aelodau i gynrychioli'r tîm.

Tra oedd yn gweithio fel prentis yn Noc Portsmouth, daeth Freddie Williams ar draws hysbyseb yn y cylchgrawn *Motor Cycling*. Roedd y cynnwys yn fêl ar fysedd y beiciwr dawnus – roedd yna gyfle i unrhyw un ag uchelgais yn y byd beicio fynychu cyfres o brofion ar drac Wembley. Y bwriad oedd cynnig cyfle a chytundeb i'r deuddeg gorau ac er bod bron 400 wedi ymateb i'r her, dewiswyd Freddie Williams yn un o'r criw dethol.

Bu'n aelod gwerthfawr o dîm rasio Beiciau Modur Wembley am naw mlynedd gan ddisgleirio yn y maes. Ef oedd Pencampwr y Byd ym 1950 ac ym 1953; fe ddaeth yn ail ym 1952. Roedd cyrraedd y brig yn golygu cyfres o rasys a gynhaliwyd o gwmpas y byd a bu'n rhaid iddo brofi'i wefr yn erbyn hoelion wyth gwledydd Sweden, Seland Newydd, Awstralia, a'r Unol Daleithiau. Gwireddwyd breuddwyd Syr Arthur Elvin; Prydeinwyr tîm Wembley yn curo'r goreuon a Freddie Williams o Bort Talbot yn wir bencampwr.

Brendan Owen

JJ WILLIAMS

Yn oriel yr anfarwolion ceir ambell glic
Lle ceir Gareth, Phil, JJ a'i wyrthiol gic.

Maddeuwch yr aralleiriad, ond yn sicr bydd lle anrhydeddus iawn i JJ
Williams yn oriel anfarwolion rygbi. Mae rhai o'r mawrion yn cael eu
hadnabod wrth eu cyfenwau, eraill wrth eu henwau bedydd ond criw bach
dethol sy'n cael eu galw wrth lythrennau'n unig. Mae'r JJ bellach yn gymaint
o ran mytholeg rygbi nes y cyfeiriwyd at Jones Hughes, y seren un-nos o
Awstralia fel yr ail JJ – ac roedd pawb yn deall y cyfeiriad.

Cyfuniad o ddawn a phersonoliaeth a ddaeth â'r JJ gwreiddiol i'r amlwg; ei
hyder a'i ddireidi bachgennaidd yn ei anwylo i bawb. Yn ystod cyfnod Oes
Aur rygbi yng Nghymru y daeth un o gyfraniadau pwysica'r asgellwr ond y
tro hwn yng nghrys coch y Llewod. Yn Christchurch, sgoriodd unig gais yr ail
brawf yn erbyn Seland Newydd. Tydi hynny ddim yn haeddu lle ar
dudalennau cefn y papurau newydd ynddo'i hun ond trwy osod y cais yn ei
gyd-destun, sylweddolir natur camp Brenin y cic a chwrs.

Doedd y Llewod erioed wedi ennill yr ail brawf yn y gorffennol a doedd y
tîm ddim wedi profi buddugoliaeth yn ninas Christchurch. Doedd y

paratoadau ddim yn ddelfrydol, beiciau modur yn gadael ôl teiars ar y tarmac am dri o'r gloch y bore tu allan i westy'r chwaraewyr; roedd triciau budr o'r fath yn rhan o gêm seicolegol y brodorion.

Drwgdeimlad oedd y gair priodol drwy'r awr a hanner ar y cae. Y capten, Phil Bennett, yn gorfod dioddef sawl tacl hwyr a'r dacteg hon yn fwriadol gan mai Bennett, yn anad neb arall, oedd y gŵr a allai droi'r gêm ar ei phen. Roedd ganddo ddigon o driciau i fyny ei lawes i sbarduno'r Llewod i fuddugoliaeth.

A'r maswr dawnus a greodd y cyfle i JJ Williams. Cic Bennett, Gordon Brown yn ennill y meddiant, McGeechan yn sugno'r amddiffyn a JJ yn gwneud ffŵl o'r Crysau Duon. Cais i'r asgellwr chwith a'r cais sy ar frig rhestr ceisiau'r dewin o Gwm Llyfni.

Mewn gêm a reolwyd gan y blaenwyr ac a chwaraewyd o dan amgylchiadau go anodd, arwydd o ddewiniaeth JJ oedd mai ef yn unig a groesodd am gais yn ystod y gêm. Fe ddaeth y cais â'r gyfres yn gyfartal. Fe fyddai Dic Aberdaron wedi mwynhau cwmni hwn – dau athrylith a direidi yn llond eu crwyn.

Aled ap Dafydd

JPR WILLIAMS

Y saithdegau oedd Oes Aur rygbi Cymru . . . medden nhw. Alla i ddim cytuno nac anghytuno; do'n i ddim yno. Oes, mae 'na Groggs yn sefyll ar fyrddau'r tŷ, rhaglenni gêmau'r cyfnod yn cwato mewn cypyrddau, a pheli rygbi wedi'u harwyddo gan yr arwyr yn addurno'r silffoedd. Ond yr agosaf rwy i wedi dod at weld Gareth Edwards, Barry John, JPR a'r lleill yn chwarae yw ar dâp.

The Crowning Years. Wedi'r holl ddefnydd a gafwyd ohono yn ein tŷ ni, mae'n syndod fod y tâp yn dal i fodoli. Roedd e mewn a mas o'r peiriant yn gyson, a'r uchafbwyntiau'n cael eu hailddangos dro ar ôl tro. Mae hyn yn glod ynddo'i hun, ond mae'r ffaith fod bechgyn fy oedran i'n gyfarwydd â phob gair o'r sylwebaeth ar y ceisiau enwocaf, ac yn medru ail-greu'r prif symudiadau, yn brawf o'r atyniad oedd gan fechgyn y crysau cochion yn ystod y cyfnod.

Pan enillodd JPR ei gap cyntaf i Gymru ym 1969, roedd yn wyth mlynedd cyn i mi gael fy ngeni. Er hynny, mae ei enw mor gyfarwydd ag enwau'r sêr oedd o gwmpas wrth i mi dyfu lan – Jonathan, Robert, Ieuan ymysg eraill.

Mae'n amlwg felly fod yr oriau o wylio'r bocs wedi creu argraff – ei gryfder yn y dacl, ei gyflymdra, a'i onglau o ymuno â'r llinell dri-chwarter yn agweddau sy'n aros yn y cof.

Yn aml, dros beint ar nos Fercher yn y Brifysgol ym Mryste, mi fyddai criw ohonom yn dod at ein gilydd i ddewis y tîm rygbi gorau erioed; criw o ddewiswyr yn hanu o Gymru, Lloegr a'r Alban. Ond yn wahanol i'r arfer, gyda'r asgellwr de fydden ni'n dechrau ... do'dd dim angen trafod safle'r cefnwr. Roedd pawb felly'n gytûn mai JPR Williams oedd y cefnwr gorau erioed yn ein llygaid ni.

Ac yna fe drôi'r sgwrs at gymhariaeth rhwng safon rygbi'r saithdegau a'r oes broffesiynol. Does dim dwywaith gen i fod y chwaraewyr gorau heddiw yn fwy heini, yn gyflymach ac yn gryfach na'r rheini oedd mor llwyddiannus i Gymru ddeng mlynedd ar hugain yn ôl. Ond dyw gwelliannau ym myd gwyddoniaeth a thechnoleg ddim yn medru effeithio dim ar frwdfrydedd chwaraewr tuag at y gêm. Roedd JPR yn chwaraewr a wisgai ei galon ar ei lewys, yn un a roddai ei oll ar y maes chwarae dros ei glwb a'i wlad. Does dim llawer o chwaraewyr ei gyfnod ef a allai lwyddo yn yr oes broffesiynol hon (ac mae'r un peth yn wir i'r gwrthwyneb); ond mae'n siŵr gen i y byddai JPR yn sicr o'i grys rhif 15 heddiw oherwydd ei ddoniau, ond yn fwy na dim oherwydd ei ymroddiad ar y maes chwarae.

Rhodri Llywelyn

MARK WILLIAMS

Beth yw'r hudoliaeth ynghylch y gamp ryfedd honno, snwcer, sy'n ei gwneud mor apelgar, ac sy'n peri i filiynau—a chanran uchel ohonynt yn Gymry— aros ar eu traed hyd yr oriau mân, wedi eu hoelio i'w cadeiriau esmwyth gan dyndra, fel y gwnaethant ar noson y cyntaf o Fai 2000? Ai'r elfen honno o fethiant sydd mor ddynol, y cyfle y gall ffliwc droi'r byd wyneb i waered? Ai'r personoliaethau, ai'r gred ddiysgog y gall y gwannaf orchfygu? Yn achos Mark Williams a Matthew Stevens—y ddau wedi eu rhwymo wrth ei gilydd am byth o ganlyniad i'r rownd derfynol fythgofiadwy honno—gallwn ystyried llawer o ffactorau, gan gynnwys y ffaith mai hon oedd y rownd derfynol Gymreig gyntaf erioed. Yr unig un a oedd yn sicr o ennill ar y noson honno oedd Cymru, ond roedd gan y gêm bopeth, ac wedi iddo golli yn yr un sefyllfa flwyddyn ynghynt, ni fyddai neb yn gwarafun fawr ddim i Mark Williams, gan gymaint o ddyn ydyw.

Ei arwyr yntau oedd Jimmy White a Steve Davis, esiamplau gwahanol iawn i'w dilyn. Nid yw Mark yn ddigon hen i gofio'r gŵr o Lanelli, Terry Griffiths, yn dod o nunlle, bron, i gipio Pencampwriaeth y Byd ym 1979.

Mi rydw i; cefais fy magu â'r syniad mai Llanelli oedd canolbwynt y bydysawd, ac yn sydyn cadarnhawyd y ffaith; dyna a ddigwyddodd i bobl Cwm erbyn hyn, gan Gymro mwyn a thawel a gynhesai galonnau ble bynnag yr âi. Yr hyn a oedd yn anodd i mi ei ddeall bryd hynny oedd cymaint a olygai llwyddiant Terry Griffiths, ynghyd â Ray Reardon, Doug Mountjoy a'r gweddill, i wlad fach fel Cymru. Mae campwyr—weithiau heb yn wybod iddynt eu hunain—yn llysgenhadon i'w cymunedau a'u gwledydd. Mae'n gyfrifoldeb ysgafn ar ysgwyddau Mark Williams, ac un y gall Cymru gyfan fod yn falch ohoni.

Rhodri Davies

RHYS HAYDN WILLIAMS

I chi sy'n gyfarwydd ag afonydd Llynfell a Thwrch bydd yna anghrediniaeth
fod rhywun o Gwmtwrch wedi cytuno i ysgrifennu tri chan gair am unigolyn o
Gwmllynfell. Mae'r ddau le o fewn hyd braich i'w gilydd ar yr hewl sy'n
arwain i'r gorllewin o Ystalyfera i Frynaman . . . a bod yn onest, oni bai am
fodolaeth Tyle'r Berrington byddai'r ddau bentre'n un!

Ond, lle mae rygbi yn y cwestiwn, mae yna elyniaeth (gelyniaeth iach,
cofiwch); elfen o ddrwgdeimlad os mynnwch sy'n gymysgwch o hiwmor,
cenfigen ac ystyfnigrwydd. Anghytuno a choethan yw'r norm pan fydd y
cefnogwyr yn trin a thrafod digwyddiadau dyddiol y byd hirgrwn. Os oes un
yn canmol Neil Jenkins, mae'r llall yn cyfeirio at gryfderau Arwel Thomas. A
phan fydd y ddau dîm yn cyfarfod ar Gae'r Bryn neu ar Gae Cwm mae angen
amynedd a reffari da gan fod y teimladau ar eu cryfaf.

Yng Nghwmllynfell y ganwyd
Rhys Haydn Williams a Chwm-
llynfell sy'n cael y clod am fagu
un o fawrion y byd rygbi.
Disgrifiwyd yr ail reng yn 'gawr'
gan rai o chwaraewyr amlycaf
Seland Newydd ar ôl iddo
ddisgleirio yno ym 1959. Nid yw
Colin Meads a Tiny White yn
siarad yn aml ond rhaid eu
dyfynnu, 'Petai RH Williams
wedi'i eni yn Seland Newydd
byddai wedi cynrychioli'r Crysau
Duon.' RH oedd asgwrn cefn
timau'r Llewod mas yn Ne Affrica
ym 1955 a Seland Newydd ac
Awstralia ym 1959.

Roedd y gŵr serchus a dymunol
yn fachan clefyr … disgybl
talentog yn Ysgol Ramadeg
Ystalyfera, gradd o Goleg
Prifysgol Cymru Aberystwyth a
llwyddodd i ddilyn gyrfa

lwyddiannus ym myd 'academia'. Ond rygbi oedd yn mynd â'i fryd... yn feddyliwr craff ac yn astudiwr manwl o dactegau'r gêm. Fel dewiswr roedd e'n ymwybodol iawn o bwysigrwydd y 'fforwards' ac roedd ei gyfraniad o fewn pedair wal yr ystafell bwyllgor yn hynod bwysig.

Beth 'te oedd ei gryfder fel chwaraewr? Pŵer a nerth ... mae'r elfennau yma'n allweddol i bob blaenwr a doedd RH ddim yn wahanol. Roedd ganddo bresenoldeb, cryfder llew a'r gallu i wrthsefyll grym y gelyn. Doedd ildio a 'twli'r sbwnj miwn' ddim yn rhan o'i gyfansoddiad. Gwelwyd yr un stôn ar bymtheg cyhyrog o gig gorau top Cwm Tawe yn carlamu o gwmpas caeau o'r Strade i Stades Colombes ac o Durban i Dunedin. Ond, pan oedd angen help yn y lein neu owns ychwanegol yn y sgrym roedd Rhys Haydn Williams yno yn y cnawd i 'neud y cwbwl!

Clive Rowlands

HOWARD WINSTONE

I blentyn fel fi a fagwyd ym Mrynaman, roedd chwaraeon yn bwysig, yn enwedig felly rygbi a chriced. Ond am ryw reswm na allaf yn iawn ei ddeall, bocsio oedd yn mynd â 'mryd i, a chofiaf dreulio aml i awr yn clustfeinio wrth y weiarles yn dilyn hynt pobol fel Dai Dower, Joe Erskine a Dick Richardson, gan wrando ar sylwadau-rhwng-y-rowndiau gan Barrington Dalby; roedd hyd yn oed ei enw dieithr yn rhan o'r rhamant a'r cyffro. Pan gyrhaeddodd y teledu gartref Mr a Mrs John Bevan dros yr hewl i'n tŷ ni ym Mryn Avenue (tad-cu a mam-gu golygydd y gyfrol hon fel mae'n digwydd), roeddwn wrth fy modd yn dianc yno i wylio gornestau bocsio amatur rhwng Cymru a gwledydd eraill ar y sgrîn fach. Waeth imi gyfaddef na pheidio mai bocsiwr cadair freichiau oeddwn i, ar wahân i un cyfnod byr wedi inni gael dau bâr o fenig bocsio'n anrheg Nadolig pan fu Arthur fy mrawd a minnau yn pannu'n gilydd yn ddidostur, hyd nes i 'nhad benderfynu achub ein bywydau a thaflu'r menig i ffwrdd am byth.

Daeth Howard Winstone i fyny drwy rengoedd y paffwyr amatur hynny y bûm yn eu gwylio mor ffyddlon ac awchus, a dod i amlygrwydd wrth ennill y Fedal Aur yn Chwaraeon y Gymanwlad a gynhaliwyd yng Nghaerdydd ym mis Gorffennaf, 1958. Mae ambell bencampwr yn 'edrych y part'; ei olwg, ei symudiadau, cymesuredd ei gorff, ei grefft a'i bersonoliaeth – y cyfan fel

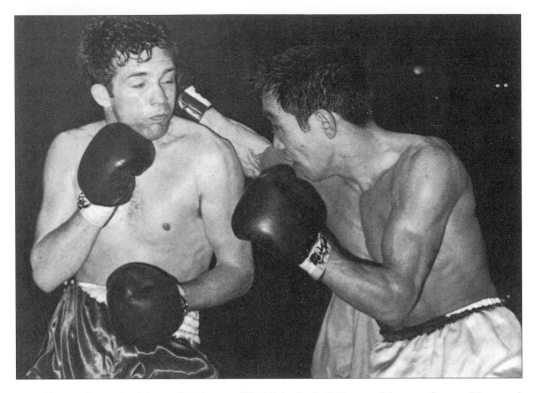

petai'n cyfuno i ddweud 'dyma fi'. Teimlad felly oedd gen i am Howard Winstone, roedd popeth yn ei gylch yn taro i'r dim, ac yr oeddwn i – fel cynifer o 'nghyd-Gymry – yn barod iawn i glymu fy ngobeithion a 'mreuddwydion wrth y bychan talentog hwn o Ferthyr Tudful.

Wedi ennill y Fedal Aur, roedd troi'n broffesiynol yn anochel, ac ychwanegwyd at y rhamant pan ddaeth Eddie Thomas, un o gymeriadau mawr a lliwgar y byd bocsio, yn rheolwr arno. Aeth Winstone yn ei flaen o ornest i ornest i wireddu ei addewid, a datblygu i fod yn un o grefftwyr gorau'r sgwâr bocsio. Roedd ei gyflymder chwimwth, ysgafnder ei droed, ei 'jabio' aml a chywrain, a'i ddawn i ddefnyddio pob modfedd o'r sgwâr yn ddiarhebol, ac roedd ein gobeithion yn codi'n uwch ac yn uwch gyda phob buddugoliaeth.

Ar Fai'r ail 1961, curodd Winstone y Cocni enwog Terry Spinks i ennill Coron Pwysau Plu Prydain, ac ym mis Gorffennaf 1963, cipiodd Bencampwriaeth Ewrop oddi wrth Alberto Serti yng Nghaerdydd. Anaml iawn yr enillai drwy lorio'i wrthwynebydd, gan mai aml i ddyrnod gyflym oedd ei arfogaeth yn hytrach nag un ddyrnod drom. Yn dilyn y fuddugoliaeth yn y brifddinas, aeth bron i bum mlynedd, a sawl ymladdfa waedlyd, yn enwedig felly yn erbyn y gŵr cydnerth o Fecsico, Vincente Saldivar, heibio cyn iddo ennill y wobr eithaf, sef Coron y Byd. Wedi'r gornestau ffyrnig yn erbyn Saldivar, roedd llawer ohonom yn dechrau ofni fod ei hyder, yn ogystal â'i gorff, wedi'i gleisio, ond ar Ionawr 23ain, 1968, trechodd Howard Winstone Mitsunori Seki o Siapan i ddod yn Bencampwr Pwysau Plu y Byd. Wedi naw rownd galed, stopiodd y dyfarnwr yr ornest oherwydd y difrod i wyneb Seki, ac roedd gan Gymru ei Phencampwr Byd cyntaf ers bron i hanner canrif.

Mae hanes pob bocsiwr yn gymysgedd o'r llawen a'r trist, ac y mae gorfoledd a thrasiedi yn cyd-gerdded yn aml yn y byd cynhyrfus a chreulon hwn. Efallai fod hyn yn anochel mewn camp sy'n gofyn i ddyn fod yn hynod o ffit a chryf. Felly hefyd yn hanes Howard Winstone, gemau a gwymon yn gymysg. Drannoeth ei fuddugoliaeth fawr, ymddangosodd mewn llys yng Nghaerdydd lle cafodd ysgariad oddi wrth ei wraig am odineb. Ac un o 'straeon' mawr ei yrfa yw fel y bu i'r barnwr Temple Morris, wedi cyhoeddi'r ysgariad, ei alw ymlaen at y fainc i'w longyfarch ar ei gamp y noson cynt!

Dim ond am chwe mis y cafodd fod yn Bencampwr y Byd, ac roeddwn i'n bresennol i weld fy arwr yn ildio'i goron. Cynhaliwyd yr ornest ym Mhorthcawl ar Orffennaf 24ain, yn yr awyr agored. Manteisiodd criw ohonom ar yr achlysur i werthu copïau o'r *Ddraig Goch* ymhlith y dorf, a chofiaf inni gael derbyniad digon gwresog gan y miloedd a ddaeth ynghyd. Ond roedd yna anniddigrwydd yn y gwynt, a phob math o sibrydion ar led nad oedd Howard yn holliach, nac yn agos at fod yn barod am yr ornest fawr.

Ei wrthwynebydd oedd gŵr hynod o fain o Giwba o'r enw Jose Legra; yn wir ni chofiaf imi weld coesau meinach ar baffiwr erioed, ond yr oedd yn ŵr ifanc ffit a chaled. Pan ddaeth y Cymro i'r sgwâr, gwireddwyd ein hofnau, ac aeth ochenaid drwy'r dorf; roedd Howard Winstone yn edrych yn welw, ac yn araf ei gam; roedd rhywbeth mawr o'i le. Ni chofiaf fawr ddim am y ffeit, dim ond y teimlad llethol o dristwch o weld arwr yn syrthio. Roeddwn wedi disgwyl dros ddeng mlynedd am y noson honno, ac am y profiad o weld fy arwr, y gŵr bychan hardd o Ferthyr a gariodd ein gobeithion cyhyd, yn ymladd i gadw Coron y Byd. Ond chwalwyd y freuddwyd o'n blaenau un hwyrnos haf ym Mhorthcawl, ac roedd y dorf wrth ymlwybro oddi yno yn athrist a syfrdan a mud, a chopïau carpiog o'r *Ddraig Goch* o dan draed ym mhob man.

'Digwyddodd, darfu, megis seren wib,' ie, ond seren na welwyd ei bath na chynt na chwedyn.

Dafydd Iwan

MARTYN WOODROFFE

'Fancy going to the "baars" on Saturday?'

I'r rheiny ohonoch chi sy'n ddieithr i holl arferion y brifddinas, 'baars' yw'r dafodiaith leol am 'bwll nofio' sef *Swimming Baths*. Yn grwt wyth mlwydd oed, yn tyfu i fyny yng Nghaerdydd ar ddiwedd y chwedegau, byddai taith fer i'r pwll yn golygu rowlio trowsus nofio (wedi'i wau mas o wlanen trwchus) yn daclus o fewn tywel, pledio am hanner coron (tua 12c) o gownt banc fy nhad ac aros yn amyneddgar am fws (rhif 17) o Drelai i'r orsaf fysys ganolog yn ymyl y stesion. Ac yna rhyw herc, cam a naid i'r adeilad brics coch ar lannau afon Taf, yr Empire Pool. Bu ymweliadau cyson â'r ganolfan yn ystod cyfnod plentyndod, hyd yn oed yn y gaeaf pan fyddai pwll agored Cold Knapp yn y Barri ar gau.

Pam felly ymweld â phwll lle roedd tymheredd y dŵr yn ddigon i oeri eirth gwyn yr Arctig? Yn ogystal, roedd yna bosibilrwydd real y byddai'r cwsmeriaid yn gaeth i sawl math o *verucca* gan fod y rheolau ynglŷn â glendid braidd yn llac yno. Pam wir, oherwydd am bris rhesymol gallai plentyn ifanc a wirionai ar y campau wylio Gareth Edwards yn croesi'r llinell gais ar Barc yr Arfau, edmygu doniau John Toshack ar Barc Ninian heb anghofio athrylith Tony Lewis ac Alan Jones ar Erddi Soffia.

Wel, roedd yna reswm am apêl yr hen bwll ac mi rannaf y gyfrinach â chi. Anturiaethau nofiwr deunaw mlwydd oed o'r Tyllgoed yng Nghaerdydd ym Mabolgampau Olympaidd Dinas Mexico ym 1968. Ar fore Gwener, Hydref 25ain, eisteddais yn geg agored o flaen yr hen set deledu Rediffusion yn gwrando'n astud ar Des Lynam y chwedegau, Frank Bough, yn datgelu'r newyddion syfrdanol. Martyn Woodroffe o Gymru, y noson flaenorol wedi cipio Medal Arian yn y Ras Pili-Pala dros 200 metr mewn amser o ddwy funud naw eiliad – ond 0.3 eiliad ar ôl yr enillydd, Carl Robie o'r Unol Daleithiau. Ac roedd e, Martyn Woodroffe, yn ymarfer yn fy mhwll i – anghredadwy!

Er bod Valerie Davies wedi ennill Medal Efydd Olympaidd, dyma'r tro cyntaf i ŵr hawlio medal Olympaidd unigol. Y noson honno, tybiaf i holl blant y ddinas (gan fy nghynnwys i) frasgamu i'r pwll i geisio efelychu camp y meistr. Ac yn hytrach na nofio'n esmwyth o un pen i'r llall, roedd fel petai pob un ohonom am feistroli'r dull pili-pala, heb unrhyw amheuaeth y strôc anoddaf un. Roedd yr Empire Pool yn grochan swnllyd, breichiau pawb yn corddi'r dyfroedd. Yn ôl fy nhad edrychem fel brogaod arthritig.

Yn anffodus, ni lwyddais i feistroli'r dull lletchwith a ddaeth ag Arian i Woodroffe, a'r dyddiau hyn ambell sblash ar ôl ymlacio mewn jacuzzi yw'r unig gysylltiad â phleserau'r dyddiau gynt. Ond yn bersonol mae'r atgofion yn dal yn real; eistedd ar yr ymyl, bysedd traed yn cyffwrdd â'r dŵr rhewllyd llawn *chlorine*, ymgodymu â'r sioc a herio ffrind, 'Dere 'mla'n, ras. Un hyd, y fi yw Martyn Woodroffe!'

Phil Steele

WILFRED WOOLLER

Tri tharw unben Ynys Prydain, ebe'r hen lawysgrifau, oedd Elinwy fab Cadegr, Cynhafal fab Argad, ac Afaon fab Taliesin. Pan o'wn i'n grwt yn gwylio tîm criced Morgannwg yn y pumdegau ni wyddwn ddim oll am yr hen lawysgrifau. Ond un o fendithion chwedloniaeth a llên yw eu bod yn enwi'ch profiadau, a hynny cyn i chi eu nabod nhw. Pan welais Wilfred Wooller am y tro cyntaf, mi wyddwn megis wrth reddf mai ef oedd tarw unben fy Nghymru i.

Wilf Wooller *oedd* tîm Morgannwg am flynyddoedd piwr, neu, ys gelwid ef gan ddarllenydd newyddion un tro, Wolf Willer. Ni bu Freudinach slip erioed. Dyna'i roi, y blaidd o ewyllysiwr, yn ei briod le, gyda'r bodau lled-anifeilaidd lled-dduwiol hynny nad oes reolaeth arnynt gan feidrolion. Wooller oedd capten, ysgrifennydd, ysbrydoliaeth a brwmstaniwr y tîm o ddiwedd yr Ail Ryfel Byd tan ddechrau'r chwedegau. Am ddeng mlynedd ar hugain wedyn, ef oedd y bygythiad taranaidd mewn dillad *check* a grwydrai'r ffin lle bynnag y chwaraeai'r XI mor sâl (y rhan amlaf), ac a ddringai'r ysgolion i gabanau sylwebu'r BBC i ddweud ei feddwl mor llym â llafn Efnisien, a hynny am y cricedwyr truain yr oedd yn Llywydd arnynt.

Cwmni gwerthu insiwrin oedd ganddo. Y mae a wnelo yswiriant â diogelwch, sicrwydd, cysur. Pwy, ar gae, a gafodd gysur gan Wooller erioed? A welwyd neb yn gofyn iddo am ei lofnod erioed? 'Mor llym â llafn Efnisien,' meddwn i gynnau. Pan ddarllenais am y cymeriad chwedlonol hwnnw, y dialydd dewrfryd, angerddol ddideimlad, wyneb Wooller a welais. A phan ddarllenais am Wrtheyrn, Wooller a welais eto, yn anfon llanc i arolygu pwll y ddraig (Don Ward bach yn *silly mid-on*), ac yn gwahodd plant Hors a Hengist, ym mherson yr arch-Sais ardderchog, Ted Dexter, i sefyll dros y Torïaid yn ne-ddwyrain Caerdydd.

Dychrynydd chwedlonol, heb os
Herfeiddiol hoffus, er hyn oll.

Derec Llwyd Morgan

IAN WOOSNAM

Yr A465 sy ar fai! Rwy'n cyfaddef; roedd angen ffordd osgoi i bentrefi bishi Pontwalby a'r Rhigos ac fe benderfynodd y cownsil adeiladu hewl newydd reit drwy ganol cae criced Pont-nedd-fechan, cae criced pertaf Prydain (oni bai am Lord's falle). Fyddai'r peth ddim wedi digwydd yn yr oes bresennol – y *committee* wedi trefnu protest, yr *ECO Warriors* wedi campo sha *mid-wicket* a'r ddau David, Bellamy ac Attenborough, wedi dadlau fod yna dderyn prin yn nythu yn y drain a'r mieri yn ymyl weiren bigog y ffens bellaf.

Ond, do; fe adeiladon nhw'r hewl; fe ddaeth y criced i ben yn y Bont ac fe ymunes i â Chlwb Golff 'Royal' Glyn-neath. Ac yn y bôn, y golff sy'n gyfrifol fy mod i'n un o ffrindiau pennaf Ian Woosnam. Fe chwaraeon ni gyda'n gilydd mewn cystadleuaeth *ProAm* yn St Pierre ar ddechrau'r wythdegau a sylweddoli ar unwaith fod yna ryw fath o 'gemistry' yn bodoli rhyngon ni. Mae'n anodd dadansoddi'r peth – chi'n gweld, smo Woosie yn fachan sy'n debygol o gario cenhinen ym mŵt ei gar a dyw e ddim wedi adrodd 'Y Wiwer' yn yr Eisteddfod Sir. O bosibl yr hoffter o hiwmor a'r ffaith ein bod yn gartrefol yng nghwmni pobol gyffredin sy'n gyfrifol am y cyfeillgarwch.

Llawenydd ac ychydig o dynnu coes yw'r nod wrth ymlacio, a phan fo Ian Botham yn bresennol, mae'r dathlu yn cyrraedd pen-llanw. Y prynhawn perffaith i'r golffwr sy'n hanu o Groesoswallt (ei gartref ond pellter clwb rhif chwech o Loegr) yw rownd hamddenol ar ynys hudolus Jersey yng nghwmni rhai o'i ffrindiau; y gyrwyr tacsi, *waiters* y gwestai – dyw'r *jet-set* a'r *gurus* golff ddim yn rhan o fywyd beunyddiol y gŵr hynaws a diymhongar hwn.

Nid un i ymfalchïo yn ei lwyddiant a'i enwogrwydd yw Ian Woosnam; does 'na ddim cwpanau na thlysau ar y silff-ben-tân. Mae e'n ŵr sy wedi perffeithio'i grefft; yn ôl rhai o'r arbenigwyr, mae *swing* Woosie gyda'r gorau yn y byd a dyna, yn fy marn i, sy'n gyfrifol ei fod e'n cael ei ystyried yn dipyn o *genius*. Mae'n paratoi yn fanwl, ac ar y cwrs mae'r cyfeillgarwch yn diflannu fel gwlith y bore a'r ochr gystadleuol yn dod i'r amlwg! Does yna neb â gair drwg amdano.

Mae yna ddarn o farddoniaeth gan Abiah Roderick o bentref Clydach yng Nghwm Tawe sy'n crishalu Woosnam i'r dim:

> *Galws neb e erioed wrth 'i enw,*
> *Hen frawd o gymeriad gwyn,*
> *A rhywffordd neu'i gilydd fe a'th dynion*
> *I'w alw fe'n 'GENUINE'.*

Max Boyce

NEATH PORT TALBOT LIBRARY
AND INFORMATION SERVICES

1	10/01	25		49		73		
2		26		50		74		
3		27		51		75		
4		28		52		76		
5		29		53		77		
6	8/03	30		54		78		
7	09/04	31		55		79		
8		32		56		80		
9		33		57		81		
10		34		58		82		
11		35		59		83		
12		36		60		84		
13		37		61		85		
14		38		62		86		
15	11/05	39		63		87		
16		40		64		88		
17		41		65		89		
18		42		66		90		
19		43		67		91		
20		44		68		92		
21		45		69		COMMUNITY SERVICES		
22		46		70				
23		47		71		NPT/111		
24		48		72				